『改造』論文集成

革新の現象学と倫理学

エトムント・フッサール
植村玄輝・鈴木崇志・八重樫徹・吉川孝 訳

講談社学術文庫

目次

『改造』論文集成

凡例

・本書は、エトムント・フッサール（一八五九―一九三八年）が一九二二年から二三年にかけて日本の総合誌『改造』の依頼を受けて執筆し、一九二三年と二四年にその一部が同誌に掲載された五つの連続論文――通称「『改造』論文」を、当時未刊行に終わった第四論文と第五論文、さらにこれらの論文と関連のある一一本の草稿も含めて全訳したものである。翻訳の底本としては、*Husserliana: Edmund Husserl gesammelte Werke*, Bd. 27, herausgegeben von Thomas Nenon und Hans Rainer Sepp, Dordrecht und Boston: Kluwer Academic Publishers, 1989 を用いた。書誌情報の詳細については、巻末「訳者解説」を参照されたい。

・付録として、『改造』論文と内容上の関連が深い公開講演「フィヒテの人間の理想」（一九一七、一八年）の全訳を併載する。翻訳の底本としては、*Husserliana: Edmund Husserl gesammelte Werke*, Bd. 25, herausgegeben von Thomas Nenon und Hans Rainer Sepp, Dordrecht und Boston: Kluwer Academic Publishers, 1987 を用いた。

・訳文中で用いた記号類については以下のとおりである。

傍点　原文で隔字体（ゲシュペルト）になっている箇所

（　）　原文における（　）

［　］　底本の編者による補足・注記
〔　〕　訳者による補足・注記（ただし、煩雑さを避けるために、〔　〕を用いずに翻訳者が補足しながら訳した箇所も多数ある）

・原注・編者注は「(1)」の形で、訳注は「＊1」の形で付し、注本文は各篇の末尾に配した。なお、原注にはフッサール自身による注のほか、欄外書き込みも含まれている。
・フッサールのテキストを引用・参照する場合には『フッサール全集』（『フッセリアーナ』）に拠り、以下の略号を用いて巻数をローマ数字で示した。

Hua: *Husserliana: Edmund Husserl gesammelte Werke*, 42 Bde., Den Haag: Martinus Nijhoff; Dordrecht und Boston: Kluwer Academic Publishers; Berlin: Springer, 1950-2014.
Hua Dok: *Husserliana: Dokumente*, 4 Bde., Dordrecht und Boston: Kluwer Academic Publishers, 1977-99.
Hua Mat: *Husserliana: Materialien*, 9 Bde., Dordrecht und Boston: Kluwer Academic Publishers, 2001-12.

・その他の文献については、訳注ではそのつど書誌情報を掲げることとし、「訳者解説」では末尾の「文献」に一括して挙げた上、参照・言及する際には著者名と刊行年を用いた略号で示した。
・外国語文献のうち、邦訳があるものについては、「／」のあとに該当する頁数を示した。

『改造』論文集成

革新の現象学と倫理学

〔第一論文〕革　新――その問題と方法(1)

革新は、現代という苦しみに満ちた私たちの時代に広く行き渡った[*1]呼び声であり、こうした事情はヨーロッパ文化の全域に及ぶ。一九一四年以来この文化を荒廃させた戦争は、一九一八年以降には、軍事的な強制手段の代わりに、精神的苦痛と道徳的な堕落を呼び込む経済的苦境という「より繊細な」強制手段を選んだわけだが、この戦争はヨーロッパ文化の内的な非真理と無意味さをあらわにしたのである。[*2]そう、こうした暴露は、まさにヨーロッパ文化に固有の活気の阻害を意味する。一つの国民《ネーション》[*3]、一つの人間集団[*4]が力に満ちた仕方で生き、仕事をするのは、自己自身やその文化の生の美しくよい意味についての信念によって活気づけられ、支えられているときである。つまり、国民《ネーション》・人間集団が単に一般的に生きているだけでなく、大いなるものを自分の目に見据えつつ、それを目指して生き、高まっていく真正な価値の実現を一歩ずつ成し遂げることに満足するときに、である。そのような人間集団において威厳あるメンバーであること、そのような文化に参加すること、この文化における心を高めてくれる価値に寄与すること、これらのことが、あらゆる優れた者にとっての幸運であり、そうした優れた者を自分の個人的な関心事や不運を超えて高めてくれるのである。

こうした信念は、私たちや祖先たちが抱いていたものであり、日本国民《ネーション》のようにヨーロッパの文化作業に近年になって初めて加わった国民に伝わったものである。[*5] この信念を、私たち、つまり最も広く捉えられた民族諸集団《フォルク》は失ってしまった。

この信念がすでに戦前に揺らいでしまっていたのだとすれば、それは今や完全に崩壊している。自由な人間として、私たちはこうした事実の前に立っている。この事実が私たちを実践的に規定しているに違いない。

そのため、私たちはこう述べよう。何か新しいものが生じなければならない。そして、その新しいものは、私たちのうちに私たち自身によって生じ、しかもこの世界に生きる人間集団の一員としての私たちによって、つまりこの世界を形成し、この世界によって形成される人間集団の一員としての私たちによって生じなければならない、と。私たちは、価値を生み出し、価値を破壊する力によるその偶然の悪戯のなかで、この文化がおのずから回復することを期待しなければならないのだろうか。私たちは「西洋の没落」[*6]を運命として耐え忍ばなければならないのだろうか。この運命が存在するのは、私たちが受動的に傍観しているときだけである——もしそんなことができるのだとすれば。しかし、実際には、そうした運命を明言する者でさえ、受動的に傍観することなどできないのである。

私たちは人間、つまり自由に意志する主観であり、みずからの環境世界[*7]に活動によって入り込み、それを常に一緒になって形作っている。私たちが意志しようとしまいと、また巧拙はともかくとして、私たちはそうするのである。私たちは、これを理性的に行うこともできるのではないだろうか。理性性と有能さは、私たちの力が及ぶところにあるのではないだろうか。

これはキメラ的な目的だ、と言ってペシミストや「現実的な政治家」[*8]は当然、反対するだろう。個人の生を理性的な生へと作り上げることが個々人にとってすでに到達不可能な理想なのだとしたら、私たちはそのようなことを共同体の生、国家《ナショナル》の生、いや、それどころか西洋の人間全体の生に対して、どうやって試みようというのだろうか。

しかしながら、倫理的な理想が到達不可能であるために倫理的な目的をあきらめ、倫理的な闘いを始めなかった人間がいたとして、私たちはその人に対して何を言うだろうか。真剣で不断のものとしてなされるかぎり、この闘いにはどんな状況でも価値を生み出す意義があるし、そればかりか、この闘いはすでにそれ自体で奮闘する人格[*9]を真の人間という段階に高めてくれる。このことを私たちは知っている。それに加えて、理性の理想という導きのもとで絶え間なく倫理的に前進する可能性を誰が否定するだろうか。

私たちはこれとまさに同じことを、弱気なペシミズムや理想を欠いた「現実主義」に惑わされて、「大きな人間」[*10]、つまり比較的広い共同体や最大限に広い共同体にとって不可能だと性急にみなしてはならない。そして、より善い人間集団や真正な人間《ヒューマン》的な文化に向かう闘争の心構えを、私たちは絶対的な倫理的要求として承認しなければならない。

そのようなことをとりわけ語っている自然な情動があり、その情動は個別の人間と共同体のあいだのあのプラトン的なアナロジーに根差している。しかし、このアナロジーは、自然な思考を高く超えた、それどころか舞い上がってしまった哲学者による才気走った思いつきでは決してない。このアナロジーは、むしろ日常的で人間の生の現実から自然に生じる統覚[*11]を表現したものなのである。その自然さにおいて、このアナロジーは実際のところ絶えず私たちを規定するものとして示される。例えば、国内《ナショナル》における価値判断や世界政策的な価値判断のすべてにおいて、そしてそれに対応する行為にとっての動機として。しかし、そのような自然な統覚や、それに担われた情動的な態度決定は、理性的な共同体の改革にとっての十分な基盤なのだろうか。さらには、ある文化人間性の全体――例えばヨーロッパにおけるそれのような――をラディカルに革新しなければならない、あらゆる改革のなかで最も偉大な改革[*12]にとって、そうした態度決定は十分な基盤なのだろうか。私たちを満たす信念――私たちの文化をこのままにしてはならず、この文化は人間の理性と人間の意志によって改革できるし、改革されなければならないという信念――が単なる空想ではなく、現に「山を動かす」〔=偉業を達成する〕のは、その信念が思慮深く理性的に洞察的な思考に変わり、その本質や可能性のうちで、みずからの目標とその目標を実現する方法を完全に規定的かつ明晰にするときに限られる。そして、それによって、この信念は、それが理性的に正当化されるための基盤を、みずからいちばん最初に生み出すのである。そのような知性の明晰さだけが、喜ばしい仕事を呼び集めることができるし、自由にする行為への決意とそれをやり抜く力を意志に与えることができる。そうした決意と力の認識だけが確固たる共有財産になり、それによって最終的には、そのような合理性に説き伏せられた者たちによる何千倍もの協力のもとで、山が動く、つまり単に情動的な革新の興奮が革新のプロセスそのものに変わるのである。

しかし、そのような明晰さは、決して簡単に得られるわけではない。あの懐疑的なペシミズムや、私たちの時代を決定的な形で支配する恥知らずでソフィストめいた政治的詭弁は、社会倫理的な議論を完全に堕落したナショナリズムにとっての自己中心的な目的のための口実としてしか用いていない。こうしたペシミズムや詭弁は、自然に生じた共同体概念がその自然さにもかかわらず、曖昧な地平をまとっていない場合には、つまり複雑に絡み合って覆われた間接性をまとっていない場合には、まったく不可能になるだろう。[*13] そうした間接性を明晰にする解明には、訓練を受けていない思考の力はまったく及ばない。厳密な学問だけが、ここで確実な方法と確固たる成果を打ち立てることができる。したがって、そうした学問だけが、理性的な文化改革が頼りにする理論的な予備作業をもたらすことができる。

しかし、私たちはここで嫌な状況にある。というのも、私たちの役に立つに違いない学問を、私たちは無駄骨を折って探しているからだ。私たちが置かれている状況は、共同体の生における他のあらゆる実践における状況と何も変わらない。つまり、私たちは自分の社会政治的判断や外交上の判断や国内的《ナショナル》な判断に専門的な知識に基づく根拠を与えたいのであり、私たちが求めている学問的な教えは、共同体の生のこの運命に満ちた世界を、衝動的で曖昧な伝統主義に基づいて考えて行為するという原初的な状態から救い出せるであろうものなのである。私たちの時代には偉大で真剣な学問がたくさんある。私たちは「精密」自然科学を、そしてそれを通じて自然に関するあの大いに賞賛される技術を手にしている。こうした技術は近代の文明に強大な卓越を与えたが、その結果として、この技術には大いに嘆かれる欠点もあった。しかし、常にそうであるように、人間の行為のこの自然技術の領分において、学問は真の実践的合理性を可能にしていたし、学問が実践を照らす明かりにならなければならないとして、そもそもどうすればいいのかということについて、手本となるような教えを与えていた。しかし、人間と人間の共同体についての合理的な学問、社会的行為や政治的行為における合理性と合理的な政治的技術を根拠づけるであろう学問は、まったく存在しない。

　したがって、同じことが私たちの関心を大いに惹く革新という問題についても成り立つ。より正確に言えば、私たちに欠けているのは、自然の純粋数学が自然の理念について試み、主要部分に関しては成し遂げたことを、人間の理念について（そしてまた個人と共同体というアプリオリに[*14]切り離しえない理念の対について）成し遂げることを試みたような学問である。前者の理念——一般的な形式としての自然一般——が自然科学の宇宙を包摂するのと同様に、精神的な存在の理念——そして、より特殊なものとして、理性的存在、つまり人間の理念——は、すべての精神科学、特に人間についてのすべての精神科学を包摂する。自然の数学は、一方で、時間や空間や運動や動力に関するアプリオリな部門において、自然一般（「形式的に捉えられた自然[*15]」）の先に述べたような本質的な構成要素に限定されたアプリオリな必然性を示す。これによって自然の数学は、所与の自然に関する事実に適用されることで、合理的、つまり数学的な方法をそなえた経験科学を可能にする。したがって、自然の数学は、そのアプリオリでもって経験的なものの合理化のための原理をもたらすのである。

他方で、私たちは今やおそらく多くの実り豊かな学問を精神ないし人間性《ヒューマニティ》の領分に関係づけたが、それらの学問は隅から隅まで経験的な、「単なる」経験科学である。時間的、形態学的[*16]、帰納的な仕方で、あるいは実用的な観点から秩序づけられたとてつもない量の事実が、それらの学問のうちでは原理的な合理性によるつながりをまったくもたないままになっている。ここに欠けているのは、まさに並行するアプリオリな学問、いわば精神と人間性の数学である[*17]。つまり、純粋に合理的で「人間の本質に根差した」アプリオリな真理から成る学問的に示された体系が欠けているのである。それらの真理は、方法の純粋なロゴスとして、精神科学[*18]における経験的なもののうちに、ある意味での理論的合理性を持ち込み、経験的な事実をある意味で合理的に解明することを可能にした。それはちょうど、自然の純粋数学が経験的な自然科学を、数学的に理論化し、それによって合理的に説明するものとして可能にしたのと同じような意味においてである。

ただし、精神科学の側では、自然の場合とは異なり、単に合理的な「説明」が問題になっているわけではない。ここには、もう一つ、経験的なものに関する完全に固有の種類の合理化が登場する。そうした合理化とは、「理性的な」人間性のアプリオリな本質に属する一般的な規範に従って規範的な判定を行い、事実的な実践それ自身を、実践的な導きのための理性規範それ自身に一緒になって属する規範に従って導くことである。

自然的なレアリテートと精神的なレアリテート[*19]という異なる本質種のおかげで、両方の側で事情がそもそも根本的に異なっている。そのため、事実の合理化として要求されるものの形が両方で同じスタイルをとるということはまったくない。このことをここで簡単な対比によってはっきりさせ、それによって同時に、先ほど述べたように、革新の分析が追い求めるいまだ欠けている学問について、その方法上の特異さをより深く理解するのがよい。それによって、革新を私たちがさらに分析する際に自然主義的な先入見に邪魔されずに済む。

自然はその本質からして単に事実的に現にあるものであり、そこでの事実とは単に外的な経験に基づくものである。したがって、自然一般に関する原理的な検討は、アプリオリに、外的な事柄の合理性だけに、つまり時空的形式の本質法則や、さらにそれを超えて、時間と空間のなかに配置されたものの精密で帰納的な規則秩序――私たちが端的に「因果的」法則秩序と呼ぶのがならわしになっているもの――がもつ必然性だけに関わる。

それに対して、特有の意味で精神的なものは、形式に関してまったく別様であるし、レアルな個別のものの最も普遍的な本質規定、そして結合の本質形式に関してもまったく別様である。精神の領分（例えば歴史）では時空的形式が物的自然のそれとはまったく異なる意味をもつということを度外視するなら、ここで示唆されているのは、個々の精神的なレアリテートは、どれもその内面、つまりそれ自身で閉じた「意識生」をもち、いわばあらゆる個々の意識作用を中心化する極――その際に、これらの作用は「動機づけ」[*20]連関に立つ――としての「自我」に関係する、ということである。

さらに、互いに切り離された個々のレアルなもの、つまり自我主体は、相互理解（「移入」）という関係を結ぶ。「社会的な」意識作用[*21]によって、それらの自我主体は（直接的ないし間接的に）ある完全に新しい形式でのレアリテートの結合を創設する。それは共同体という形式である。この形式は、内的な契機によって、つまり間主観的な作用と動機づけによって、精神的に一つになっている。

そして、重要なことをもう一つ述べると、作用とその動機づけには、理性と非理性の区別、「正しい」思考・評価・意志と「正しくない」思考・評価・意志の区別が属している。

さて、私たちは確かに精神的なレアリテートについても、ある特定の仕方で（第二の自然[*22]として）、外的なものと関係づけて考察できる。意識は、物的自然（それぞれの物的な身体）に外から付け加えられたものとして考察できる。そして、人間と動物は単なる空間における出来事、自然の「なか」の出来事として考察できる。しかし――これは物的自然についての本質に基づいて成り立つことなのだが――そのとき同様に登場する帰納的な合法則性は、精密な法則の指標ではない。精密な法則とは、こうしたレアリテートの客観的に真なる「本性」を規定するような法則、つまり、こうした本性を問題となっているレアリテートの本質種にかなった仕方で合理的な真理において規定するような法則のことである。別の言い方をすれば、こうなる。つまり、精神的なものに固有の本質が意識生の内面性において示されるここでは、帰納的で因果的な考察という方法のうちには、いかなる合理的説明もない。そして、このことはアプリオリな根拠に基づく（そのため、私たちの時代の自然主義的な心理学のような類いのやり方でそのようなものを求めようとするのは不条理である）。経験的なものを実際に合理化するためにまさに求められているのは（自然の場合とまったく同じく、ここでも）、基準を与える本質法則、つまり精神性という特有のものの本質法則、内面の世界の本質法則に立ち戻ることである。さて、人間の精神性の本質のうちでアプリオリに可能なものとして予描された意識ないし動機づけの形態には、「理性」の規範形態も属している。そして、それに加えて、自由に一般的に思考し、それ自体で認識されたアプリオリな規範法則に従って実践的かつ一般的に規定をする可能性がアプリオリに成り立つ。そのため、先にあらかじめ述べたように、私たちは人間の精神の領分において、特有の意味でのいわゆる「理論的な」判断形成を手にしているだけではない。つまり、私たちは「現に存在するものに関しての単なる事実」（事実の事柄《マター・オブ・ファクト》）に関わっているだけではなく、この点で自然の場合とは事情が異なる。そして、それに応じて、私たちはこうした事実をいわゆる「説明的な理論」によって、したがって精神の本質を純粋に事象的に研究するあるアプリオリな学科によって合理化するという課題を単に手にしているわけではない。むしろ、ここでは、あらゆる精神的なものの完全に新しい種類の判定と合理化が登場する。それは規範あるいは理性のアプリオリな規範的学科に従った判定および合理化であり、しかもそこでの理性とは論理的・評価的・実践的理性のことである。だが、規範を認識し、それに基づいて自由に行為する主観は、実践において判定する理性に従うし、あるいはそれに自由に従うことができる。それに応じて、精神の領分では実際に実践の合理的な導きというさらなる課題が生じる。この課題は、精神的な事実の合理化として可能なことを、学問的な根拠のもとで、つまり実践的な理性の導きの規範に関するアプリオリな先行的学科によって、また新たなやり方で行う、というものである。

さて、私たちの固有の問題にまた戻ろう。すると、洞察されるのは、人間についての実際の単に経験的な学問（私たちの時代における歴史的な文化科学や近代の単に帰納的な心理学のような学問）は革新を渇望する私たちに必要なものを何も与えてはくれないということ、そして人間の精神性の本質に関するあのアプリオリな学問だけが——そのようなものが現にあればの話だが——私たちにとって理性的な助けとして考慮されるということである。さしあたり私たちは、単なる事実に関する学問が私たちにとって最初から除外されているということを確認しよう——確かに、私たちの革新の問いは単なる事実に関わる。しかし、ここでは、その事実は評価という形で評定される。つまり、その事実は、規範になるという理性の働きに服するのである。問われているのは、この〔事実的な〕無価値な文化的生を理性的な生に改革することをどうやって軌道に乗せるのか、ということである。ここでより深い省察[*23]をするなら、どうしても実践理性に関する原理的な問いに連れ戻される。こうした問いは、個人、共同体、そしてそれらの理性的な生を、本質にかなった純粋に形式的な一般性でもって、つまりあらゆる経験的な事実性やあらゆる偶然的な概念をその下に置くような一般性でもって考察する。

こうしたことに根拠を与え、それによって同時に、人間一般についてのあの本質学こそが私たちの助けになるだろうということを明白にするためには、多言を要さない。私たちが自分の文化に対して、したがって自分自身とその環境世界を育《はぐく》む自分たちの人間集団に対して拒絶的な判断を下すとき、そこには私たちが「よい」人間集団をイデア的可能性として信じているということが伏在している。「真なる真正の」人間集団についての信念が、暗黙のうちに、私たちの判断のうちに含まれたものとして、しかも客観的に妥当な理念として伏在しているのである。そして、事実的な文化を改革することは、こうした理念という意味で、私たちの改革への努力における自明な目標とならなければならない。したがって、最初の省察が関わらなければならないのは、この理念の明晰なスケッチだということになるだろう。私たちがユートピアという空想の道を歩まず、むしろ冷静な客観的真理を目指すなら、このスケッチは純粋に概念的な本質規定という形をとらなければならない。同様に、理念を実現する可能性は、さしあたり、アプリオリに、学問的に厳密な意味での純粋な本質可能性として考察されなければならないということになる。この真正の人間性《ヒューマニティ》という理念にかなった人間集団の範囲内で、規範によって正当化された形態として、どのような特定の形態が可能であり、また必然的であることになるのか。こうした人間集団を共同体のメンバーとして構成する個々の人たちにとって、規範によって正当化された形態として、どのような特定の形態が可能であり、また必然的であることになるのか。また同様に、さまざまなタイプの団体や共同体の制度や文化活動などにとって、規範によって正当化された形態として、どのような特定のものが可能であり、また必然的であることになるのか。こうしたことはすべて、真正の、つまり理性的な人間集団の理念の学問的な本質分析のうちに一緒になって属しており、多様に分岐する個別の研究に至る。

簡潔な考察によってすでに明らかになったように、私たちの関心において必要な探究の様式全体と個別の主題は、実際にははじめから形式的・普遍的な構造によって規定されており、こうした構造[*24]を私たちの文化は、そのあらゆる事実性を超え出て、無数にある多くのイデア的に可能な文化と共有するのである。深く、それゆえ原理へと掘り下げる探究をここで突き動かす概念は、すべてアプリオリであり、ある真っ当な意味で形式的な普遍性をそなえている。理性的存在としての人間一般の概念、共同体の成員という概念や共同体それ自身という概念もそうした普遍性をそなえており、より個別的な共同体概念、例えば家族や民族《フォルク》や国家《ステート》などの概念もその点ではひけをとらない。文化の概念や、より個別的な文化の体系、例えば学問や技術や宗教などの概念（「真の」、「真正の」学問・技術・宗教といった規範的な形態におけるそれらの概念）についても、事情は同様である[*25]。

純粋な本質研究やそれに属する本質抽象（「純粋」で「アプリオリ」な概念の抽象）が形作られる根源的で模範的な場所といえば数学だが、そうした研究と方法は決して数学に限定されたものではない。精神の領分にそうした抽象を適用し、この領分の「アプリオリ」、つまり精神と理性における本質必然性を探究することに、私たちは不慣れなのかもしれない。しかし、それにもかかわらず、ここではそうした探究が可能である。いや、私たちは——それを意識していないし、方法に自覚的ではないというだけで——アプリオリなもののただなかにすでに十分に入り込んでいることもよくある。というのも、私たちが原理的な[*26]考察に入り込むときはいつも、私たちのまなざしはおのずから純粋な形式だけに注がれるからである。そのつどの概念から経験的な内実を方法的に意識して度外視すること、そうした概念から意識的に「純粋な」概念を形成することは、なされていないかもしれない。しかし、それでもこうした経験的な内実は私たちの思考において一緒になって動機づける役割をまったく果たしていないのである。共同体一般について、国家《ステート》一般や民族《フォルク》一般について、同様に人間や市民一般などについて、さらにはそのような一般性のもとで「真正さ」や理性性に属するものについて、よく考えてみよう。このとき、身体性や精神性および具体的な世俗的生活の状況に関する経験的で事実的な違いは、明らかに「未規定的」で「自由に変更できる」ものになっている。このことは、一つ一つの単位がもつ具体的な徴表や偶然的な経験的制約が算術家のイデア的考察において未規定的で自由に変更できるものになっていることや、代数学者のイデア的考察において量がそのようになっていることと同じである。眼や耳のような人間の知覚のための器官がしかじかの形をしているといったことや、人間の眼は二つか、あるいはx個かといったことや、人間の運動器官は脚なのか、それとも翼なのかといったことは、原理的な考察、例えば純粋理性の考察のような事例では、完全に問いの外にあり、未規定のまま開かれる。今は身体性と心的な精神性の特定の形式だけが前提され、目の前に置かれるのである。それらの形式をアプリオリに必然的なものとして取り出して概念によって固定することが、学問的な本質研究を意識的にやり抜く際の課題《ザッヘ》である。このことは、数多く分岐した概念の体系の全体について成り立つ。それらの体系とは、形式的な骨格としてあらゆる精神科学的思考を貫き、そのためとりわけ規範的な様式の研究を貫くものである。そして、こうした規範的な様式の研究こそ、私たちが今問題にしているものである。

さて、精神および——私たちがとりわけ関心を寄せる——理性的な精神性の本質形式と本質法則に関するアプリオリな学問がまだ体系的に作り上げられていないのだとすれば、私たちはここで、認識に関するすでに用意された見積もりから自分たちのすべきことを汲み取って、私たちの革新の努力に合理的な基礎を与えることができないだろうか。すると、私たちはここでもまた政治的な実践の場合のように、例えば市民として選択の準備をするときのようにふるまうべきだろうか。したがって、私たちは本能と礼儀に従って、総括的な見通しに従って判断するべきでしかないのだろうか。このようなことは完全に正当かもしれない。というのも、現代は決断を要求しており、決断によって行為が完成するからである。しかし、私たちの場合、配慮するのが時間的に無限なもの、つまり時間における永遠である——人間の未来や真の人間性が出来上がることについて、私たちは確かにみずから責任を感じるのである。こうした場合にも、私たちには自分たちの義務についていかなる疑いもありえない。私たちは、学問だけが満足のいく仕方で理性の決断に根拠を与え、学問だけが権威となり、最終的に勝利するということを、学問的に教育を受けた者として知っている。大切なのは、残念なことにこれまでの学問が準備してこなかった学問的な道を自発的に求め、方法的で問題分析的な予備考察を、準備のための導きとなるあらゆる種類の思考を、みずから真剣に始めることである。そうした思考こそが最初の条件であることが明らかになる。

この意味で、これまでに行われた考察は、そのような学問を準備するものであり、望むらくは無用な予備考察ではない。とりわけそれらの考察は方法的な観点から、本質考察として登場させられる考察様式だけが現実に実り豊かでありうるということ、この考察様式だけが人間一般だけでなく、その「革新」に関する合理的な学問に至る道を開いてくれるということを私たちに示したのだから、無用ではない。だが、「革新」が人間の発展の本質必然性に、つまり人間集団の真の人間性《ヒューマニティ》への発展の本質必然性に属するということがなおも明らかにされるなら、この学問に根拠を与えることは現実の革新にとって必要な前提であることがはっきりする。そう、それは現実の革新の演出における第一幕になるだろう。現実の革新を用意することは、どのような場合にも、さしあたりの形でとはいえ、私たちが今できることなのである。

次の論文で、私たちは思いきって、真正の人間性と革新の理念に迫りながら、ある一連の原理的な思考の筋道をつけてみたい。そうした思考の筋道は、完全に意識的に本質への態度のもとで行われた場合、規範的な――社会倫理学的な――領分に関する冷静に学問的で、その上アプリオリであるような文化研究を、始まり――手探り状態の始まり――にいる私たちがどのように思い描くのかを、より明確に示すはずである。問題と方法こそが、私たちの学問的状況では、関心をまずもって向けられなければならないものである。

編者注

（1） 第一『改造』論文。『改造』一九二三年第三号、八四―九二頁（原文）および六八―八三頁（日本語訳）初出。この論文に関連して、附論Iの一九七―二〇一頁も参照。

訳注

＊1 「広く行き渡った」に対応するドイツ語原文の語はallgemeinであり、ここではある特定の範囲（つまり同時代のヨーロッパ文化）の「全体に行き渡った」という意味で用いられているため、この訳語を採用した。『改造』論文におけるallgemein / universalの多義的な使われ方と、それらの訳し分けの方針については、「訳者解説」を参照。

＊2 第一次世界大戦とフッサールの関係については、「訳者解説」を参照。

＊3 本訳書では、ドイツ語原文のNation（英語のnationにほぼ相当する）を、文脈に応じて「国民」、「国家」、「民族」などと訳し分け、原語が同じであることを示すために「ネーション」というルビを振った（形容詞nationalの訳語には「ナショナル」というルビを振ることがある）。なお、本書に登場する「国家」は、ドイツ語のStaat（英語のstateにほぼ相当する）の訳語であることもあり、その場合には「ステート」というルビを振る。「民族」についても、ドイツ語のVolkの訳語である場合には「フォルク」というルビを振った。

＊4 ここで「人間集団」と訳した語は、原文ではMenschheitである。Menschheitおよび関連する語の解釈と訳し分けの方針については、「訳者解説」を参照。

＊5 ここでフッサールは、日本国民がヨーロッパの文化作業に「加わる（sich anschließen）」という表現を用いている。同様の表現は、附論I（第一論文の初稿の冒頭部分）における「日本国民〔Nation〕

を「ヨーロッパ」文化の若く溌剌と芽吹いている枝の一つとして接ぎ木する〔anschließen〕」という箇所にも見出される（二〇〇頁）。

＊6 「西洋の没落（Untergang des Abendlandes）」という表現が引用符に入っていることが示すように、フッサールはここでオスヴァルト・シュペングラー（一八八〇―一九三六年）の『西洋の没落』（一九一八／二二年。邦訳：村松正俊訳、中央公論新社（中公クラシックス）、二〇一七年）をほのめかしていると思われる。なお、同様のほのめかしは、附論XIの冒頭部でもなされている。

＊7 「環境世界の中心点としての人」において「環境世界（Umwelt）」とは、人によって認識や評価や意欲などのさまざまな仕方で経験されるものでもあり、主体との志向的な関係において捉えられた世界である。こうした世界は、自然科学で探究される客観的世界と対比される（例えば『イデーンII』第五〇節、Hua IV, S. 185-190を参照）。この言葉は、生物学者のヤーコプ・フォン・ユクスキュル（一八六四―一九四四年）が生物によって形成される主観的な世界を表現するために用いたことで、二〇世紀ドイツの学術的世界に広まっていた。

＊8 「現実的な政治家（Realpolitiker）」は、「レアルポリティーク、現実政治（Realpolitik）」に由来し、最も一般的には、実現可能な目標に基づく非理想主義的な政治の支持者を意味する。フッサールもここで、この一般的な用法に従っていると言ってよいだろう。

＊9 本訳書では、Persönlichkeit および Personalität を「人格」と訳し、Person は「人」と訳す。personal は文脈に応じて「人にそなわった」、「人として遂行する」、「人のような」などと訳し分け、適宜「パーソナル」というルビを振る。詳しいことについては、「訳者解説」を参照。

＊10 プラトンは『国家』（四三五A以下）において、国家を一人の人間になぞらえている。ここでは、人と共同体とのそうしたアナロジーを踏まえて、共通の意志によって統一されて共通の目標をもっている共同体が「大きな人間（Menschen im Großen）」と呼ばれている。なお、「大きな人間」という言い方

は、ドイツ語圏における一九世紀後半から二〇世紀前半の書籍にしばしば登場しており、その表現が踏襲されていると考えられる。

＊11 「統覚（Apperzeption）」は、ライプニッツやカントにも見られる重要語だが、フッサールの場合、何かを対象として把握する働きや、そうした把握のされ方を指す。したがって、この箇所でのフッサールの主張は、「自然なものの見方に基づいて共同体を対象として把握するなら、共同体は個別の人間とアナロジーで捉えられることになる」と言い換えることができるだろう。

＊12 この表現は、一九一八年一一月のドイツ革命が当時「あらゆる革命のなかで最も偉大な革命（Die größte aller Revolutionen＝史上最大の革命）」（テオドール・ヴォルフ）と称されたことを踏まえていると考えられる（こうした評価を出発点として一九一八年の革命を論じたものとして、ローベルト・ゲルヴァルト『史上最大の革命――一九一八年一一月、ヴァイマル民主政の幕開け』大久保里香・小原淳・紀愛子・前川陽祐訳、みすず書房、二〇二〇年を参照）。なお、ここで「改革（Reform）」という言葉を使ったとき、フッサールの念頭にルターの宗教改革（Reformation）のことがなかったとは考えにくい。フッサールとキリスト教の関係については、「訳者解説」や附論Ⅳの訳注＊1も参照。

＊13 この文の言い回しはやや分かりにくいかもしれないが、フッサールがここで言いたいのは、要するに「自然な考え方から生まれた共同体概念が明晰で直接的（つまり直観的）に理解可能にされるなら、ペシミズムや政治における詭弁は消え去るだろう」ということである。

＊14 続く箇所での用法を見ると分かるように、フッサールはこの文脈で「アプリオリ」を「本質に基づいて」と言い換えられる意味で用いている。この用法はフッサールにとって最も典型的かつ第一義的なものと言ってよく、例えば『イデーンI』の緒論で現象学がアプリオリな学問であることを宣言するときにも、フッサールはそれをただちに形相的（つまり本質に関する）学問と言い換えている（Hua III/1, S. 8）。

＊15　「形式的に捉えられた自然（natura formaliter spectata）」という表現は、カントが『純粋理性批判』第二版（一七八七年）の「純粋悟性概念の超越論的演繹」で用いた用語であり、必然的な合法則性という（カントによれば形式的な）特徴から捉えられた自然を指す（B一六五）。なお、『イデーンⅢ』第七節でも、フッサールはこの用語を用いている（Hua V, S. 36）。

＊16　ここで言う「形態学的（morphologisch）」とは、外面的・表層的特徴（のみ）によって、精密ではない仕方で対象を記述するアプローチを指す。『イデーンⅠ』第七四節で、フッサールは曖昧な形態学的概念を用いる記述科学と幾何学のような精密科学を対比し、形態学的本質とイデア的本質を対比している（Hua III/1, S. 154-155）。

＊17　「人間性（Humanität）の数学」という表現は、個人と共同体の精神のアプリオリに可能な多様な形式を扱う精神の質料的存在論を指す。本文で言われているように、この存在論は体系的な形ではこれまで存在しなかったとフッサールは考えており、彼自身もそれを体系的に展開することはなかった。しかし、フッサールは社会（「共同精神」）のアプリオリな存在論という理念はホッブズに見出せるとも考えており、フライブルク期の『倫理学入門』講義では、それを「社会の普遍数学（universale Mathematik der Sozialität）」あるいは「社会の形式数学（formale Mathesis der Sozialität）」と呼んでいる（Hua XXXVII, S. 59）。

＊18　フッサールによれば、「精神科学（Geisteswissenschaft）」とは、人（Person）とその環境世界を主題として、それらを動機づけの関係に沿って解明する学問である（「動機づけ」の詳細については、後注＊20を参照）。ある人にとって、環境世界に属する他の人やものは、当人にとっての意味や価値を帯びて現れ、さまざまな仕方で思考や行為を動機づける（例えば、雨を避けるために傘をさすことや、友人に近況を知らせるために手紙を書くこと）。精神科学には、こうした動機づけの関係によって作られる文化、社会、歴史を研究する学問などが含まれる。それに対して、「自然科学（Naturwissenschaft）」では、環

境世界に生きる当人にとっての意味や価値は捨象される。このとき主題となるのは、精神的な意味を排した単なる自然として捉えられたかぎりでの世界であり、そこに属する物理的・心理的なものが因果関係に沿って説明される。例えば、人間も、人（Person）ではなく自然の一部分として捉えられた場合には、自然科学（物理学、生理学、心理学など）の研究対象となる。なお、フッサールは、自然科学に対して精神科学の独自性を打ち出した人物として、ヴィルヘルム・ディルタイ（一八三三―一九一一年）の名前を挙げている（『イデーンII』第四八節、Hua IV, S. 172-173）。

＊19　「レアリテート（Realität）」は、「実在性」と訳されることも多く、レアル（実在的）であるという性質、あるいはそのような性質をもつものを指す（フッサールは、この語に「真に存在する」という意味合いを込めていないので、本書では音写による訳語を多くの箇所で採用した）。フッサールは、『イデーンII』第一七節において、個体的（あるいは時間的）に存在するあらゆるものは広い意味でのレアリテートである、と述べている。したがって、あらゆるものは、個体的である（時間的位置をもつ）かぎりで、レアルに存在している（Hua IV, S. 54-55）。

＊20　フッサールの術語としての「動機づけ」は、自然の因果性と対置され、『イデーンII』では「精神的世界の基本法則」と呼ばれる（『イデーンII』第五六節、Hua IV, S. 220-247）。そこでは「理性的動機づけ（Vernunftmotivation）」と「連合的動機づけ（assoziative Motivation）」が区別されている（それぞれ、本書を含む一九二〇年代のテキストでは「能動的動機づけ」、「受動的動機づけ」とも呼ばれる）。理性的動機づけは自我によって遂行される作用同士のあいだに成り立つ関係であり、例えば人がある判断を根拠として別の判断をするとき、帰結として下される判断は根拠となる判断によって理性的に動機づけられている、と言われる（なお、誤った判断が誤った判断を動機づけることも理性的動機づけと呼ばれるので、ここでの「理性的」は動機づけられる作用の正しさを含意しない）。他方、連合的動機づけと呼ばれるのは、作用以外の受動的な要素（触発、衝動、過去の作用の沈澱）によって作用が動機づけられる関係

である。

＊21　フッサールが「社会的作用（sozialer Akt）」に言及するときには、『民法のアプリオリな基礎』（一九一三年）におけるアドルフ・ライナッハ（一八八三―一九一七年）によるこの語の用法が念頭に置かれている。ライナッハによれば、社会的作用は、(1)自発的に行われ、(2)他者に受け取られる（＝他者が、当該の作用が自分に向けられていることに気づく）必要のある作用として特徴づけられる。そのような社会的作用の例としては、命令や約束などが挙げられる（Adolf Reinach, *Die apriorischen Grundlagen des bürgerlichen Rechtes*, in *Sämtliche Werke*, textkritische Ausgabe in 2 Bänden, herausgegeben von Karl Schuhmann und Barry Smith, München: Philosophia Verlag, 1989, S. 159）。フッサールは、ライナッハから基本的な着想を受け継ぎつつ、作用が「他者に向かっている」と言えるための条件について立ち入った考察を行っている（Hua XIV, S. 166）。なお、社会的作用の宛先になっている他者を「君」と呼ぶことができるとすれば、社会的作用は「私（我）」と「君（汝）」の関係を自発的に成立させる作用であるとも言える。それゆえ、第三論文では、社会的作用は「我‐汝作用（Ich-Du-Akt）」と言い換えられる（五三頁）。

＊22　フッサールは『イデーンⅡ』第一二節で、世界全体を自然とみなす自然主義的態度において経験される「自然」を、最も根底的な第一の狭い意味での自然としての「物質的自然」と、第二の広い意味での自然としての「生命的な自然」、「生ける自然」に分けている（Hua IV, S. 27-29）。後者には自然科学の探究の対象となる「心的作用」や「心的状態」が属しており、レアルなものとして世界のうちに空間時間的な位置を占めている。ここでは、精神科学の対象として考察される精神的なものが自然科学の探究の対象となって、因果的に考察されうることが指摘されている。

＊23　「省察（Besinnung）」は、一九二〇年代以降のフッサール現象学にとってのキーワードの一つである。例えば、一九二九年に刊行された『形式的論理学と超越論的論理学』の緒論では、現代の学問と文化

の状況が徹底的で全般的な省察を必要とすることが論じられ（Hua XVII, S. 10）、同書の第一〇四節では、超越論的現象学が超越論的主観性の自己省察（Selbstbesinnung）として特徴づけられる（Hua XVII, S. 280）。同様の見解は、一九三一年の『デカルト的省察』（例えば最終節。Hua I, S. 182-183）や、晩年の未完の著作『ヨーロッパ諸学の危機と超越論的現象学』（例えば第五五節末尾。Hua VI, S. 193）にも引き継がれる。

＊24　フッサールによれば、何かがイデア的に可能であることとは、その何かが従う本質法則に反していないことに等しい。したがって、文化のイデア的な可能性とは、あらゆる文化が文化である以上必ず従う本質法則に反していないような「ありうる文化の形態」すべてから成るような可能性のことである。

＊25　フッサールは、一九一一年七月五／六日付のディルタイ宛書簡の下書きのなかで、宗教や芸術に関してもイデア的でアプリオリな法則（つまり本質法則）が成り立つと主張している（Hua Dok III/6, S. 48／『ディルタイ全集』第一一巻、伊藤直樹・大石学・的場哲朗・三浦國泰編集／校閲、法政大学出版局、二〇二三年、八六三―八六四頁）。この書簡については、附論Ⅳの訳注＊4も参照。

＊26　フッサールは「原理的に（prinzipiell）」という語を「本質に即して（wesensgemäß）」とほぼ同じ意味で使うことがよくあり、本書でも、この箇所や第二論文（三六頁）および第三論文（七一頁）などで、この用法が確認できる。同様の言葉遣いは、一九一三年の著作『イデーンⅠ』にも顕著に見られ、例えば同書の第四二節に付された注では、フッサールが用いる「原理的」という語が最高次の（あるいは最も根源的な）本質一般性ないし本質必然性と関係していることが明言される（Hua III/1, S. 87）。

〔第二論文〕本質研究の方法[1]

本質研究ということで私たちが理解するのは、すでにソクラテスとプラトンが学問のなかに導入した理念視[*1]および述定的な理念認識——これはアプリオリな認識とも言われる——を純粋かつ整合的に行うことである。このとき、私たちは何らかの哲学的解釈を受け入れるつもりはまったくないし、そのため、「理念」や「アプリオリ」という概念に歴史的に結びつけられている形而上学的遺産（プラトン的なものであれ、プラトン以降のものであれ）を背負い込むつもりもまったくない[*2]。実践的には、純粋数学のおかげで、誰もがアプリオリなものになじんでいる。誰もが数学的な思考の様式になじんでいるし、それを認めている——しかも、後づけの形而上学的ないし経験主義的な解釈に先立って。こうした解釈は、この方法上のやり方それ自身とは何の関わりもない。

この数学のやり方に、私たちのアプリオリ概念は定位している。まったく一般的な言い方をすれば、私たちは経験されたどんな現実も、そして同様に自由な想像直観において仮構されたどんな現実も、要するにあらゆる「経験的なもの」も同じ仕方で扱う（とともに、それによって、そうした経験的なものがそなえるアプリオリへと上昇する）ことができるのである。このことは、「純粋」数学者が、自分が考えているあいだに役立てる経験的な物体や空間形態や時間量や運動などに関して行うことと同様である。こうしたことが特に成り立つのは、数学者が自分の思考を、とりわけ基礎概念——数学者によるあらゆる概念構築のための原材料——を「根源的に」生み出すか、あるいはこうした概念を「明確化」するとき、つまり空虚な語の理解から「根源的な」真正の概念に立ち戻るときである。それにもかかわらず——そして、これが「アプリオリ」な思考の根本性格なのだが——、数学者は現実に関するありとあらゆる判断を原理的に差し控える。確かにその数学者にとっても経験における現実的なものは役立つが、それらは数学者にとって現実的なものとして役立ったり妥当したりするわけではない。それらの現実的なものは、任意のもの、つまり自由な想像において任意の仕方で変化する例として妥当するにすぎない。そのため、そうした例に代わって、想像された現実的なものも同様に役立ちうるし、それらはふつう数学者の役に立っている。純粋な数学的思考が主題とする領分は、まさしく現実の自然ではなく、ある可能な現実一般なのである。そして、それはそもそも斉一的な意味で表象することができなければならないような、ある自然のことである。数学者の自由とは、純粋な想像、つまり純粋な想像思考の自由である。そして、数学に見られる法則の固い拘束は、とりもなおさず、そうした想像思考それ自身に属する拘束なのである。つまり、数学的な想像がそれによって随意に仮構された形態のうちで、なおも首尾一貫した意志によって自分自身を拘束するかぎり、仮構された現実として一度定立されたものは、その先にも同じ意味でさらに保持されなければならないだろう。

もう少し詳しく説明するなら、想像思考のこうした自己規律ということで言おうとしているのは以下のようなことである。数学的な（そして一般的にアプリオリな）思考の練習をすることとは、万華鏡のように乱雑でちぐはぐな思いつきに遊び半分で耽ることではなく、想像しながらさまざまな形態を生み出し、それを可能な現実として定立し、その後も同一のものとして保持することである。ここに含まれているのは、随意の想像変更をもっぱら以下のような方向に向けて行うということだ。つまり、ひとたび想像しながら定立されたものを、どれも斉一的に、同じ可能な現実として、そして他のあらゆる法則とも両立的なものとして表象可能で認識可能にできるような方向である。この意味で、数学は現実の空間や物体や平面などを事実的な自然現実として扱うのではなく、表象可能でその際に斉一的に思考可能な空間や物体や平面などを、つまり「イデア的に可能な」それらを扱う。だが、そのような純粋な想像思考は、想像するときにそのつど形作られる偶然的で個別的な可能性に依存しているわけではない。むしろ、純粋な想像思考は、そうした可能性を手段として、本質についての普遍的な[*3]思考のなかで、そして根源的には純粋な「理念」ないし「本質」や「本質法則」の普遍的な本質直観のなかで高みに上っていくのである。ここから出発して、純粋な想像思考は直接的で直観的な演繹によって示される帰結命題へと進み、数学的な理論という無限の領分が開かれる。数学者が普遍的な直観のなかで根源的に生み出す根本概念は、想像された個別のものから直接見て取られた純粋な普遍者である。これらの普遍者は、そのような個別のものを自由に変更することを根拠として、それらの個別のものを通り抜ける一般的な意味を際立たせ、それらの個別者に個別化されるのである（根源的な直観におけるプラトン的な分有）。*4

そのため、例えばある物体の個別の純粋な可能性は私たちの眼前に明晰で斉一的な想像を浮かばせるわけだが、この可能性は、自由変更によって、より詳しくは、そうした変更が任意に続行可能であることの意識において、可能な物体の開かれた無限についての根源的意識をもたらす。そのような変更によって保持される同一的なものは、変更されたものの開かれた無限を見渡しながら通り抜けるなかで、明証とともに、一貫して同一的なものとして、それらの変更されたものの普遍的な「本質」、それらの「理念」として登場する。あるいは同じことではあるが、それらの変更されたものに共通し、それゆえ単独のイデア的に可能なものが無限にその「外延」として属しているような物体一般の「純粋概念」が得られる。

そのような種類の根源的に想像された概念を数学は操作し、その直接的な本質法則（いわゆる公理）を「必然的で厳密な意味で普遍的な」真理として作り出し、「その例外をありうることとしてまったく許容しない」（カント）。*5 数学は公理を一般的な本質態として見て取るが、こうした本質態は、その純粋概念が適用される個別のものとして考えうるあらゆるものに対する――あの固く閉じた無限の変更あるいはアプリオリな「外延」に対する――絶対的な同一性において生み出すことができ、そのようなものとして明証的に認識できるものなのである。この本質態から数学はさらに演繹的な直観（必然的な帰結のアプリオリな「明証」）において数学的な理論と導出された「定理」を生み出すが、これらもまた、どれだけ任意に繰り返し生み出された場合でも、イデア的に同一的なものとして見て取ることができる。

　経験された現実的なものを判断と一緒に定立すること――ライオンやトカゲやスミレなどのような自然誌的な概念を一緒に含むあらゆる命題における定立や、したがって経験的に全称的なあらゆる命題における定立――は、厳密に禁じられたままである。この意味で、数学的な思考が固持するものは、あらゆる経験的なものに対して徹底的にアプリオリである。だが、数学的思考における「純粋」概念が適用される個別的なものとして考えることができるものは、したがって可能な存在の同一性として保持できなければならないものは、そうした概念に属する「純粋概念的」法則ないし「本質」法則に服する。

〔本質法則の〕事実的な現実への適用はある事情に基づいてなされるが、その事情とは、どんな現実も明証的な仕方で自身のうちに純粋な可能性を腹蔵しているというものである。どんな現実も、あらゆる現実性の定立の遮断（自由な断念）によって、その構成的な規定内実の全体をいわば純粋想像に移すことを許容する。そのとき、現実的なものから、純粋な可能性の一事例が同じ権利をもった無数に多くの他の可能性と並んで生まれ出るのである。そのため、経験によって与えられ、経験的思考によって判断された現実はどれも、そのような判断の正当性に関連して、何よりもまず「可能な経験」や可能な経験的思考のアプリオリな「条件」に適合しなければならないという無条件の規範に服する。これが、そうした現実の純粋な可能性、つまりそれを斉一的に同一の意味をもつ対象として表象し、定立する可能性の条件である。そのようなアプリオリな条件は、自然（物的な経験にとっての現実）に対して、自然の数学をそのすべての法則込みで告げている――この条件は、自然の数学を「アプリオリ」に告げる、つまりその際に、事実としての「唯一の」自然について語られることはない。事実的なものへの関係は、アプリオリにいつでも可能であり、この可能性において明証的に理解される適用に関わる事柄である。

さて、一般的に次のように述べられる。つまり、現実的なものをその純粋な可能性の法則に従って判定すること、あるいは、それらを「本質法則」、つまりアプリオリな法則に従って判定することは、あらゆる現実的なものに関係し、どうやっても必要になる全般的な課題である。どんな現実的なものもその純粋な「本質」をその合理的な内実としてもち、どんな現実的なものもその合理的な（「精密な」）認識を可能にし、要請する。しかし、このことが成り立つのは、現実的なものの純粋な本質が本質学のなかに、つまり純粋な合理性の領分（事象的に関連した本質真理の領分）に組み入れられ、そして第二に、こうした本質学の適用によって所与の現実的なもの、およびそれが属する現実的なものの全範囲の合理的な理論的認識が可能になるかぎりにおいてである。経験的な現実の学問的認識が「精密」になり、真正の合理性に関わるのは、それがこの現実をその本質可能性に遡って関係づけることによってのみである。したがって、こうしたことは対応する本質学を適用することによってのみ成り立つのである。

「原理」からの認識としての真正の合理性は、まさに本質法則からの認識であり、それは現実的なものをその純粋な可能性の法則から認識することである――このことは、私たちが純粋数学の適用に頼る精密自然科学のプロトタイプから学ぶことができるとおりだ。というのも、ここで私たちが数学的な思考や数学的な自然科学のもとで明確にしたことは、一般的にどんな対象領域[*7]にも成り立つからである。どんな対象の領分についても、あるアプリオリに可能な思考が属しており、したがって、あるアプリオリな学問とその等しい適用機能が属している――私たちが何事につけアプリオリなものに、誇張のない唯一有意義な同じ意味を与えるかぎりで。私たちが数学的な思考のもとで一般的な本質的特徴においてそれを示したようなアプリオリな思考の方法論を数学の領分だけに固有の種類のものとみなすことには、わずかな根拠さえない。現実と可能性のあいだの、そして経験と純粋な想像のあいだの普遍的な本質的関係をそのように切りつめるような想定は、まさに不条理なのである。どんな具体的な現実からも、そしてそうした現実のもとで現に経験されるか経験可能であるどんな個別の特徴からも、イデア的ないし純粋な可能性の領分への道が、それゆえアプリオリな思考の領分への道が開けている。そして、最も一般的なものに従って個別の純粋に可能なものを形成し、同様に変更的な変遷において相互に移行するそのような可能なものの無限の「外延」を形成するための（本質的にはソクラテス・プラトン的な）方法は、どんなときにも同じなのである。同じことは、もちろん、そこに属する本質的に一般的なもの、つまり理念（本質、純粋概念）と本質法則を根源的に直観的な仕方で形成することについても成り立つ。

当然期待され、したがってまた見過ごされてはならないのは、それぞれの出発点に応じて、そしてそこで獲得された理念と本質連関の観点のもとで獲得されるアプリオリな領分に応じて、特殊な方法とアプリオリな理論の類型全体はさまざまなものになりうるし、そうなるのでなければならない、ということである。

アプリオリな学問、少なくともそのような学問として可能であり、それゆえ始動されるべき学問は、自然とそれに固有の本質形式についてのみ成り立つわけではない。そうした学問は、人のような特徴《パーソナル》をもつ精神、つまり個人的・社会的な精神についても成り立つ。[*8] そして、自然の枠組みのなかでも、そうした学問は、単なる物的な物だけでなく有機体、つまり心理物理的で「二側面的」なレアルなものについても成り立つ。そして、これらすべてについてだけでなく、文化的対象、純粋に形成されるあらゆるカテゴリーに属する文化価値についても同様である。

その際に私たちが見逃すわけにいかないのは、私たちが右でとりわけ念頭に置いていた自然に関する特殊な数学（純粋幾何学、純粋時間論、純粋運動論など）から、純粋に形式的な数学（解析や多様体論など）が区別される、ということである。後者は、確かにいつでも精密自然科学で応用されるが、特有の仕方で自然に属さず、むしろ「形式的存在論」[2]として普遍的に受け取られ、そもそも可能な対象や対象領域のすべてに、等しい仕方で、いわば同時に属する。同様に、私たちは似た意味で形式的な、もう一つのアプリオリな学科に留意しよう。この学科は、歴史的には命題の形式論理学、意味の純粋形式学[3]（純粋文法学）、理性の一般理論のような形で素描され、概観されているが、ある新しく形式的で固有の意味でアプリオリな方法を十分に意識した扱いを必要としている。いずれにせよ、古い先入見を投げ捨て、あらゆるアプリオリな学問を根拠づけるという偉大で大いに必要とされる仕事に取りかかり、それによって同時に普遍数学の完全かつ真正な（ライプニッツの理念をはるかに超える）理念を達成するときが来た。[*9] 実際のところ、アプリオリな学科として可能なもののすべてが相互に関連した「宇宙」を形成している。つまり、それらの学科は、多数あるにもかかわらず最も内的な統一を形成しているのである。そして、それらの学科は、あらゆる可能な意識と存在に関するあるアプリオリな根源学——ある「超越論的現象学」(4)——において、相互に関連する。それらの学科は、超越論的現象学が枝分かれしたものとして扱われなければならないのである[*10]——だが、本稿はこのことを示すのにふさわしい場所ではない。

先に記述したようなアプリオリな方法を、例えば人間について用いると、経験的なものから最上位の原理的な統一としての純粋な可能性の領分へと移行することによって、生命をもち《アニマル》、心身をそなえた存在一般の純粋な理念が得られる。この最上位の理念がそのようなものとして生じるのは、例として機能する個別の人間のもとで一般的に変更可能な特徴《モメント》のすべてを最も自由に変更することによってである。この理念に純粋な種別化——当然ながら、空虚な言語的思考における種別化ではなく、変更に関する適切な拘束のもとで直観的に達成された種別化——を施すことによって、より個別的だが、それもまた純粋であるような種として、人間の理念（「理想」ではない！）が得られるし、それに対して、相関する理念として「単なる」動物の理念が得られる。このとき私たちが人間に対して、例えば、それが人《パーソン》として送りうる生の類型に即して種別化を施し、職業的生の理念とその可能な類型などを形成するなら、それらはどれでも新たなアプリオリな種別化の例だということになる。ここで問題となる種別化は、図形一般の理念が閉じた図形に種別化され、それがさらに例えば直線図形、三角形、等々に種別化されるときのそれと正確に類比的である。〔文字どおりの意味で、なおもまったく欠如していて〕必要とされているのは、非常に広範囲にわたる同様の固有の探究である。こうした探究の目的は、「動物《アニマル》」の理念の精密な本質内実を、それに本質的に属する身体性と「心」ともども、本質規定に関する基礎的な概念と法則に体系的かつ直観的な仕方で従わせることである。そして、しかるのちに、より特殊な仕方でさらに種別化され、理性〔ないし「非理性」〕という理念をそれに属するものとしてそなえた「人間」という内容豊かで際立った本質形態についても、同様の作業を行うことが目指されている。*11

何らかの領分、例えば人間性《ヒューマニティ》の領分に関する本質探究の最初の試みにおいて、導きとなる考えとして機能するのは、当然ながら、完全に一般的で、まだ種別化されていないとはいえ純粋であるような理念、例えば人間の理念である。とはいえ、次のような事情が否定されるわけではない。つまり、手続きを本質直観の深みから汲み取り、空虚な言葉の上での思考にとどまらないときに限り、洞察的な本質認識を得ることができ、さらに手探りの基礎的分析が最上位の種別化されていない理念から出発して究極の基礎的理念の直観的証示へと広げられてしまうことが避けられる、という事情である。正確に見れば、このことは数学にとってさえ、うまくいっていない。それゆえ、究極の基礎と「パラドクス」という苦難をめぐる論争があるのだ。[*12]

しかし、まさにこうした示唆の助けによってもたらされうる確信があるのだが、この確信により深い根拠を与えようとすると、ここでは遠くに行きすぎることになってしまう。つまり、その確信とは、究極的で、根源的源泉に基づいて最も完全な直観（現象学的に純粋な主観性の直観）から生まれていない認識はどれも究極の厳密さと学問性に到達していない、というものである。曖昧な予感や未解明の先取りという名残りを残した明証は、中間的で、最終的な明確化と規定をなおも必要とする認識価値なのである。認識がアプリオリに、つまり「本質的なもの」において正しいものの、なおも相対的に不完全だということも大いにありうる――その一方で、この認識が原理を欠いた経験的なものに対して巨大な前進を意味するのだとしても。

このような仕方で、同じくこの雑誌で続く「個人倫理学の問題としての革新と社会倫理的問題としての革新」に関する論考では、目下のところ唯一可能な仕方で、いわば真ん中の高さから、倫理的な人間の純粋概念の本質研究を行い、原理的な倫理学を用意することが、さしあたりいかにして可能かを探究する。

原注・編者注

（1）第二『改造』論文。『改造』一九二四年、第四号、一〇七－一一六頁初出（日本語のみ）。

（2）　私の『論理学研究』第一巻、第六五―七二節を参照。
（3）　前掲書、第二巻、第四研究を参照。
（4）　私の『純粋現象学および現象学的哲学についての諸構想』〔『イデーンⅠ』〕（ハレ、一九一三年）を参照。

訳注

＊1　「理念視（Ideenschau / Ideation）」は、アプリオリなもの（本質）を見て取る意識の働きを意味する。この第二論文では、これ以降「理念視」という語は登場しないが、第二論文全体が理念視とは何をすることなのかについての説明になっている。一九二五年の『現象学的心理学』講義で述べられるように、理念視は本質研究の方法の中核をなす「複合的な精神活動」（Hua IX, S. 76）であり、第二論文でもその複雑なプロセスが概観される。

＊2　ここでの「形而上学的遺産」とは、本質や理念（イデア）を物化し、天上界のような特別な区域に存在すると考える立場だと思われる。フッサールは、自分がこうした立場（「プラトン的実在論」）に立っていないことを、例えば『イデーンⅠ』第二二節でも強調している（Hua III/1, S. 47-49）。

＊3　「普遍的」の原語は allgemein であり、第二論文でのこの語の用例は、すべて「個別例をもちえ、それらの例に共通するもの」に関わる意味で用いられている。そのため「普遍的」という訳語を採用した。『改造』論文における allgemein / universal の多義的な使われ方と、それらの訳し分けの方針については、「訳者解説」を参照。

＊4　「分有（metexis）」は、プラトン哲学の用語。プラトンは、イデアが感覚的事物の存在の根拠であることを、後者が前者を分有する（前者に「与る」）ことによって初めてしかじかのものとして存在する、という比喩表現を用いて説明した。

＊5　カント『純粋理性批判』第二版序論（B四）からの引用だが、字句に若干の相違がある。

＊6　フッサールは、『論理学研究』以来、文の全体に対応する対象、つまり典型的には dass 節（英語の that 節に相当する）を用いてそれについて語ることができるような対象を「事態（Sachverhalt）」と呼んだ。ここに登場する「本質態（Wesensverhalt）」とは、本質同士の関係について述べる文に対応する事態のことである。この用語は、例えば『イデーンⅠ』第五―七節にも登場する（Hua III/1, S. 17-22）。

＊7　ここでの「領域（Sphäre）」は、『イデーンⅠ』第九節で「領域（Region）」と呼ばれていたものと同じと考えてよい（Hua III/1, S. 23-25）。フッサールによれば、領域には「自然」、「生命《アニマル》」、「精神」の三つがあり、具体的な特徴をもつ対象は、どれもそれらの少なくとも一つの領域に属する。領域の本質を探究する領域的存在論をフッサールは『イデーンⅡ』で展開しており、とりわけ精神を解明する同書の第三篇は『改造』論文の一つの背景になっている（Hua IV, S. 172-302）。『改造』論文では、こうした意味での領域だけでなく、何らかの特徴によって分けられた一定の区域が Sphäre, Gebiet, Reich と呼ばれることもある。ここでのフッサールの用語法はゆるやかなので、それらを厳密に訳し分けることはせず、文脈に応じて「領分」および「領域」という訳語をあてた。

＊8　フッサールは、精神科学（第一論文の訳注＊18）が扱うものを幅広く「精神」と呼んでおり、そこには文化的・社会的対象だけでなく、環境世界で主体的にふるまう人のような主体も含まれる（『イデーンⅡ』第五六節。Hua IV, S. 236-247）。「人のような特徴をもつ精神（personaler Geist）」とは、こうした主体を指す。なお、この文脈で「社会的な精神」という言い方がされるのは、フッサールには「高次の人格」（第三論文、五三頁）あるいは「共同精神」（第四論文、一一六頁）としての共同体という考え方があるためである。

＊9　「普遍数学（mathesis universalis）」とは、デカルトやライプニッツが構想した、数学によってありとあらゆる事柄を扱う学問の名称。フッサールは『論理学研究』第一巻第六〇節において、みずからの純

粋論理学の構想をライプニッツによる普遍数学のアイディアに近いものとして位置づけている（Hua XVIII, S. 222-224）。

＊10　ここで参照されている『イデーンⅠ』の最後を飾る第四篇第三章において、フッサールは理性の現象学がさまざまに枝分かれ（Verzweigung）した問題に関わると述べた上で、形式的な論理学、価値論、実践論、さらには形式的存在論および領域的存在論といったアプリオリな学科が現象学的な構成分析によってどのように補完されるのかについて概略を与えている（Hua III/1, S. 337-359）。

＊11　閉じた図形とは、円や四角や立方体などの、線で囲まれた図形のことである。ここでフッサールは「図形一般（Figur überhaupt）」を少なくとも線を含むような意味で用いている。

＊12　数学の基礎をめぐる「パラドクス」ということでフッサールが何のことを考えていたのかははっきりしないが、一つの可能性としては、素朴集合論に関する、いわゆるラッセルのパラドクスだと推定できる。フッサールは、ゲッティンゲン期の一九〇二年に、同僚の数学者エルンスト・ツェルメロが（ラッセルとは独立に）発見した同様のパラドクスについて簡単なメモを残している（Hua XXII, S. 399. Cf. B. Rang and W. Thomas, "Zermelo's Discovery of the 'Russell Paradox'", *Historia Mathematica*, 8(1), 1981, pp. 15-22）。また、一九一二年には、アレクサンドル・コイレから提出された博士論文の計画（フッサールはこれを却下することになる）をおそらくきっかけとして、フッサールはラッセルのパラドクスに関する草稿を残している（Carlo Ierna, "The Reception of Russell's Paradox in Husserl and the School of Brentano: The Case of Husserl's Manuscript A I 35a", in *Husserl and Analytic Philosophy*, edited by Guillermo E. Rosado Haddock, Boston: de Gruyter, 2016, pp. 119-142. この論集にはフッサールがラッセルのパラドクスを論じた草稿も収められている）。もう一つの可能性としては、直観主義数学の登場が考えられる。一九二二／二三年講義において、フッサールは、ヤン・ブラウワーやヘルマン・ワイルに言及しながら、彼らが（排中律という）公理的なもの（Axiomatisches）を問い

の俎上に載せていることを、高度にパラドキシカルだと述べている（Hua XXXV, S. 297-298）。

〔第三論文〕個人倫理学の問題としての革新(1)

I　倫理的な生に先立つ形式としての、自己統制という生の形式。主題に関する導入的なこと

人間の革新――個別の人間および共同体化された人間の革新――は、あらゆる倫理学の最上位のテーマである。倫理的な生とは、その本質に従って、革新の理念のもとに意識的に立った生であり、この理念によって意志をともなって導かれ、形成された生である。純粋倫理学は、そのような生の純粋な（アプリオリな）一般性における本質と可能な形式についての学問である。それに加えて、経験的・人間的な倫理学は、純粋倫理学の規範を経験的なものに適合させ、所与の（個人的、歴史的、国家的《ナショナル》、等々の）事情のもとにあるこの世の人間の導き手になろうとする。[*1] しかしながら、倫理学という表題が単なる道徳を意味すると考えてはならない。道徳とは、人間が同胞に対して行う実践的に「善い」、「理性的な」ふるまいを、隣人愛という理念から統制するものである。道徳哲学は倫理学の完全に非独立的な部分であり、後者はある理性的な主観性の行為する生全体についての、この生全体を統一的に統制する理性の観点からの学問として是が非でも理解されなければならない。[*2] そして、私たち

がこうした観点のもとで可能な行為のどの固有の領分を規範的に考察しようとも――それが例えば思考による認識として特徴づけられる行為であろうとも――[*3]、そこでは倫理学もその主題的な地盤を手にしているのである。したがって、理性という題目も完全に一般的な仕方で、倫理学と実践理性についての学問とが等値的な概念になるような具合に受けとめられなければならない。

しかし、倫理学はさらに単なる個人倫理学ではなく、社会倫理学でもある。後者は、例えば個別の人間が自分の「同胞」に対して、つまり共同体というまとまりにおける自分の仲間に対して実践的にふるまうことを個人倫理学的な研究のなかに含めることによって、すでに与えられているようなものではない。共同体としての共同体についての倫理学もなければならないのである。そして、とりわけ私たちが〔集合的な意味で〕「人間」――一つあるいは多数の国家《ネーション》を包摂する人間の全体――と呼ぶ、あの全般的な共同体についての学問が存在しなければならない[*4]。ここに属するのは、例えば「ヨーロッパの」あるいは「西洋の」人間集団である。人間集団は、文化の単位と同じくらい広い範囲にわたる。いちばん上に独立的に閉じた全般的文化があり、それは多くの国民的《ナショナル》な個別文化を包括しうるのである。ある文化において、まさに活動的な生のある統一が客観化され、そうした生の全体の主体こそが当該の人間集団である。文化ということで私たちが理解するのは、何らかの成果の総体にほかならない[*5]。ここで言う成果とは、共同体化する人間たちの前進し続ける活動のなかでもたらされ、そうした共同体意識やそれが保持し続ける伝統の統一のなかで精神的なものとして持続的に現に存在するようなもののことである。そうした成果が物的なものに身体化されたもの、つまりそれらの成果を製作者の手元から切り離す表現が基盤となって、それらの成果は、その精神的な意味に関して、あとから理解する能力がある者なら誰でも経験できる。それらの成果は続く時代に繰り返し、歴史的連続性という枠組みのなかで、次々に生まれてくる新たな世代への精神的影響が放射される原点となる。そして、まさにこうした点において、文化という題目で把握されるもののすべてがそれに本質的で固有の存在様式をもつのであり、またその一方で、そうしたものが共同体化の不断の源泉として機能するのである。

共同体は、一人の人のような《パーソナル》、いわば多頭であるにもかかわらず結合された一つの主観性である。共同体における個別の人々は、その「分肢」であり、人と人を精神的に合一する多様な「社会的作用」(我‐汝作用、依頼や取り決めや愛の活動)によって機能的に相互に組み合わされている。ときには、ある共同体が多頭的にではあるが、何らかの高次の意味で「頭なしに」機能することもある。つまり、そうした共同体は、一つの意志の主体という統一へと集結して個別の主体と類比的に行為することなく機能することもある。しかし、そうした共同体は、こうした個別の主体と類比的な高次の生の形式を受け取り、「高次の人格」になって、そのような高次の人格として共同体の成果をあげることもできる[*6]。それらの成果は、個人の成果の単なる集積ではなく、むしろ真の意味で共同体が共同体としてその努力と意志において実現する、人の手によるような《パーソナル》成果なのである。そのため、ある共同体、つまりある人間集団全体の行為する生は——歴史的な現実において到来したことが決してないかもしれないとはいえ――実践理性の統一形態、つまり、ある「倫理的な」生という統一形態を受け取ることもできる。しかし、これは倫理的な個別の生との現実的なアナロジーのもとで理解された倫理的生である。この倫理的な個別の生と同様に、共同体の生も、倫理的な生、したがって「革新」の生、つまりそれ自身を実践理性の意味でのある真正な人間集団へと形作り、それゆえその文化をある「真正に人間的《ヒューマン》な」文化へと形成する固有の意志から生まれた生だろう。ある人間集団は、一人の「大きな人間」として考察されることが現にできるし、そうされなければならない。そして、その場合、その人間集団は、共同体倫理的にみずからを可能なかぎり自己規定するものとして、したがってまたみずからを倫理的に規定すべきものとして考えられることになる。しかし、こうした考えは、その原理的な可能性に従って明確化され、説得的な仕方で洞察的にされ、そのなかに含まれた本質可能性と規範的必然性に即して実践的に規定されなければならない――こうした規定は、当然ながら共同体としての共同体にとってのもの、したがって共同体の意志を担う公僕であるかぎりでの共同体の成員にとってのものである。[*7]

　これによって、このあとに続く一般的な探究の最終目的――社会倫理学の根本問題としての革新――の主要な特徴が明らかになった。

　しかしながら、社会倫理的な革新は個人倫理的なそれに本質的に関係するため、個人倫理学におけるこの根本問題を先立って念入りに扱うことが要求される。本論文は、この問題に捧げられることになる。私たちの方法は、私が先に送り出した論文「革新の問題と方法」での詳しい説明に従って、「アプリオリ」な方法、つまり「本質研究」の方法でなければならない。この方法のより詳しい特徴づけについては、私の論考「本質研究の方法」（本誌［『改造』一九二四年第四号、一〇七―一一六頁（本書三五―四五頁）］）を参照してほしい。

A　人であり自由である存在としての人間

私たちがとりわけ目論んでいることからして、人間一般の特定の本質的特徴に視線を向けなければならない。つまり、私たちが試みたいのは、人間一般の本質的特徴というこの理念の範囲内で、人間の存在形式および生の形式を特定の仕方で種別化して得られる特殊なものをアプリオリに構築することである。それらの特殊な形式は、倫理的な人間の理念において完成するようなものである。これらの特殊な形式のなかで、自己革新という特有の生成の形式が、つまり自分を「新しい人間」へと、そうした人間にとって本質的な動機づけでもって作り上げることに特有の本質形式が明らかになるはずだ。

私たちは、出発点として、個人的《パーソナル》な自己考察（自己内省）*8という含蓄ある意味での自己意識に関する、人間の本質に属する能力を取り上げよう。また、この能力に根差した、反省によって自分自身と自分の生に遡及的に関係する態度決定ないし個人的《パーソナル》な作用——自己認識、自己評価、実践的な自己規定（自己意志と自己形成）——の能力を取り上げよう。自己評価において、人間は自分自身を善いものや悪いものとして、価値あるものや価値のないものとして評価する。その際に、人間は自分の作用や動機や手段や目的を、しかも自分の最終目的までをも評価する。そして、人間は自分が現実にもつ作用・動機・目的だけでなく、もつことが可能であるような作用・動機・目的、つまり自分の実践的可能性の全領分を見渡しながら、それらを評価するのである。[9] 最終的には、人間は自分固有の実践的「性格」や、そうした性格のうちでも、より特殊な性格特性、つまりあらゆる素質、能力、技能を評価するようになる。こうしたことは、それらの素質、能力、技能が自分に可能な実践の種類と方向性を規定するかぎりにおいてなのだが、それらは、より根源的な心的習慣として、あらゆる能動性に先立ってあるかもしれないし、作用の実行によって、ひょっとすると作用の練習によって目覚めさせられるかもしれない。

さらに、人に特有の作用の固有性に注意しよう。人間は、受動的かつ不自由に自分の衝動（傾向や激情）のなすがままにならずに、つまり最も広い意味で情動的に動かされずに、むしろ自分から、自分の自我中心から出発して、自由で活動的に「行為」する本質特性をもつ。[10] こうした行為とは、真正に「人にそなわった《パーソナル》」あるいは「自由な」能動性でもって、（例えば観察することで）経験し、思考し、評価し、経験された環境世界に何かを引き起こすことである。このことは人間がある能力をもつということを意味している。その能力とは、自分の受動的な行い（衝き動かされているという意識をともなう行い）とそれを受動的に動機づける前提（傾向や臆見）が効果を及ぼすのを「断ち切り」、それらを問いに付して、ふさわしい考量を行い、その結果として得られた現状認識を根拠にして初めて、つまり、そうした状況のなかでそもそも実現できる可能性とその相対的な価値を根拠にして初めて意志的な決定を行う能力である。こうした決定において主観は含蓄ある意味で意志の主観であり、もはや情動的な誘惑（「傾向」）に「意志なく」従うのではなく、むしろみずから「自由に」自分の決定を下すのであり、そのような真正の意志作用において意志的に決定を実現するなら、主観は「行為する」主観、つまり自分の行いを人として担うものである。人間は、まさにこうした自由を、自分の自由な作用に関しても、したがって高次の段階においても発揮できる。人間は、そうした自由な作用を（したがって、これらの自由な態度も）新たに禁止し、それを新たに批判的に問いに付し、考量して決定を行うことができる。つまり、人間は、すでになされた意志的な決意を、意志肯定において承認したり、意志否定において否認したりできるのである。すでに実現された行為に関しても、事情は同様である。その行為を実現した出来事を取り消すことは、もちろんできない。[*11]しかし、自我は、自分のその後の生のなかで自分にとって当然のように妥当し続ける行為意志をあとから意志の批判に付すことができ、この行為意志に対して、それが妥当し続けることについて確証したり、あるいは、こうした実践的な妥当をその行為意志がもつことを意志による否定という形で拒んだりすることもできる。しかし、意志の主体である以上、自我はその際に自分自身を正当または不当に意志し行為する主体として整合的に評価する。

批判的な考量は、単称的でも一般的でもあることができる。というのも、人間の本質に属するのは、単称的な表象や思考や評価や意志を行使することではなく、そのような作用のすべてを「概して」という形式で、つまり「特称的」ないし「全称的」な一般性の形式でも遂行できるということだからである。例えば「単なる動物」も、特定の状況ではいつも同じ行動をするということはあるかもしれない。だが、単なる動物は、一般性という形式の意志をもつわけではない。単なる動物は、人間が次のように言葉で表現することを知らないのである。「概して、自分がこの種の状況にある場合には、いつでも私はそのように行為しよう。なぜなら、この種の財は概して私にとって価値があるからだ[*12]」。

自明なことではあるが、ここで話題になっているのは人間と動物にとって特徴的な経験的性質ではなく、むしろ本質的な違い、つまりアプリオリに可能な作用形式と能力の区別、アプリオリに可能な「人間」と「動物」の区別である。

人間の生の本質には、さらに、そうした生が常に努力という形式において繰り広げられるということが属している[*13]。その際に人間の生は、結局のところ、いつも肯定的な努力という形式をとり、したがって肯定的な価値の達成に向けられている。というのも、すべての否定的な努力は、つまり負の価値（例えば「感覚的な」痛み）から離れようと努力することは、肯定的な努力への移行でしかないからだ。その離れようとする努力は痛みが不在になることで緩和されるわけだが、痛みのこうした不在は――享受された快を「最後の一滴まで」味わい尽くしたことによって快への努力が最終的に緩和されたときの快の不在と同様に――新しい肯定的な努力をただちに動機づけ、今さっき生まれた空虚を肯定的な価値をもつもので満たすことを狙うのである。

常に新たに動機づけられる肯定的な努力は、入れ替わり立ち替わり、解放や幻滅に至ったり、つらいことや間接的な負の価値（例えば価値の全般的水準を押し上げる新たな価値という追い求めるべきものが欠けている状態、要するに退屈）を強いられることに至ったりする。それに加えて、現実的ないし実践的に可能な新しい価値が視界に登場し、ついさっきはまだ妥当していた価値と争い、より価値が高いものとして実践的な優先をそれ自身で要求することによって、最後にはさっきまでの価値を努力する者にとって無価値にしてしまう。要するに、主体は闘争状態を生きており、その闘争が何をめぐるものなのかといえば、それは「完全に価値があり」、あとからやって来る無価値化や価値の減少や幻滅[14]に対する保証がされており、価値内実が上昇していく生、つまり整合的で確実で継続的な全体的満足を与える生である。しかし、より高次の段階、自由な自発性の段階では、主体は低次の段階におけるように、動機の力が相互に揉み合う単なる受動的な舞台ではない。主体は自分の生を見渡し、自由な主体として、さまざまな可能な形式において、自分の生を満足いくもの、つまり「幸福な」ものに作り上げようと意識的に努力する[15]。

自分のそのつどの情動《アフェクティヴ》性の戯れを無力化して自由な考量に移行する最も根源的な動機は、否定と疑いというつらい体験である。つまり、それは判断・評価・実践における「思念」や、しまいにはすでに自由に行われた考量と決断までもが実際に打ち砕かれる体験、あるいはそれらが打ち砕かれる恐れの体験である——すでに行われた考量と決断も、それらが疑わしくなって新しい批判に服することがありうる以上、打ち砕かれることはありうる。しかし、その一方で、見ることの明晰さ、つまり「明証」ないし「洞察」は、思念されたものを直接的にそれ自体で把握する意識として（実現する行為の場合には、目標となる価値への到達の意識として）、単なる先取り的な臆見から際立って区別される。そうした明証ないし洞察は確証的な規範化の源泉になり、この源泉は今やとりわけ評価され、追い求められる。そのため、理性の努力の独特さが、次のように理解される。つまり、理性の努力とは、個人の生に、自分のそのつどの判断的・評価的・実践的態度決定に関して、洞察という形式、あるいはそうした形式に寸法を合わせた正当性ないし理性性という形式を与えようとする努力なのである。相関的に述べるなら、理性の努力とは、適切な観点における「真なるもの」──真なる存在、真なる判断内容、真なる、あるいは「真正の」価値と善いもの──を洞察的にそれ自体で把握するという形で際立たせる努力である。こうした把握こそが、単なる思念にとっての正当性と非正当性の規範となる基準なのである。そして、この基準がそれ自体で洞察できること、それによって動機づけられることは、人間の本質可能性にともに属する。さらには、人間が自分を理性の規範に従って評定し、実践的に変革する可能性も人間の本質に属する。

B　人間に特有の生の形式と自己統制の前倫理的形式

ここで私たちは次のことを付け加えよう。自由な自己形成に関する究極的に認識された可能性には、人間に特有のアプリオリで多様な生の形式または人間が人としてもつ類型が根差しており、これらの形式ないし類型は倫理的な人間という最上位の本質形式という高みへと私たちを連れていき、そこで頂点に達する。

人間は、自分の生の全体を、規定性と明断さに関してかなりの違いがあるとしても、統一的に見渡し、それを現実と可能性に即して全般的に評価する。したがって、人間は、全般的な生の目標を立てることができ、自分と自分の生の全体を、その無限に開かれた未来ともども、自分の自由意志から生じた規則の要求に従わせることができる。こうした生の目標は、実際にすべてを規定する動機として効果を発揮することで、個人の生に完全に新しい種類の形式を与える。だが、こうやって一般的に記述することで示される生の一般的な類型は、さまざまな個別の類型をまだ開いたままにしている。

こうした統制を生の果てしない無限へと意識的に広げることが見出される事例には、例えば、誰かが感覚的な自己保存[*16]とそれに役立つ財に全般的で計画された配慮を捧げようとして、そのために生計を立てる職業に従事する、という場合がある。[*17]ところで、その人がそのようにした理由は、ただ、その人が例えば家族の伝統によってこの職業に巻き込まれ、それに深く根を下ろしているからであったり、あるいは、その人が経済的な財のなかに他のあらゆる財の前提条件を見出しているからであったり、あるいは、その人がその職業を他のあらゆるものより優先しているからであったりする。

そのような生の形式には多様な姿があるわけだが、そのなかでも私たちはある際立った類型を浮かび上がらせよう。その類型を際立たせる様式は、価値に関する個人の決断がその人の生全体の自己統制を規定するときの様式である。自分の未来にありうる生を見渡して評価する際に、こう確信するようになる人がいるかもしれない。つまり、いついつでも行為の目標として選ぶことができるようなある特定の種類の価値が自分にとって無条件に求められるという性格をもち、それが継続的に実現されないと自分はまったく満足できないだろう、という確信である(この意味では、ある人にとっては権力の価値が、別の人にとっては名誉の価値や隣人愛の価値などが無条件的に最も優先されるものとして妥当することがありうる。その際に問題になるのが真かつ真正に善いものなのか、それとも単にそう思い込まれたものなのかということは、目下は問題にならない)。そのため、その人は今や、そのような価値を実現する可能性を目指して自分と自分の未来の生を捧げることを決断するのである。このことは、その人がこれらの価値を状況によっては断念するということを除外しない、つまり、その人が目下の状況では別の善いものが優先されると認めてこれらの価値を犠牲にすることを除外しない。その際に、その別の善いものがそれ自体でより善いものであり、それと比べれば、その人自身が目にしているその人にとっての価値がより劣っているということも大いにありうる。例えば、権力欲に駆られた人にとっての隣人愛の価値のように。その上、それらの高次の価値はいつでもその人の実践が及ぶ範囲のなかにあるかもしれず、その人は自分の生をそれらの価値に捧げることもできただろう。だが、その人がそれらの価値を実際に優先するのは、ただ折に触れて、つまり、それらの価値がその人にとってあまり「コストがかからない」まさにそのときだけなのである。したがって、より高いものと客観的に評価することは、その人がいつもまさに次のように確信して生きるかぎり、実践において優先されるものになる必要はない。つまり、あれらの価値――自分自身の目から見て相対的に低位の善いもの――が自分にとって最も優先されるものであり、自分はそれらをどうしても断念したくないし、断念することもできず、しかもそれらを断念できないのは自分がそれらを無条件に欲しているからだ、といつも確信して生きるかぎり。ここで私たちに対してまずもって際立つのは、評価された目的に無条件的に献身するという心構えが、そうした心構えの欲求がもつ無条件性ゆえに生を統制する原理になる、という一般的な事柄である。こうした献身は、先の例にもあったように、完全に非合理的なもの、いわば盲目的な惚れ込みでもよいし、そうでなくてもよい。

さて、特別な事例になるのは、高次の含蓄ある意味での職業的生に関する決断である。私たちは、そうした事例を、特定の種類の価値と関連づけて考えよう。それらの価値とは、当の人間が「純粋な」愛において愛するものである。したがって、その価値は、それを手に入れればその人が「純粋に」満足するだろうものである。しかも、このときには、その人自身がこのことを洞察的に確信しているだろう。ここではじめから問題になっているのは、真正かつその真正さのもとで認識される価値であり、しかも独占的に優先されるある独自の価値領域に属する価値である。そうした価値領域に対して召命されるとは、つまりその領域に属する価値の実現だけに生を捧げるとはどういうことかといえば、それは、当該の主観がまさにこの価値領域に――例えば学問の価値領域や芸術の価値領域や真正の共同体の価値から成る価値領域に――個人的な愛でもって独占的に愛着をもつということである。そう、「今問題になっている価値とそれ以外の多くの価値の〕本質的な違いの一つは、次のような事情のなかに示される。つまり、私は多くの価値に完全に敬意を払い、それらを尊重することができるとはいえ、人格の最も内部にある中心から――「全身全霊で」――それらを愛することはできないのである。私は、それらの価値を私のものとして、私に、私がまさにそれであるものに分かちがたく属するものとして愛することはできない。そういうわけで、芸術は真正の芸術家にとって、学問は真正の学者（「哲学者」）にとって「使命」である。学問は精神的な活動と成果の領分であり、真正の学者は自分がそれに召命されていることを知っていて、そのため、そのような善いものを創り出すことだけが自分に「最も内的」で「最も純粋」な満足をもたらし、自分にこの上なく首尾よく「浄福」の意識を与えるということも知っている。[*18]

私たちは、これで全般的な自己統制の形式をいくつか知ったことになる。ところで、これらの形式が可能な批判に服することができるのは明らかである。しかもこれらの形式は、そうした自己統制をしようと決意した者それぞれの側からの可能な批判にも服することができる。それらの形式は、部分的には価値あるものとして、部分的には価値のないものとして認識可能であり、相対的には、より価値ある形式、ないしより価値の劣った形式として認識可能である。さて、これらの形式と本質的に近い関係にあるのが倫理的な生の形式であり、これをスケッチすることを私たちの次の課題としよう。[2]

II　真正の人間性《ヒューマニティ》という個人の生の形式

倫理的な人間の生の形式は、生の他の形式、例えば先ほどスケッチした職業的生という形式とは対照的に、相対的に最高の価値をもつだけでなく、絶対的に価値がある唯一の特有の生の形式である。肯定的なものとして評価される生の形式のすべてについて、倫理的な生という段階に高まった人間にとってそれらが価値あるものであり続けるのは、それらが倫理的な生の形式に組み入れられ、この生の形式のなかで単にさらに形式が与えられるだけでなく、この形式にそなわる究極の正しさの規範と制約を獲得するときに限られる。例えば、真正の芸術家は、真正の芸術家であるだけでは、まだ最高度の意味での真正の人間ではない。反対に、真正の人間は真正の芸術家でありうるが、そうしたことがありうるのは倫理的な自己統制が真正の芸術家であることを当の人間に要求するときに限られる。

さて、重要なのは、今述べたようなテーゼを本質必然性として洞察することである。私たちは、さしあたり、倫理的な生の形式を、（アプリオリに）本質に従って作られたありうる人間の生の形態の一つとして、発生的に、つまり本質という根拠に基づいてそうした生の形態へと導く動機づけの面から発展させてみよう。*19

A　絶対的で全般的な自己統制としての革新の発生。理性、幸福、満足、倫理的良心

さしあたり以下のことを考察しよう。全般的な自己統制に基づく生の形式は、例えば職業的な人間という生の形式として私たちがこれまで記述してきたように、確かに生の全体を包摂する。しかし、その形式があらゆる行為を決定的な仕方で統制し、規則を定める全般的な意志をその源泉とするであろう規範的な形態をあらゆる行為に分け与えるという具合にはなっていない。そのため、何らかの生の使命を規定する決断は、当該の職業における活動しか統制しようとしない。この観点からは、それらの活動だけが、なされるべきものという形態を、しかも、可能なかぎりよくなされなければならないものという形態をとる。さらには、この種の生の形式はすべて、人間が動物的な素朴さの状態を超え出ていることに根差している。つまり、生はもはや、そのつど意識された環境世界からやって来る触発に自我がひたすら素朴に没入するという具合に過ごされるのではない。自我は、生得的ないし獲得された衝動や習慣的な傾向性などに単に従って生きるのではない。自我は、むしろ先（第一節A）に述べたように、自分自身とその行為に反省的に向き合い、自分を規定して選択する自我になり、そして職業的生におけるように自分の生の全体を反省的で全般的な意志に従わせる自我になる。しかし、そのような自由意志は、なおもまだある特定の素朴さのうちで働いている。ここに欠けているのは、目的と実行のための経路とを批判し、その到達可能性や合目的性や実行可能性について、さらにはその価値論的な妥当性と価値に関する真正さについても批判する習慣的な志向である。そのような批判は、事前には、事象[*20]ないし価値に関する失敗

という幻滅に対して行為を確実なものとし、事後的には、屈することのない、絶えず確証される力を達成の喜びに与え、その喜びをあとから――その事象的ないし価値的な的中性を断念することによって――やって来る無価値化から守ってくれるに違いない。最後の観点について述べておくと、そのような無価値化は次のようなつらい認識において生じる。つまり、目指されていた「善いもの」は善いと思い込まれていたものでしかなく、それに捧げられた仕事は無益であり、そうした仕事への喜びは無意味だったのであり、これまでの生における幸福の総和に今後は数え入れてはならないような喜びだったのだ、という認識である。

この種のつらい無価値化と幻滅を出発点とする動機づけこそ、先にすでに暗示したように、今述べたような批判を動機づけ、それとともに真理への特有の努力ないし確証への努力、つまり洞察的な根拠づけによる「最終的な」正当化への努力を動機づけるものである。そのような努力は、さしあたりは個別の事例や、そうした事例のクラスに登場し、働くだけかもしれない。しかしながら、ここでは完全な生一般への全般的な努力へと通じる動機づけの可能性がある。完全な生一般とは、そこでの活動のすべてが完全に正当化されており、純粋で屈することのない満足を保証するだろう生のことである。

ここでは、もっと詳しい説明が必要である。自分の生の全体を（自分にとって対象的に構成[*21]された統一として）いつでも見渡せることは、人間に固有の事柄である。先に述べられたことからすでに出てくることではあるが、ここに含まれている可能性には、自分にとって可能な無数の行為を、またそれとひとまとめにして環境世界における無数の出来事を、そこに含まれる実践的に可能な事柄という観点から自由に考慮する可能性もある。だが、まさにこのことによって、個人の発展が進んでいくうちに（しかも、その段階が高まれば高まるほど、そのぶんだけ）、実践的な企図ないし計画や、それを実行する活動の多様さと複雑さが増大する。それだけでなく、人間の内的な不確実さ、真正で保持可能な善いものへの切迫した気遣い、無価値化する批判と断念のすべてから守られている満足への切迫した気遣いもまた増大するのである。

ここで、とりわけ人間の心情のあり方と実践を不断に困難にするものとして強調されるべきは、理性の実践として可能なものの本質に根拠づけられた、実践的価値相互の関数的依存性と、それに属する実践的な無価値化の普遍的な本質形式である。後者の本質形式は、次のような吸収の法則のなかに表現されている。つまり、そのそれぞれが同じ主観によって同じ時点において実現可能である複数の価値について、それらを集合的に（ペアで、それゆえまとめて）実現することが不可能であるときに、これらの価値のうち最も高いものの善価値がそれより劣る価値すべての善価値を吸収する、という法則である。これが意味するのは、これらの「吸収された」価値のどれについても、それを選ぶのは誤りである、ということである。そうした価値は、より高い実践的な善がそれらと競合する場合にはとりわけ、実践的には善くないというよりも、むしろ悪いものである[*22]。

「形式的実践論」のこうした法則は、その他の法則と絡み合っている。そうした法則の例として、加算の法則が挙げられる。つまり、実践的に善いものを集合的に実現することは、そうした実現において価値の劣化をこうむることがまったくないなら、「善の和」をもたらし、この和はそこに包摂される部分的な和や個別の要素のどれよりも高い価値をそなえる、という法則である。[*23] そのような法則は、あらゆる可能な善価値の相互関係を根拠づけており、さらには――私たちはこう述べることもできるのだが――同じ一つの主観の目的を根拠づけている。この法則が根拠としてあるために、熟慮や計画や行為において個別の価値をそれだけで取り上げ、あたかもそれを単独で現実化し、それによって帰結する満足によって持続的な充足を作り出すことができるかのように顧慮することができないのである。充足は、個別の満足（それが純粋な、真の価値に関係するものであろうとも）から発するものではなく、生の全体において全般的に言って屈することのない可能なかぎり最も大きな満足に関する確実性のなかに根差している。したがって、理性的に根拠づけられた充足というものがあるとすれば、それは洞察的な確実性のなかに位置づけられることになる。この確実性は何についての確実性かといえば、それは可能なかぎり最も高い水準で、自分の生の全体が成功した行為――その前提と目的について無価値化から守られるであろう行為――で成し遂げられるということについての確実性である。

ところで、人間が無限のうちで生きるほど、つまり、ありうる未来の生と活動を意識的に見渡すほど、幻滅の可能性が限りなく開かれていることがその人間に対して際立ち、不満足が作り出される。こうした不満足は、最終的には――自分の選択の自由と理性の自由を認識することで――自分自身とその行為への不満足になる。

洞察的な正当化の可能性についての、個別の事例において意識されるようになる認識は――自分の行為を準備でき、単にあとから偶然的なものとして正当化されるのではなく、洞察的な理性的考慮によって根拠づけられ、その正当性の保証がともなうように、その行為を形成できる可能性についての認識と同様に――理性の責任意識あるいは倫理的良心を生み出す。

したがって、自分の理性の能力をすでに意識して生きる人間は、認識活動であれ、評価活動であれ、レアルな結果を狙った行為であれ、自分のすべての活動における正当性と非正当性に責任があることを知っている。それらの活動が正当性や理性性をうまく発揮しないとき、そうした人間は自分を責め、自分に満足しない。

ここから、もっともであり可能であるような何らかの動機づけにおいて、理性的な自己統制への願望と意志が生じる。こうした自己統制は、あの自己統制さえも、つまり生を包摂するとはいえ実際に全般的であるわけではないような、真正の職業的生における自己統制さえも、はるかに超えていく。つまり、自分の生の全体を、そのすべての個人的な活動に関して理性の名のもとで形成しようとする願望と意志、完全に善い良心に基づく生への、あるいはその主体がいつでも自分に対して完全に正当化することができるような生への願望や意志が、ここにはある。同じことを繰り返すなら、それは純粋で屈することのない満足をともなうような生への願望と意志なのである。

B　真正の人間性《ヒューマニティ》という生の形式[*24]

このような仕方で自分の生の全体を「革新」し、それによって自分自身を「新しい」真に理性的な人間へと作り上げることの実践的可能性がどれくらいの範囲に及ぶのかについては、さしあたり疑問になるかもしれない。しかし、はじめから明らかなのは、そして自分自身と自分の生を全般的に評価する者にとって明らかなのは、どんな場合にも、「最善の知識と良心に即して」行為できることについての、内容の規定については不完全であるとはいえ一般的な可能性である。したがって、その可能性とは、自分の活動的な生をそのつどの最善の能力に則して誠実さ、理性性、正しさ（あるいは、洞察可能な真なるもの、真正のもの、正しいもの）に捧げることができる可能性である。そのような、そのつどの可能なかぎり最善の生は、その主体自身にとって、絶対にすべきこととして特徴づけられる。

このような仕方で「真正の人間性〔ヒューマニティ〕」という生の形式は生じ、また、自分の生や自分が引き起こしうる事柄を自分自身で判定する人間に対しては「真正かつ真の人間」ないし理性的な人間という必然的な理念が生じる。理性的な人間とは、理性の能力をもち、それから自分の行いをときおり理性の洞察に従って統制し、正当化するという単にそれだけの理由で理性的動物と言われる者ではない。理性的人間とは、むしろ、いつどこでも、自分の活動的な生の全体において自分の行いを統制し、正当化する者のことである。こうした統制と正当化を理性的人間が行うのは、その人間が原理的かつ全般的な自己規定を根拠にして、実践理性的なもの一般を純粋にその絶対的な実践的価値のために追い求め、それゆえ実践的に真なるもの、ないし実践的に善いものを自分のそのつどの実践的領域における最善のものとして整合的に力のかぎり洞察的に認識し、しかるのちに実現しようと努めるかぎりにおいてである。

私たちがここから理念的な限界、数学風に言えば「極限」にまで至るとき、相対的な完全性の理想から、ある絶対的な完全性の理想が際立つ。それは、個人として絶対的に完全であるという理想——絶対的な理論理性、価値論的理性、そしてあらゆる意味で実践的な理性という理想——にほかならない。あるいは、この理想は、絶対的な理性という意味で高められた個人の能力すべての主体としての人——私たちが同時にその人を何でもできる「全能」の者と考えるなら、神の属性をすべてもつ人——という理想である。[*25] いずれにせよ、私たちは、この全能性という（合理性の外にある）違いまで考慮に入れて、次のように述べることができる。絶対的な極限、あらゆる有限性を超えたところにある極は真正に人間的《ヒューマン》な努力のすべてが向かうところであり、それは神の理念なのである。神の理念それ自体は「真正の真なる自我」である。ここからさらに示されるように、そのような自我をどんな倫理的人間も自分のうちに担っており、どんな倫理的人間もそれを無限に追い求めて愛しており、自分が常にそこから無限に遠いところにいることを知っている。こうした完全性の理想に対して、相対的な理想、つまり人間として完全な人間という理想、「最善の」能力をもつ人間、そのつど自分にとって「可能なかぎり最善の」良心をもって生きる人間という理想がある——この理想も、依然として無限という刻印をみずからのなかにもつ。

C　考察と補足[*26]

こうした理性の理想とそれに関係する倫理的人間という実践的理想についてさらに考察するために、私たちは楽園の人間、したがって「楽園における無垢」という生の形式を引き合いに出そう。この生の形式が示すのは、(私たちがそれを本当にすべての作用の種類に関係づけようとしても) 完全に明晰にされることがほとんどなく、それゆえその可能性が証示されることがほとんどない生の形式である。せいぜいのところ、それは無数にあるそのような別の可能性の限界事例ということになるだろう。いずれにせよ、この限界事例を、私たちはどんな場合にも、完全性の理想とみなしたり、ましてや実践的な理想とみなしたりすることはありえないだろう。「人間は努力するかぎり迷うものだ」し、それゆえ人間は人間であるかぎり迷うのである[*27]。したがって、私たちは、あらゆる種類の迷いを、単に開かれた本質可能性だけでなく——人間が自然な環境世界に本質的に関係することからしてすでに——考えうるあらゆる人間の生において避けることが事実上できない可能性とみなすことになる。楽園の人間はいわば無謬だろう。しかし、それは神のように絶対的な理性ゆえの無謬性ではなく、盲目的で偶然的な無謬性だろう。というのも、楽園の人間は理性や批判的な明証と正当化について、まったく気づいていないだろうからである。反省することのない素朴さのうちで、楽園の人間は盲目的な衝動によってたまたま安定した境遇に適合した動物なのである。

しかし、人間は単なる——それなりの仕方でとはいえ完全であり、恒常的に満足した——動物ではない。第Ⅰ節でより詳しく説明したように、人間は「自己意識」をもつ。自分自身に反省的に関係しながらも、そうした人は単に漫然と生きて自分の外の環境世界に没入して暮らすわけではない。[*28] すでに示されたように、人間はむしろ、目標を目指して行動することで満足したりしなかったり、浄福になったりならなかったりする（自身の本質に属する）可能性を気にかけながら、自己の価値についての評価や実践的な自己規定を行うのである。すると、ここから明らかに、人間が人間としてもつ完全性には本質に基づく真正な程度差がある、ということになる。理想の適切な構築は、すべてこうした程度差に基づいてなされる。人間が自分の生をより自由かつ明晰に見渡して評価し、実践的な可能性に則して熟考するほど、より批判的に生の総和を算出し、自分の未来の生のためにあらゆるものを考慮した決意をするほど、そして認識された生の理性的形式をみずからの意志のうちで、より決然と受け取り、その形式を自分の生の変わることのない法則にするほど、その人間は人間としてより完全になるのである。ここには考えうる唯一の実践的な人間の理想もあり、同時に、他の点に関してはなおも可変的な人間の積極的価値の諸段階にとっての、活動や成果や習慣的性格に関する絶対的に必然的な形式もある。[*29] 人間は、人間である以上、理想をもっている。いや、それどころか、人間は、その本質からして、この個人的な自我としての自分自身や、その生の全体にとっての理想を、そう、絶対的なものと相対的なものとしての二重の理想を形成し、それを可能なかぎり実現するよう努力しなければならない。人間が自分自身を、自分に固有の理性において、理性的で真の真正な人間として承認してしかるべきなら、そうしなければならないのである。したがって、アプリオリに人間のなかにあるこうした理想を、人間は、最も根源的な形では、自分自身から自分の「真の」、そして「より善い自我」として手に入れる。それは、絶対的に理解されるなら、絶対的に正当化され、絶対的に正当化された作用だけを生きる自分固有の自我という理想である。人間がこの理想をひとたび予感し、見て取ったなら、そのときその人間が洞察的に承認するのは、単に倫理的な生の形式が可能なもののなかで相対的に最善であり、それ以外になお別の生の形式が善いものと言われうるかのようになっているということではない。このとき洞察的に承認されるのは、むしろその形式が唯一の端的に善い形式であり、「定言的に」要求されているということである。自我が自分の真の自我という理性の理想を把握するより前にその自我にとって善いものでありえたものは、端的に善いものであるのをやめ、その自我が以前には獲得できた純粋な浄福はどれも無条件に妥当するのをやめ、それ自身で真の浄福であるのをやめる。絶対的に正当化されるものだけが、したがって個別的に正当化されず、実践的に可能な事柄の総体において、実践理性に最良の知識と良心に基づく一つの生への全般的な意志から正当化されるものだけが、今や善いものなのである。しかし、より以前に善いものと呼ばれていたものが善いものだと確証される場合には、この確証が初めてそれを真に善いものにする。

したがって、考えられるかぎり最高の価値形態をそなえた人間の生の根本性格は、絶対的に命法的なものである。そのため、カント的な言葉で述べるなら、人間は誰でも何らかの「定言命法」に服している。どんな人間も、「真の人間」、つまり端的に善いものとして評価されうる人間であることができるのは、自分自身を意志によって定言命法に服するようにするかぎりにおいてのみなのである――そして、この命法が何を述べているのかといえば、次のようなことにほかならない。真の人間たれ。汝が一貫して洞察的に正当化できる生、実践理性に基づく生を送れ。[*30]

しかし、真の人間たれ、という価値要求には、本質的に、真の人間になれ、という実践的要求が属している。その実践的要求とは、到達不可能なほど遠くから導く極に向かって（つまり、絶対的な理性に基づく絶対的な完全性という理念に向かって）いきつつも、そのときに可能な最善のことをなし、そうすることでそのときの可能性に従ってより善くなれ、という要求である。このような仕方で、絶対的な仕方で理性的になることで完全な人であるという絶対的理想には、人間的《ヒューマン》な発達という形式で完全な人になるという人間的《ヒューマン》な理想が属している。[*31]その絶対的な理想とは、自分の理性能力の全体について絶対的に合理的であり、そのかぎりで絶対的に完全な主体というものである。そうした主体の本質は、全般的で絶対的に確固たる何らかの意志に基づいて自分自身を自分で絶対的に理性的なものとして作り上げ、しかも、すでに私たちが述べたように「絶対的な仕方で理性的になる」ことを通じてそうするという点にある。しかし、こうしたことは、そもそも何かになることが避けがたいものである生が、ここでは原創設的な理性意志から、その脈動のどの瞬間においても絶対的に理性的な行為として流れ出ているかぎりにおいてである。[*32]このように、絶対的に合理的な人は、自身の合理性に関して自己原因[*33]なのである。(3)

これに対して、私たちは人間的〔ヒューマン〕な発達に関する理想と類型について考察しよう。それは単に有機的な発達の類型からは鋭く区別されるし、それゆえ単に動物的な発達の類型からも鋭く区別される。客観的な言い方をすれば、何らかの有機的な発達に属するのは、その発達が類型的な生成という一つの流れのなかで類型的な成体へと実際に至るということである。人間もまた、動物と同様に、身体的な観点だけでなく精神的な観点から見ても、それ自身の有機的な発達や、それに対応する発達の段階を有している。しかし、理性的存在としての人間は、これとはまったく異なる種類の発達の可能性と能力ももつ。その発達とは、自由に自己を導き、自己を教育するという形式で、自分で認識し（自分の理性的認識において自由に形成し）、自分で評価し、自分の意志で決意した絶対的な目的理念に向けてなされるものである。それは、自由で「倫理的な」人格へと発達することである。より詳しく言えば、それは主観が人《パーソナル》[*34]として遂行する作用のうちで発達することであり、しかもそうした作用はどれも理性的な行いであると同時に理性的に行われたことでもあろうとしている。つまり、そうした作用はどれも、真に善いものを追い求めつつ、その一方で、そのように努力することとそれ自身を真に善いものとしてアプリオリに追い求め、自由に実現するようなものなのである。

倫理的に努力する人間についても、明らかに同じことが述べられる。そうした人間は主観であると同時に、その努力の客観、つまり無限に生成する作品であり、当の人間はこの作品を作る製作者である。まさにこのことによって、倫理的人間の生の形式はある驚くべき性格をもつ。そうした人間の生は、あらゆる素朴さを、そしてそれとともに自然で有機的な成長という根源的な美しさを失ってしまっている――それと引き換えに、明晰さや真理や正しさをめぐる倫理的な格闘という高次の感動的な美しさが、そしてそこから生じる「第二の自然」となった真正の〈人間の善さ〉という美しさが、獲得されるのである。[*35] 成熟して倫理的な陶冶に至った自我、つまり自己陶冶によってよき陶冶に至った自我の個別の作用はどれも、その作用が固有の正当化なしに生じる場合でさえ、先立つ正当化から習慣的な正当性というそれ自身の現象学的形態を受け取る。習慣に根を下ろしていながらも、そのつど現象学的なものとして特徴づけられるこうした正当性意識のうちに、その作用はそれ自身の倫理的な形式をもつ。この形式によって、その作用は(それに気づいていようといまいと)他のあらゆる素朴な作用から区別されるのである。ここで明晰な例になるのは、学者がそれ以前に示された命題を新たに活用する際に意識する様式や、計算に熟練した者の思考において新たな命題がその正しさを習慣的意識において前もって示す様式が挙げられる。自己教育に際して、ここで役割を果たしているのは、なすべきことという形式、あるいは「良心的に」[*36]、つまり「可能なかぎり善く」行為することを意志したり行為したりする心構えという形式であり、こうした形式は新たに反省することなく習慣的に、どんな行為にも現象学的に継承される。

私たち[*37]は特に人間的《ヒューマン》な発達の形式を理想として考えたが、それは私たちがその形式を、そのつどの人間にとって――真正の人間の絶対的な理想として思い浮かべる形態を自分の生に与えるために——目下可能な努力を理想的に最大化したものとして考えたかぎりにおいてである。しかし、人間はこの理想を自分の活動的な生の全体に対して実践的なアプリオリとして前提し、この理想に自分が個人として努力する習慣を隅から隅まで支配する目的理念という力を与えることも十分にできた。このように、その人間は、倫理を中心とした自我として当の理想に習慣的に向かってそのままでいることもありうるのである——その一方で、その人間は、一時的であれ、より長い期間であれ、「外的な触発」に引っ張られるがままになり、「世界にのめり込んで自分を見失う」。[*38] どんな自己発達も、はじめは不完全である。完全性とは、より詳しく言えば、発達において整合的に導いてくれる目的理念のことである。しかし、完全になろうという単なる意志は、完全性を一回で作り出してくれるわけではない。完全性の実現とは、終わりのない闘争——そして、そのなかで強くなっていくこと——という必然的な形式に結びつけられているのである。その際には、常に当の人間が「罪深い」世俗的な生に巻き込まれる本質可能性が成り立っている。そのような生は、確かにそれはそれで素朴なものではない。なぜなら、効果を及ぼし続ける倫理的な決意が、その要求を当の生に対して、常に（そして、先に述べられた意味で意識的な仕方で）妥当させているからである。しかし、「罪深さ」のうちで生きることは、規範にかなっているという習慣的形式の代わりに、規範に違反するという形式をもち、絶対的な当為の要求を充実するという形式ではなく、その要求を非倫理的に断念するという形式、倫理的な堕落と退廃という形式をもつ。ここでは、倫理的な悪という意識性格がまさにそのようなものとして行われたことそれ自体に付着しており、しかも個人的な自我とその行いや、それに相関する罪深い逸脱という性格への反省がない。ところで、この性格は、それに付随する（場合によっては「良心の戒め」として滲《にじ》み出る）良心の感情ともども、完全に気づかれず、実践的にも注意が払われないままかもしれない。実践的に注意しない状態が続き、生の根源的な倫理的意志について新たに省察して、もう一度受け入れて実現するというようなことをしないままでいると、効果を及ぼす動機づけの力は最後には衰えてしまうに違いない。そうした生は、凝り固まった罪深さ、倫理的要求の意識的な無視、「良心の欠如」という形式をとる。何らかの目的にのめり込んで自分を見失ったり、自由な選択によってそれらの目標に身を委ね、それらと不可分に結びついたりした主体は、認識された規範を意志において肯定することを拒否するか、あるいは、これらの目的を批判することや、それらの目的に反対しうるような規範を実践的に肯定することを、すでにいっさい拒否している。

[*39]真に人間的《ヒューマン》な生、決して終わることのない自己教育における生は、いわば「方法」の生、理想の人間性《ヒューマニティ》に向けた方法の生である。倫理的な生の相対的な完全性の段階がどれだけ高かろうと、その倫理的な生は常に自己訓育ないし自己修練《カルチャー》の生、絶えざる自己監督のもとでの自己統治の生なのである。そうした生が本質に従って、より詳しくはどのような過程をたどらなければならないのか、そうした生に特有の危険はどのようなものか、そうした生においてありうる自己欺瞞や自己逸脱の類型にはどのようなものがあるのか、そうした生のなかで持続する退廃や習慣的に自己を偽ることの形式や気づかないほど細かな倫理的な留保の

形式にはどのようなものがあるのか――こうしたことを体系的に考察するのが、練り上げられた個人倫理学の課題である。

注目すべきことに、私たちの形式的で一般的な本質考察において、真正に人間的《ヒューマン》な生がもつイデア的な構造が「汎方法主義」として示された。汎方法主義は、自由で理性的な行為ゆえに動物よりも上位の存在であるという人間の一般的な本質特性からの必然的な帰結である。理性的な存在として、そして自分自身の洞察に従って、人間はただ自己統治と自己修練《カルチャー》によって、実践理性の中心的な理念にかなった形で純粋な満足に至ることができる。そのとき、その人間は対応する生をみずから定言的に要求するのでなければならない。こうした人間的《ヒューマン》な発達形式をもつ整合的な生は、そのように自己を高め続けるような生である。だが、ここでの自己を高めることは、いつでも、自由な行為によって不完全さをましにすることによってのみ、したがってふさわしくない状態をましにすることによってのみなされる。というのも、完全で自己確証的なふさわしさを与えてくれるのは、完全性という絶対的な理想だけ、人間の発達の目的理念だけだろうからである。

私たちは、倫理的な目的理念からの定言的な要求にかなった仕方で自己統治する生ならばどれも（たとえ完全に整合的でなくとも）、一般的に、そして最も広い意味で倫理的な生と呼ぼう。そうした生の主体は、自分自身を倫理的に自己訓育しようと決めた主体であるかぎりで――ここでもまた最も広い意味で――倫理的な人格である。

したがって、倫理的な生の理念それ自身には、最高に価値のある人間の生にとっての必然的で一般的な形式として、積極的ないし消極的な本質可能性が含まれていることになるだろう。私たちの場合のような最も広い意味での倫理的生には倫理的生としての完全さに程度の差がありうるし、そこには善き生も悪しき生――「非倫理的な」生――もありうる。最後の「非倫理的な」という表現は、狭い意味での倫理的生の概念（そして倫理的な人間の概念）を示唆している。この概念はもっぱら積極的な価値をもつ生の形式の諸段階をそのうちに含み、それらの段階のなかには「最善」の「知識と良心」、つまり当該の倫理的主体にとってそのつど可能なかぎり最善の「知識と良心」に従った整合的な生がもつ理想的な最適の形式が含まれている。[*40]

よく注意しなければならないのは、本論文の導入部ですでに強調した一般性である。[*41] ここでは、本質的な根拠に基づいて、理性と倫理的人格という概念がこうした一般性のもとで用いられている。理性の概念が及ぶのは、何であれ主観が人として遂行する作用において正しい・正しくないこと（あるいは正・不正であること）や理性的・非理性的であることが語られる範囲であり、こうしたことは多様ではあるが明らかに本質的な共通性をそなえた意味で生じる。したがって、相関的に、真なるもの、真正のもの、善いものという言い方が、主観が人として遂行する作用の目的についてなされる。ここでは、あらゆる作用の種類が考察される。作用の種類はすべて、したがって理性の種類はすべて、本質法則によって分かちがたく互いに絡み合っている。理性の完全な普遍性を包摂する理性論だけが、実践的な理性の生の本質可能性に向けて、対応する普遍的な「倫理学」に完全で原理的な洞察を与えることができる、それによって、最高次の価値の段階にあり、最も完全で原理的な明晰さに基づく倫理的生を可能にするのである。[*42]

理性の規範的な理念は、通常の意味でのいわゆる（環境世界に何かを引き起こす）行為だけでなく、論理的ないし評価的な（例えば美的な評価を行う）作用にも関係する。完全な倫理学は、論理学（論理的な技術学）をその通常の境界のすべてに及ぶ形で包摂し、価値論（価値、とりわけ美的な価値の理論）や、それがどのように境界づけられるにせよ、あらゆる実践学も包摂する。例えば、学問的な認識作用はどれも「行為すること」であり、職業として真理に捧げられた学者の生は――それがそもそも完全な意味で正当ないし理性的であるなら――「認識倫理的」な生である。[*43] それどころか、「定言命法」に従って個人の生の全体を統制することを要求する――つまり、そうした生について、理性の前で、主観が人として《パーソナル》遂行する作用として可能なあらゆるものに関して、可能なかぎり最善のものであることを要求する――ということは、私たちが今問題にしている個人倫理学的な意味での倫理的なものの本質性格にさえなっているのである。したがって、まず確認されるべきは、そのように命法に従う生の形式的枠組みにおいて、職業的生という形式がそもそもどれくらい正当化されるのかということであり、しかるのちに、特殊な問題として、例えば学問なり、芸術なり、政治なりに捧げられた生の形式がこの枠組みにおいてどれくらい正当化されるのか、その生が倫理的な生として可能になり、しかも要求されるのはどのような形式の状況の場合に、どのような留保による制約のもとでなのか、ということである。

そもそも「定言命法」は、明らかに、それ自身で命法ではあるものの、有意味だが内容的に空虚な形式でしかない。それは特定の内容をそなえた個別の命法として何らかの仕方で妥当なものすべてにとっての空虚な形式でしかないのである。完成した倫理学の仕事は、まずもって、この普遍的な形式のなかに、人間の本質のうちにアプリオリに把握される可能な生の形式についての体系的な探究と批判を通じて、可能な人格と可能な状況の形式と関連して定言的に要求される個別的なものを描き込むことである。そして次の仕事は、こうしたやり方で、職業的生として可能なものの倫理的形式についても、倫理的なふさわしさ[*44]をアプリオリにすべて個別化しながら記述し、当然ながら同様に、消極的に倫理的な形式の本質類型を素描することである。

したがって、どんな人間も、個性をもつのと同様に、各自に固有の倫理的な理念と方法や、各自に固有で、それぞれ具体的に規定された定言命法をもつ。倫理的人間という一般的な本質形式と、形式的に同一の定言命法のもとでの生という一般的形式だけが、人間としての人間すべてに共通するのである。当然ながら、そのようなものはすべて、学問的で原理的な（したがって形式的な）倫理学が人間の「本質」からアプリオリな規範のもとで導出できるものである。

最後[*45]に、私たちは個人倫理学的な文化概念について、もう一言付け加えよう。個人に特有の生はすべて活動的な生であり、そのようなものとして理性の本質規範に服する。個人としての自我の活動の場は、自由な活動の対象として、その人間に認識可能なものから成る無限の領域であり、それはさしあたり全体として受けとめられる。適切に限定して理解するなら、人間のそれぞれにとってのこうした実践的環境世界は、その人間に意識されるようになった環境世界の全体を包摂する。つまり、この環境世界は、自然と動物および人間の世界とそのつどの文化を包摂し、結局のところ当の人間それ自身——その身体、その固有の精神的生、その作用、活動的能力、そして不断の受動的基盤として機能する「心的自然」（連合や記憶など）——をも包摂するのである。これらすべては、個人《パーソナル》によって変動する基準のもとで、意志や目的を意識した仕事の土台をなしている。人として遂行する活動において（特に理性的な行為において）実現される主観的な善いものの総体（特別な場合には、真正の善いものの総体）は、その人間にとっての個人的な文化の領域と特徴づけることができるだろうし、（括弧内に記したような）特別な場合には、その人間にとっての真正の文化の領域と特徴づけることができるだろう。[46] その人間自身が、修練《カルチャー》の主体であると同時に修練《カルチャー》の客体でもある。そしてさらに、その人間は修練《カルチャー》の客体であると同時に、あらゆる文化対象にとっての原理でもある。というのも、真正な文化はすべて、もっぱら真正の自己修練《カルチャー》によって、その規範を与える倫理的枠組みのもとで可能なものだからである。例えば、ある完成された芸術作品も、それ自身で受け取るなら、単なる仮言的な価値でしかない。たとえその作品が創作者とそれを追理解[47]する者を純粋な意味で「浄福」にできるとしても、である。そのような仮言的価値しかもたないものにいわば孤立させられて関わるような命法は、どれも単なる「仮言命法」である。右であらゆる作用に関して説明したことにあてはまる話だが、何らかの倫理的生という枠組みにおいてのみ普遍的な評価は行われ、それによって絶対的な確定的評価も行われる。このように、あの完成された芸術作品でさえ——純粋に充実される美的な志向の対象としてのある価値「それ自体」でさえ——、こうした「誰も」にとっての価値の客観性に関する価値可能性としてもっているのは、誰にとっても——理性的に評価する主体なら誰にとっても——妥当で肯定的だが、仮言的でしかないものなのである。その作品が現実的な価値を獲得するのは、それがある現実の個性（ここでは個人のもつ個性）と関係づけられ、その個性がもつ理性全体と倫理的生の全般性の内部に位置づけられたときに限られる。ここにおいてのみ、そうした作品に身を捧げることの浄福が、その究極の、しかし限界づけられた正しさの規範を受け取る[*48]。すべての種類の「価値それ自体」について、事情は同様である。倫理的な正しさだけが究極の正しさなのである。それ以外の仕方で端的にそれ自体で価値であるとか善いものであると言われるものは、特定の本質条件を満たしているからそう言われるにすぎない。その本質条件とは、ある倫理的な生の枠組みのうちで価値計算における何らかの肯定的価値要素として考慮され、あっさりと排除されないことをアプリオリに要求するような条件である。

結語

これらの分析に従えば、明らかなのは、倫理的生は実際のところ、その本質からして「革新」に基づく生、つまり根源的で、繰り返し再活性化されうる革新の意志に基づく生であるということだ。ある真の意味で倫理的と呼ばれる生は、「おのずと」、つまり有機的な受動性という仕方で生じたり育ったりするものではないし、外側からしつけられたり吹き込まれたりするものでもない――発達できるための理性のもともとの素質がどれほど前提となっており、手本や他人の導きがどれほど役立ちうるのだとしても。自分に固有の自由からのみ、人間は理性に至り、自分の環境世界を理性的に作り上げることができる。もっぱらこの点に人間の最大限可能な「幸福」、理性的な仕方で望みうる唯一の「幸福」が見出される。どんな人間も、自分のために自分で、人生で一度は、あの全般的な自己省察を行わなければならないし、自分の生の全体にとって決定的な決断を下さなければならない。そうした決断によって、その人間は倫理的に一人前の人間になり、その生が倫理的な生として根源的に根拠づけられるのである。こうした自由な原創設ないし原創作は絶対的な倫理的理念に向かう方法的な自己発展を演出するが、この原創設ないし原創作によって人間は新しい真正の人間になろうと決める（あるいは、そのような人間になる）のである。この新しい真正の人間は、古い人間を拒み、その新しい人間性の形態をおのずから手本として示す。倫理的な生がその本質からして「引きずり下ろす傾向」との闘いであるかぎり、それは連続的な革新としても記述される。「倫理的な隷属状態」に陥った人間は、徹底的に省察し、もともともっていたが力を失った倫理的な生の意志に力を与えることで、あるいはしばらくのあいだ妥当性をなくしてしまった原創設を新たに遂行することで、特別な意味で自己を革新するのである。

特定の規範的法則——とりわけ共同体の一員、つまり社会的な義務の主体としての倫理的な個人にあてはまるような規範的法則——について私たちが与えるべき詳しい説明や根拠づけは、すべて個人倫理学そのものとして築き上げられるべきものに属するのであって、個人倫理学の原理的な方針の素描にはもはや属さない。しかしながら、この研究が照準を合わせたのは、そうした原理的方針にすぎなかった。

編者注

（1）第三『改造』論文。『改造』一九二四年第二号（二―三一頁）初出（日本語のみ）。
（2）この点については、附論Ⅱも参照。
（3）この点については、附論Ⅲを参照。

訳注

＊1　ここで純粋倫理学と対比されている「経験的・人間的（empirisch-human）な倫理学」は、ゲッティンゲン期およびフライブルク期の倫理学講義（Hua XXVIII; XXXVII）では「技術論（Kunstlehre）」としての倫理学と呼ばれているものに相当する。人間に関する経験的事実を考慮に入れて人間の実践を導く技術論と、実践的関心を排したアプリオリな学問とを峻別し、後者が前者を基礎づけるとする考えは、『論理学研究』第一巻で論理学に関してとられていた。
＊2　「道徳（Moral）」を「倫理（Ethik）」と区別し、前者を後者の一部だとする理解は、ゲッティンゲン期およびフライブルク期の講義にも見られる（Hua XXVIII, S. 27; XXXVII, S. 10-12; Hua Mat IX, S. 169）。

＊3　一九二〇年代のフッサールは、思考や認識も行為の一種として捉えるようになる。理論理性を含めたあらゆる理性は実践理性である、という主張（『経験と判断』第七八節）に結実するこうした発想は、『改造』論文の各所に見ることができる。

＊4　ここで（集合的な意味での）「人間」と訳したMenschheitが指しているのは、このあとの叙述からも分かるように、国民（例えばドイツ人や日本人）よりも大きく、人類の全体よりも小さいような集団（例えばヨーロッパ・西洋の人間やアジアの人間）である。この意味でのMenschheitを訳す際には、個人としての人間を指すMensch（人間）との区別をはっきりさせるため、「人間集団」という訳語を採用した。ただし、フッサールはMenschheitを「人間性」や「人類」と訳せる意味でも用いており、その場合にはそれらの訳語を採用している。以上については「訳者解説」も参照。

＊5　ここでは「成果」と訳したLeistungは、専門用語であることを踏まえて「能作」と訳されることもある。

＊6「高次の人格（Personalität höherer Ordnung）」とは、統一された意志をそなえた共同体のこと。一九三一年の『デカルト的省察』第三七節によれば、国家や教会がその例だとされる（Hua I, S. 110）。

＊7「公僕」と訳出したのはFunktionärであり、これには「役割を果たす者」や「公務員」という意味もある。フッサールは『ヨーロッパ諸学の危機と超越論的現象学』の第七節において、私たちは哲学を営むことにおいてMenschheit（人類あるいは人間集団）の公僕である、と主張している（Hua VI, S. 15）。

＊8「自己内省（inspectio sui）」という語を反省的な自己意識を示すために用いる用法は、稀にではあるがフッサールの他のテキストにも見られる。その一例として、「自己内省における自我」と題された『イデーンⅡ』の第五四節（Hua IV, S. 211-215）が挙げられる。

＊9　フッサールは、『イデーンⅡ』第六〇節aで、何らかの事柄を表象できるという意味での「論理的可能性」と何らかのことを「する（tun）」ことができるという意味での「実践的可能性」を区別している

(Hua IV, S. 258-265)。前者は可能な世界を思考できるということであるのに対して、後者は特定の行為者が何かをすることができるということであり、行為者の身体能力や心的な動機づけから「できる」ことに根差している。

＊10 「自我中心（Ich-Zentrum）」という用語は、フッサールがアレクサンダー・プフェンダーから借用したものと考えられる。プフェンダーは、例えば（自我身体（Ichleib）と呼ばれる）自我の周縁で生じる努力（Streben）と、自我中心から発する努力（すなわち自発的な意志作用）を区別している。こうした空間的比喩を用いた心的作用の特徴づけは、フッサールだけでなくアドルフ・ライナッハやエディット・シュタインにも見られ、いわば初期現象学派の共通言語となっていた。

＊11 「行為意志（Handlungswille）」とは、何らかの行為をまさに行っている際に私たちがもつ意志的な体験を指すためにフッサールが用いた用語。行為意志に関するフッサールのまとまった分析は、例えば一九一四年夏学期の倫理学講義第三部に見られる（Hua XXVIII, S. 102-125)。

＊12 この箇所で「財」と訳したGüterには、箇所によっては「善いもの」という訳語をあてている（Güterの単数形Gutについても同様）。

＊13 ここでの「努力（Streben）」は、意図的かつ自覚的に目標に邁進するという意味を必ずしももたない。この語は、むしろ生が何らかの価値の実現へと方向づけられ、実践的・情動的性格をもつことを示すために用いられている。

＊14 フッサールによれば、「幻滅（Enttäuschung）」は予期されていたこととは別のことが経験されることによって生じる。したがって、一般的な語法とは異なり、失望感のようなネガティヴな感情がともなっているとは限らない。

＊15 フッサールは、単に感性的な満足としての「幸福（Glück / Glückseligkeit）」と感覚に依存しない「純粋な満足」としての「浄福（Seligkeit）」を区別することがある（Hua XXXV, S. 44)。「浄福」という

概念はフィヒテから引き継がれたもので、フッサールは哲学的な理性論（つまり超越論的現象学）を「浄福なる生についての学問」と位置づけるようにもなる（Hua XXXV, S. 45）。しかし、この箇所を含めて、『改造』論文では「幸福」と「浄福」がはっきり区別されずに用いられている。

＊16　フッサールの言う「自己保存（Selbsterhaltung）」とは、みずからが求めるものを得ようとする努力の実現（満足）全般を指す。一九二〇年代のフッサールは、努力の実現を実践的自我が自己自身を保つこととして捉えており、そのため「自己保存」という言い方をしている。フッサールはこの用語をホッブズ『リヴァイアサン』から借用したと考えられる。というのも、彼は一九三〇年の草稿で「自己保存への関心の調停、つまり各成員が「可能なかぎり善く」生存するような、自己自身を保存する調和的な共同体の理念」を「ホッブズの立場」と呼んでいるからである（Hua XLII, S. 428）（なお、フッサールによる「自己保存」の用例として確認できる最も早い時期のものは、一九二〇年の草稿に見られる（Hua XLII, S. 286, 338））。ホッブズにおいて、自己保存（「自己の自然の保存、すなわち自己の生命の保存」）は自然権の定義に現れる重要な概念である（『リヴァイアサン』第一部第一四章）。ただし、フッサールは、ホッブズとは違って、生命維持を超える高次の努力の実現も「自己保存」と呼ぶ。

＊17　Beruf は文脈に応じて「使命」、「職業」と訳し分け、これと関連する Berufung は「召命」と訳した。ここでの Beruf は、生計を立てるための具体的な生活のスタイルを示しているので、「職業」とした。これに対して、行為者の生の全体を何らかの価値が方向づけることが問題になっている場合には、Beruf を「使命」と訳した。『ヨーロッパ諸学の危機と超越論的現象学』第三五節では「学問、芸術、軍務」、「家長」、「市民」などが職業・使命とされる（Hua VI, S. 139）。

＊18　フッサールは、フィヒテ講演などを経て、一九二〇年頃から「愛」に着目するようになり、倫理学において大きな役割を担わせている（Hua Mat IX, S. 146, Anm. 1）。その結果、フッサールは、この箇所で愛と結びつけられたタイプの価値を「愛の価値（Wert der Liebe / Liebeswert）」と呼び、詳しく論じ

ることになる。愛の価値とは、「客観的な善」と対比されて、行為者自身に満足をもたらすものであり、その価値の実現を目指すことがその行為者の使命となるようなものである。

＊19　フッサールは、みずからの現象学を「静態的現象学（statische Phänomenologie）」と「発生的現象学（genetische Phänomenologie）」に分けることがある。静態的現象学は、すでに意識と志向的対象の関係が成立した場面に身を置き、それらの相関関係を探究する。これに対して、発生的現象学は、意識と志向的対象の関係が成立するまでの過程を探究する。その際には、能動的な意識の働きが生じる手前の、受動的な段階への遡行も試みられる。第三論文で「衝動」（五六頁）や「受動的基盤」（八五頁）が言及される背景には、こうした事情もある。フッサールが発生的現象学を構想するのは一九二〇年前後のことだが、ここで、その成果が初めて公にされている。

＊20　フッサールは「事象（Sache）」を意識において経験されうるあらゆるものを指すために用いることがある。しかし、ここでの「事象」は「価値」と対比され、価値とは関わりのない事柄を指す限定された意味で用いられている。『イデーンI』第九五節にもこの用法があり、そこでは「単なる「事象」」というように引用符がつけられ、価値と対比されて限定されたニュアンスが強調されている（Hua III/1, S. 221）。

＊21　「構成（Konstition）」は、フッサール現象学のキーワードの一つである。フッサールによれば、あらゆる対象は意識において構成される。この言い回しをどのように理解すべきかという問題は今でも完全な解決に至っていないが、多くの解釈と両立する最小限の説明を与えることはできる。それは、「特定の種類の何かが意識において構成される」という主張には「その種類の対象をそれ自体で与える志向的体験の種類があり、この種類の体験がそうした対象に関する正当化の究極の源泉となっている」という主張が含まれる、というものである。この最小限の説明に従えば、例えばフッサールが「物的対象は知覚において構成される」と述べるとき、そこでなされている主張には少なくとも以下のものが含まれる。「物的対象

はどれも知覚を通じて私たちにそれ自体で与えられ、知覚こそが物的対象についての正当化の究極の源泉である」。

＊22 「吸収の法則（Absorptionsgesetz）」は、実践的価値に特有のものとしてフッサールがゲッティンゲン期の倫理学講義で論じたもの。スローガン的には「より善いものは善いものの敵である」とも表現される（Hua XXVIII, S. 140）。

＊23 「加算の法則（Gesetz der Summation）」は、もともとはブレンターノが『道徳的認識の起源』（一八八九年）で論じた価値の加算に関する法則であり、フッサールもゲッティンゲン期の倫理学講義で価値に関する一般的で形式的な法則として論じている。本文からも読み取れるように、加算の法則とは、要するに、ある全体の価値はその部分の価値の総和に等しい、というものである。この法則が適用できる範囲では、例えば任意の善いものGと任意の悪いものSについて、Gだけから成る全体はG＋Sから成る全体よりも善い、というさらなる法則が成り立つ（Hua XXVIII, S. 93; Franz Brentano, *Vom Ursprung sittlicher Erkenntnis*, herausgegeben, eingeleitet, mit Anmerkungen und Registern versehen von Oskar Kraus, Hamburg: Felix Meiner, 1955, § 31, S. 27）。

＊24 『改造』誌に掲載された日本語訳では、この項に「純正人の生活形式。指導的目的観念としての絶対的十全理想と人間的発展の理想。無上命令」というタイトルがつけられている。なお、「無上命令」とは、このあとに論じられる定言命法のことである。この語は、戦前の日本でカントの倫理学が論じられる際に訳語の一つとして使われていた。

＊25 フッサールは、しばしば理想的な合理的主体という意味での「神」に言及することがある。例えば『イデーンⅠ』の第七九節に付された注では、そうした意味での神が認識論的な考察において必要な「限界概念（Grenzbegriff）」であり、哲学的な無神論者でさえそれなしで済ますことはできないとされる（Hua III/1, S. 175）。

＊26 『改造』誌に掲載された日本語訳では、この箇所で項が変更されていない。

＊27 「人間は努力するかぎり迷うものだ（Es irrt der Mensch, solang er strebt）」というフレーズは、ゲーテ『ファウスト』冒頭部の「天上の序曲」からの引用である（本書では手塚富雄訳（『ファウスト 悲劇第一部』中央公論社（中公文庫）、一九七四年）を踏襲した）。

＊28 フッサールは、批判的反省をしない態度における生の様態を特徴づけるときに「漫然と生きる（dahinleben）」という表現を用いることがある。例えば『イデーンI』第二八節を参照（Hua III/1, S. 59）。

＊29 『改造』誌に掲載された日本語訳では、この文から段落が改められている。

＊30 フッサールは、倫理的な生の形式を端的な命令の形で言い表したものを、カントの用語を借りて「定言命法（kategorischer Imperativ）」と呼ぶ。ただし、定言命法の内容は、カントのそれとはかなり異なっている。ゲッティンゲン期はブレンターノの影響を受けて「到達可能なもののうち最善を行え」（Hua XXVIII, S. 221）という形で定言命法を定式化していたが、フライブルク期には以前のみずからの立場（およびブレンターノの立場）への批判を経て、この箇所で述べられているような別の定式化を与えるようになった。詳しくは、八重樫徹『フッサールにおける価値と実践——善さはいかにして構成されるのか』水声社、二〇一七年、第五章、および Sonja Rinofner-Kreidl, "Husserl's Critique of Kant's Categorical Imperative", in *Epistemology, Archaeology, Ethics: Current Investigations of Husserl's Corpus*, edited by Pol Vandevelde and Sebastian Luft, London: Continuum, 2010, pp. 188-210 を参照。

＊31 『改造』誌に掲載された日本語訳では、この文から段落が改められている。

＊32 「原創設（Urstiftung）」とは、歴史のなかで、認識されるべき意味や達成されるべき目標が人間の創造的活動によって初めて設定されること。そのように原創設されるものの例として、フッサールは一九三

六年に執筆された「幾何学の起源」で幾何学について論じている (Hua VI, S. 365-386)。さらに、同時期に執筆されていた『ヨーロッパ諸学の危機と超越論的現象学』の第一五節では、哲学者の生の目標が古代ギリシアにおいて原創設されたと述べられている (Hua VI, S. 72)。

＊33 「自己原因 (causa sui)」はスピノザの形而上学において中心的な役割を果たす概念であり、「その本質が存在を含むもの、言いかえれば、その本性が現に存在するとしか考えることができないもの」と定義される (スピノザ『エチカ』第一部「神について」定義一。上野修訳、『スピノザ全集』第三巻、岩波書店、二〇二二年、九頁)。しかし、少なくともこの箇所の読解に際しては、スピノザの自己原因概念を前提する必要はなく、目下のフッサールの要点は、絶対的に合理的な人の合理性はその人自身のうちにその原因 (ないし根拠) をもつ、というものである。

＊34 「主観が人として遂行するような作用」の原語は personaler Akt であり、この語そのものは「個人的な作用」と訳すこともできる。しかし、この文脈でそうした訳語を採用することは、誤訳とまでは言えなくとも、誤解を招くので避けたほうがよい。というのも、ここで personaler Akt と呼ばれるものは、人 (パーソン) だけがそれを行うこと (遂行すること) ができ、単なる動物にはもつことができない体験とされるものだからである。採用した訳語は、こうした事情を反映している。以上については「訳者解説」も参照。

＊35 第一論文にも登場していた「第二の自然 (zweite Natur)」というフレーズが、ここでは、真正の人間としてみずからを形成 (Bildung) することによって獲得されたものを指す語として用いられている (第一論文におけるこの語の用法は、これとは異なる。第一論文の訳注＊18、＊22を参照)。

＊36 Gesinnung は、フッサール自身の用語としては、習慣的に形成された持続的な意志的態度を意味する。そのため、本書では一貫して「心構え」と訳す。

＊37 『改造』誌に掲載された日本語訳では、この箇所から「C、原罪的に過誤に陥る人間」と題された項

が始まっている。

＊38 「世界にのめり込んで自分を見失う（sich an die Welt verliert）」というフレーズは、新約聖書『コリントの信徒への手紙一』七・三一の以下の箇所に由来すると考えられる（訳文は新共同訳による）。「世の事にかかわっている人は、かかわりのない人のようにすべきです。この世の有様は過ぎ去るからです」。

＊39 『改造』誌に掲載された日本語訳では、この箇所から「D、倫理的汎方法主義。倫理的生活及び倫理的人格に就ての広狭の概念」と題された項が始まっている。

＊40 「最適（optimal）」という用語は、もともとは『物と空間』第三六節や『イデーンⅡ』第一八節bで知覚が論じられる際に登場したものである。フッサールによれば、例えば晴天の日光のもとで他の影響を与える物体を介在させないという条件において私たちは最適なもの（das Optimum）を見る（Hua XVI, S. 126-129; IV, S. 59）。

＊41 『改造』誌に掲載された日本語訳では、この箇所から「E、倫理的理性の一般性。特別的、個人的無上命令の普遍的形式としての無上命令」と題された項が始まっている。

＊42 この段落ではっきり述べられているように、フッサールにとって理性とは、何よりもまず、作用を評価し秩序づける際の観点、つまり「正しさ、あるいは正当な動機づけという観点」（Hua XXIV, S. 119）を意味する。判断のような理論的作用の場合なら、理性的な作用は真なる事態、つまり現実に成り立っている事態と相関関係にあるとされる。このように現実と理性を相関関係のもとで捉える発想は『イデーンⅠ』にすでに明確に現れているが、本書でもそれが踏襲されている。

＊43 一九二二年のいわゆる「ロンドン講演」でも、完全に正当かつ普遍的な認識の追求をみずからの生の課題として引き受ける態度が「認識倫理的（erkenntnisethisch）」態度と呼ばれている（Hua XXXV, S. 314-315）。

＊44 ここで「ふさわしさ」と訳したのは Dignität であり、この語は「尊厳」と訳すこともできる。しか

し、ここでは前後の話の流れに鑑みて、語源であるラテン語の dignitas に「ふさわしさ」という意味があることを踏まえた訳語を採用した。

＊45　『改造』誌に掲載された日本語訳では、この箇所から「F、文化の個人倫理的概念」と題された項が始まっている。

＊46　ここで「文化」と訳した Kultur には「修練」という意味もあり、『改造』論文で Kultur が論じられている箇所を訳出するにあたっては訳し分けが必要になる。そのため、「文化」と「修練」の原語が同一であることを示すために、後者には「カルチャー」というルビを振った。

＊47　「追理解」と訳したドイツ語の Nachverstehen は、「あとから、追って (nach) 理解する (verstehen)」という意識作用を意味している。

＊48　ドイツ語の Recht には「正しさ」、「法」、「権利」などの意味があるため、本書では文脈に応じて訳し分けた。なお、「正しさ」という意味での Recht は「正当性 (Rechtmäßigkeit)」や「正当化 (Rechtfertigung)」という語とも密接に関わっている。

〔第四論文〕革新と学問[1]

文化の革新は、どうやって可能なのか。a)「真の」文化一般、「真」の共同体の生一般の可能性の条件、b)そのなかでも、真でなく真正でもなく価値もない共同体の生に真正で価値のある共同体の生という形式を付与する可能性の条件。問いをより正確にしよう。*a*)次のような一連の事柄は、共同体や共同体の生の本質にとって、どれくらい欠かせないのだろうか。つまり、第一に、その共同体が「真正に人間的《ヒューマン》な」共同体という形式をもちうるのは、それがより低次の形式、例えばある「動物的な」共同体ないし価値のない段階の人間共同体から出発して「真正に人間的《ヒューマン》な」共同体に高まったことによってのみである、という事柄である。したがって、第二に、「人間的《ヒューマン》な」共同体というものははじめから存在するものではなく、発展を通じてのみ存在できるようなものであり、つまりそうした共同体は、連続的にであれ不連続にであれ、受動的にであれ能動的にであれ、どのような形であろうとも、価値の変換、価値の転覆、価値の反転をもたらすような生成によって初めて存在できる、という事柄である。*a*′)真正ではない文化を真正の文化に変形することが実践的な目的となり、意志に服するということ、しかも共同体の意志という性格をそなえた意志に服するということが、どれくらいありうるのか——その場合、人間的《ヒューマン》な人間集団とは、人間性《ヒューマニティ》を目指すことをみずからの使命として決めた人間集団でしかありえないことになる——という問い。a″）そこに至るには、どのような道が考えられるのか。

Ⅰ　真の文化共同体の本質、そして可能性

生の共同体一般の本質には何が属しており、そうした共同体はどの程度、イデア的で絶対的な規範、つまり「絶対的に価値ある」ものであるための可能性の条件に服するのか。個別の人間は、誰でもある絶対的な規範、つまりある定言命法に服する（カント的な表現をしているからといって、カント的な定式化とカント的な根拠づけ、要するにカント的な理論を私たちが引き継いでいるわけではない。この表現によって述べられているただ一つのことは、個別の人間が生きる生は、気ままな仕方で漫然と生きられているわけではなく、何か価値をもつ生だということである）。さらには、素朴に反省なしに漫然と生きることは、罪へと至る。人間は人間である以上、原罪につきまとわれており、そうした原罪は人間の本質形式に属する。人間は人間である以上、自己反省の主体であり、しかも自分自身に対する評価的かつ実践的な態度決定の主体であり、「良心」の主体である。そして、こうした主体である以上、人間は何らかの絶対的な価値規範に服する。人間は、どのような場合にも、最善の知識と良心に従って実践的に決意しなければならず、傾向性に従って受動的に追い立てられるが

ままであってはならず、自由に意志し、それから善いもののために自由に決意しなければならない。人間は、自分が（もしかすると間違っているかもしれないにもかかわらず）認識を働かせ、善いとみなすものに向けて自由に決意しなければならないのである。そのときに限り、人間は「善い人間」であることができる。しかしながら、自由な人間として、人は自分の生の全体を見渡し、全体に関して何らかの選択を、全般的な生の選択を行う。このとき、その人間には自分について洞察できることがある。それは、自分は先に述べた無条件的な価値規範に服しているが、この価値規範がおのずから充実されているわけではないということ、とはいえ自分がそうした価値規範に則って全般的な意志を抱くことについて自分自身が力を有しているということである。要するに、その人間に認識できるのは、生の選択をしかじかのように行え、という定言命法に自分が服しているということ、そして自分が善くあるのはこの定言命法を自分の意志のうちに引き受けるときに限られるということである。これによって、ある新しい人間の形式が浮かび上がる。それは、無条件により高次で望ましい形式、定言命法に服し、ある生の形式を自分自身に要求し、それを意志する人間という形式である。これが倫理的な人間の類型であり、「真の」人間の必然的な形式である。

しかし、これではまだ、その人間はできるかぎり最善な人間ではまったくない。その人間は、目下、日常的に闘っており、常に新たに決意し、その決意に関して自分には責任があると感じている。激情がその人間の善き意志を圧倒し、その人間は熟慮へと動機づけられる――いかにしてこうした圧倒に対抗するのか、いかにしてそれらの激情を弱めたり、それらの激情に抗って自分の力を強めたりするのか、と。その人間は、標準的な状況でもひどい判断ミスをしてしまい、手段を間違えて、有益なものではなく有害なものを、より高い価値ではなくより低い価値を選んでしまう。あるいは、その人間は、他の人間たちについて誤った判断をしてしまい、自分が利己的な動機にまったく導かれておらず、むしろ真の人間愛をもって生きている場合でさえ、それらの他人に不正なことを行い、それらの他人について気を病んでしまう。あらゆるそのような経験がその人間に示しているのは、自分が不完全であること、失敗に気をつけ、自分の認識能力について省察することを自分は学ばなければならないということ、等々である。そのため、その人間は、個々の事例において自分が決意することに責任をもつだけでなく、個々の決意をもっとよいものにする可能性を事例のクラスごとに一般的に担保してくれる能力や力をそなえているかについても責任をもって気にかける。人間はばらばらに生きているのではない——したがって、他の人間を効果的に観察すること、他の人間の闘いに学ぶこと、卓越した手本を気にすることなどもここでは必要になる。[*1]

しかしながら、どんな人間も人間の共同体に組み込まれている。この状況の帰結として、どんな人間の生も、ある共同体の生のなかに組み入れられている。つまり、倫理的なふるまいがあらかじめ規定され、定言的に要求されたことのうちに、さらなる形式があらかじめ描き込まれる。環境世界的な自然と同様に、多様な「隣」人もまた各人の環境世界の圏域に属している。この圏域は、人間の実践的な領域でもあり、可能な善いものの領域でもある。[*2]そして、当人とその人生もまた、当の領域に一緒に属している。ただし、それは、その当人が素朴さから目覚めて自分の生を一つの善き生として形作り、真かつ真正の善いものをそのつど、そして人生全体において実現していくことで、自分自身を善き人間として、つまり正当な意志の主体として形作ろうとするかぎりにおいてである。社会的関係のなかで人間が見て取るように、他の人間も善いものであるかぎりで、自分にとっての価値でもあり、しかも単に道具的な価値ではなく、それ自体における価値である。こうして、その人間は、他の人間が倫理的に自分自身を仕上げることへの純粋な関心をもつ。また、その人間は、他の人間たちがそれぞれの善き望みを可能なかぎり充実し、それぞれの生を正当な形式で営むことについて、総じて自己の関心をもつ。それによって、その人間の倫理的な意志もまた、できることをみずから行えるようになるに違いない。したがって、こうしたこともまた、定言的に要求されることの一部である。他の人間が可能なかぎり善くあることや、そうしたことを意志して実現することも私自身の存在や私自身が意志して実現するために欠かせないし、その逆も成り立つのである。したがって、私の真正に人間的《ヒューマン》な生には、私が単に自分自身を善いものとして望むだけでなく、共同体の全体を善いものの共同体として望み、可能なかぎり自分の実践的な意志と目的の範囲のなかに受け入れなければならないということも欠かせない。真の人間であることとは、真の人間であろうと意志することであり、そのことのうちには何らかの「真の」人間集団の一員であろうと意志することや、自分が属する共同体を真の共同体として——ただし、実践的可能性の限界内で——意志することが含まれる。そして、こうしたことのために欠かせない理念がある。それは、共同体における行為が同じ環境世界に向かってなされる際に（［その共同体の成員である私たちが］その共同体にとって善い同じ一つのものを実現できるとは、もはや安易に言えない以上）結果として実践的な両立不可能性が生じた場合にはいつでも、倫理的な合意が広まらなければならず、「配分的な正義と公正さ」のもとで決定がなされなければならず、それに対応する形で行為が種類と目的に従って分担されなければならない、という理念である。[*3] ここにあるのは、行為する生を何らかの仕方で倫理的に組織化することであり、こうした組織化のもとでは、各人は隣り合わせで行為したり、対立して行為したりするのではなく、さまざまな形式の意志の共同体（つまり意志的な合意）のもとで行為するのである。

こうしたことを一般的に熟慮して一般的に述べる人間が、そのことによって自分自身に明らかにするのは、最善の良心でもって生きることについて自分が理解する事柄でしかない。そして、その人間がそうした明晰さに至るかぎりで、そしてその明晰さがよりよいものであればあるほど、その人間はそのぶんだけ、さらに高みに立ち、さらに真なる人間となる。実際、あらゆる善き人間は、そのような事柄について一致し、日常的に話をするときには個別の事例から一般的な話に移行し、こうした一般的な話の意味は先に記述された類型のもとでより細かく概念的に把握しなくても展開していくのである。

しかし、そのつどの共同体は人間たちから成る多数であるわけだが、それらの人間は部分的には利己的な動機によって、そして部分的には利他的な動機によって、たいていの場合は受動的に導かれている。これらの人間の多くは、自己を規律し、自由に熟慮し、自由に決定を下す。その際、それらの人間の多くは、倫理的な生の意志をもつか、あるいは少なくとも倫理的な生の心構え、つまり倫理的なふるまいへの傾向性をもつ（のだが、真に善い生に向けられた実効的で確固とした意志による決意はもたない）。共同体の生やそのなかでの個人の生はそうやってまがりなりにも生じるのであり、そのような生のなかで共同体の文化が――歴史的に改築されたり新たに築かれたりした、ありとあらゆる種類の多様な制度や組織や文化「財」とともに――まがりなりにも歴史的に育つのである。そうした共同体の文化には価値のあるものに価値のないものが混じっており、ひょっとするとその文化は、かつては有益であったり何らかのより高い価値意味にかなったりしていたが、かれこれするうちに価値を失った残り物として、より高い価値の形成を妨害するようになってしまった。こうした歴史的な共同体の環境において、実践的なふるまいを規定し、束縛するそのような環境世界において、人間たちは生きるのである。これらの人間たちのなかでも、倫理的に目覚めており、「善くあれ、善く行為せよ」という定言的要求に服することを知っている者たちは、その要求に自由に服し、その意味を実践的に明確にすることを試みてきた。そうした状況において、倫理的省察は、私たちの環境世界としての共同体をはじめからともに包摂するのだから、私たちにこう告げるのである。私たちの個人的な生の倫理的形式はこの私たちの環境世界にきわめて限定された価値内実しか与えることができないが、私たちは、善い心構えをもつあらゆる者たちと同じように、先に示されたような意味で、共同体を理念的可能性に沿って何らかの善き共同体に近づけることを目指して活動しなければならない、と。

与えられた諸々の状況下で個々人が可能なかぎり最善を尽くすこと、したがって他人のことも適切な仕方で思いやり、それらの他者に固有の権利を承認することは、私たちの倫理的な心構えを示しており、私たちを何らかの絶対的な価値の主体にする。そうはいっても、この絶対的な価値の主体とは、失われることのない価値という形式をもつ主体のことでしかない。しかし、私たちと私たちの生は、それによって単に何らかの相対的な価値をもつにすぎない——私たちが皆、等しい倫理的形式において（真に倫理的な心構えをもつ者として）私たちの生に何らかのはるかに高い意味を与えることができるであろうかぎりで。この意味は、善いものの範囲、つまり同じ心構えをもつ者の範囲が広ければ広いほど、それだけすでにさらに高いものになるだろう。私たち人間の環境世界がより高い価値をもつものだったとしたら、それによって、そうした世界に関係する私たちの生はより美しく、より高い価値をもつ生になるだろう。しかし、共同体の生は社会的作用において、人と人のあいだに成り立つ動機づけにおいて遂行され、こうした動機づけから共同体的な文化作品が「育つ」のである。そうした作品とは、複数の多くの人の力が「一つになって」作られるものである。このときの形式は、共同体的な意志と共同体的な目的設定という形式であってもよいし、個人の意志と個人の目的設定および目的実行という形式——ただし、この形式は、ともに生き、倫理的な心構えにともに関心をもつ他者によって要請されたものか、あるいは、そうした他者による手本によって、ともに動機づけられたものである——でもよい。そのため、個人の価値水準の全体は他の個人の価値水準に依存し、それと相関的に、共同体それ自身は個人の価値が成長したり、価値ある個人の数が増えたりすることによって――総和という形で――変転し、場合によっては成長する価値をもつ。のみならず、共同体は、文化共同体の統一として、そして基づけられた価値の領分として価値をもつ。これらの基づけられた価値は、個人の価値に解消されず、むしろ個人の価値の働きに、それら個別性価値のすべてに基づけられており、そしてこれらの個別性価値に高次の、しかも比類なく高次の価値を与えるのである。*4

これと関連して明らかになることだが、具体的な共同体が共同体の組織化や共同体の文化において真正の人間共同体でありうるのは、その共同体が個別の真正の人間たち〔定言命法によって表される形式をもつ人間〕によって担われているときに限られる。さらに明らかになるのは、それらの個別の人間の価値の高さと当該の具体的な共同体の価値の高さのあいだには何らかの関数的な関係がある、ということである。そして、とりわけ明らかなのは、〔人間たちが〕生き、活動し、文化を形作るときの形式が〔共同体の〕価値に関してこの上なく大きな意義をもつに違いない、ということである。というのも、共同体が具体的であり、全体として特定の類型的形式という形をとるのは、そのような形式によってだからである。つまり、それらの形式は、価値ある共同体の可能性の条件、そして価値ある共同体に当然ながら含まれる個人の相対的な価値の可能性の条件を提示する規範に服さなければならないのである。

だが、最も意義のある事実*5は以下である。共同体は個人の単なる集まりではなく、共同体の生と共同体の成果も個人の生と個人の成果の単なる集まりではない。むしろ、個人の存在と個人の生を、統一された一つの生が貫いている。とはいえ、この一つの生は個人の生に基づけられたものであるが。個々人それぞれにとっての主観的な環境世界を超えて、それらの環境世界に基づけられた共同体にとっての一つの環境世界が貫いている。自分のものとしての個人の成果において、それらの成果に基づけられた全体の成果が構成される。こうした事実に加えて、最後には個別の主体、および含蓄ある意味での自由な人格に至るまでのさまざまな段階の主体の上に、それらの主体に基づけられた共同体の主観性が打ち立てられる。その際、最も包括的に基づけられた共同体の主観性の内部では、それ以外の共同体の主観性も同時に根拠づけられることがありうる。しかし、このとき後者の共同体の主観性は、同時に最も包括的な共同体の主観性の構成要素、分肢でもある。分肢となるこれらの基づけられた共同体の主観性にもさまざまな段階がありえ、そうした段階のなかでも、より高次のものが人格という段階なのである。ある共同体は、共同体として一つの意識をもつ。それどころか、その共同体は、共同体として、含蓄ある意味での一つの自己意識をもつことができるし、自己評価をもつことも、自分自身に向かう意志、つまり自己形成の意志をもつこともできる。共同体の作用は、すべてその共同体を基づける個人の作用に基づけられている。ところで、個別の主観が評価したり意志したりするときに自分自身に立ち返ることによって倫理的主体になれるように、それと同じことが共同体にもできる。なお、このとき、すでに倫理的な指向をもつ個々の主体や、それらの主体が自分自身と自分の（相対的に自分にとっての環境世界と呼ばれるべき）共同体について倫理的に反省することが、本質的な前提条件とならざるをえない。また、ここには、個別の主体によるこうした反省が何らかの共同体化をこうむり、何らかの社会的な「運動」において伝播し（ここで言う伝播とは物理的な伝播の類比物だが、共同体という領分における完全に新しく固有のものである）、固有の種類の社会的な効果を及ぼすように動機づける。突きつめると、理想的な限界事例としては、こうした反省は、当該の共同体が自分を倫理的な共同体として形成し、かつ形成し直していくことに意志を向けるよう動機づける――ここでの意志の方向とは、共同体それ自身の意志の方向であって、共同体を基づけている個々人の意志の単なる総和ではない。

　さて、以上のことすべては、学問的な研究に、しかもある形式的でアプリオリな研究に服する。こうした研究だけが、原理的な研究なのである。そのときに従事しなければならないことを述べよう。まず「形式的」あるいは「原理的」な一般性のもとで、人間および人間の生の共同体の理念を把握しなければならない。そして、この理念に属するすべての概念――例えば、個人の環境世界、共同体の環境世界、物的・有機的・動物的な環境世界、そして最終的には人間的な環境世界それ自体などの概念――を形成しなければならない。それから、有限な仕方で規定されている共同体と際限なく開かれている共同体（例えば、婚姻関係や友人関係とそれらに対置される民族《フォルク》、教会、国家《ステート》）の形式的に可能な形態を区別し、体系的に展開しなければならない。さらには、共同体そのものとそこに属する生の形式を倫理的な理念のもとで規範づけなければならない。つまり、それらにふさわしい規範理念を学問的に作り上げなければならないのである。

このとき学問的な問題になることの一つは、形式的に特徴づけられる低次の価値段階や否定的な価値段階から出発して、より高い価値になることや、さらにはより高い価値へと意図的に発展することがどうやって可能になりうるのか、ということである。受動的に漫然と生きる共同体、人のようには構成されていない共同体が何らかの肯定的な価値をもち、その上さらに最高に価値ある共同体であることがそもそも可能なのか、ということについては、すでにここまでの考察で答えが出ている。人のような共同体だけが、つまり社会的な定言命法にみずから進んで服する共同体だけが、共同体として価値のある共同体の条件を満たすことができ、それによってある絶対的な価値形式をもちうるのである。しかし、このことが認識されているとき、さらに問題になるのは、その共同体が単なる生の共同体という段階から人のような共同体にどうやって至り、さらには倫理的な人のような共同体にどうやって至るのか、ということである。つまり、その場合に問われるのは、個別の倫理的な意識が目覚め、個人において意志を規定するようになっていることが倫理的な共同体の成立には欠かせない、という事実である。別の言い方をすれば、それは、倫理的な共同体の理念はさしあたり個人のうちで志向的な形態をとらなければならない——たとえまだ不明瞭な地平をともない、それゆえ完全に明晰にはなっていない、等々の事情があろうとも——、ということである。最終的に学問的に考察すべきことがまだある。倫理的な共同体は、倫理的な共同体であるかぎり、人のように構成された自己形成の意志と、それに対応する目的理念（当該の共同体に固有の「真の」自己）をもっていなければならない。すると、倫理的な共同体は、こうした規範的で絶対的に価値を与える形式の内部で、より高次の価値の諸段階を獲得し、前進し続ける発展を実現することがどうやってできるのだろうか。このとき考察されるべきことを述べよう。倫理的な力、倫理的に確固たること、具体的な倫理的洞察、洞察による意志の動機づけ、正しい評価、その基礎となる真正の価値秩序の認識、以上すべてが一揃いで個人の倫理的な素養としてあったとしよう。その上で、これと並行して、これに基づけられて、とはいえ新たに、これに対応するものが共同体自身にとっても発達し、ますます高次の段階へと前進する可能性には、どのようなものがあるのか。考察されるべきは、このことが意識的な目標設定を要求するのか、そしてこうした目標設定そのものが個人と全体にとっての定言命法の内実のうちにどのように登場しなければならないのか、である。

こうしたことすべては、学問が取り組むべき事柄、つまり分かちがたく一つになった学問的倫理学が取り組むべき事柄である。こうした学問的倫理学は、個人倫理学と社会倫理学を分かちがたく包摂し、形式的な社会論を前提とし、それ自身も倫理的な原理論である以上、もっぱら形式的なものでしかありえない。

しかし、学問は、それ自身が文化形式の一つであり、ありうる共同体の生とそうした生による共同体の働きの圏域である。そして、学問一般と同じく、倫理に関する学問もそのようなものである。そのため、両者、すなわち学問一般と倫理学もまた倫理的な規範、定言命法に服する。[*6] 個別の主観と共同体の主観性は意識的に自己自身に関係し、その最高次の形態は自分自身を認識し、評価し、意志する主観性というものである。より詳しく言えば、その最高次の形態は、自分で立てた定言的な規範そのものに従って自分を形成する主観性というものである。このことと同様に、そのように自己形成するものとしてのこうした主観性についての原理的な学問もまた、自分自身に振り返って関係づけられている。これが意味するのは、この学問もまた問いに付されなければならないということであり、また、この学問は学問——とりわけ倫理に関する学問——が共同体の生や個人の生においてどれくらい倫理的な機能をもつのかという問いに学問的に回答しなければならないということである。そして、もし倫理に関する学問が要請されているのだとすれば、次のように問うことも重要だろう。共同体それ自身が高次の価値の段階に昇ることが原理的に可能であるためには、そのための手段が共同体のなかで発展していなければならない。そのような手段として、倫理的な学問はどの程度まで必要なのだろうか。さらに言えば、共同体が倫理的な人のような共同体という形式、つまり倫理的な理念そのものにかなった自己形成を意識的に行うという形式をもち、意識的により高みへと発展するという道をとるためには、学問、それも普遍的な学問、つまり哲学は、あらかじめどの程度まで発展していなければならないのか。

この問いは、もしかしたら必要かもしれない学問の機能に関わる。それは発展の初期に必要なのかもしれないし、あるいは人間的《ヒューマン》であることをみずからの使命として決め、真正の人間性《ヒューマニティ》というこの目的理念に従って意識的に自己形成をする人間集団が上方に発展していくために（価値の段階を昇っていくという意味で発展するために）必要なのかもしれない。

ある人間集団が何らかの仕方で人間性《ヒューマニティ》に目覚めるのは、以下のような条件が満たされたときである。つまり、その人間集団における個人がそれぞれ人間性《ヒューマニティ》に目覚めており、かつ、それらの個人が自分自身を超えたところに目を向けて、善き人になることをみずからの使命として決める倫理的な人間という理念だけでなく、善い者だけから成る共同体という理念も理想として心に抱くようになっており、かつ、その上でそれらの個人がこうした観念を具体的な可能性という形に作り上げようと意志し、それによってこの観念を実践的可能性として考慮するときである。だが、それによっては、まだ人間集団が人間集団として本来的な自己意識に目覚めるわけではないし、真に人間的《ヒューマン》な人間集団として目覚めるわけでもない。

しかし、この人間集団は、何らかの別の形式で目覚めることもおそらくありうる。こうしたことについて、次のように思い描くことができる。倫理的な個人が、理性的な生の価値を認識し、そして他人との関わりにおいて道徳的なものの価値を、あらゆる人間がもつ等しい価値――ただし、それらの人間が善くあるか、個々人として善い者であろうとしているといったかぎりで――を他の人間に代わって認識し、それによって善い者だけから成る共同体がもつ抜きん出た価値と、その共同体の生がもつ抜きん出た価値を認識したとしよう。その倫理的な個人がさらなる認識として、理性的な者なら誰でも、こうした抜きん出た価値をひたすら適切に認識しようとするときには、同じように判断し、評価するに違いないし、実現に可能なかぎり進んで貢献するというものを手に入れたとしよう。このとき実践的な可能性として現れるのは、他の人間を道徳的な説教によって、そして一般的に、倫理的な教えによって仲間にする、ということである。つまり、他人に影響を与え、その他人が影響を自分で伝播することになる（精神に関するホイヘンスの原理）[*7]という道、要するに精神的な運動を作り出すという道によって他の人間を仲間にする実践的な可能性が現れるのである。

その際には、さらにこう考えることができるだろう。個々人、いやむしろ、こうしてゆるやかに広まっていく運動のなかにあって特に思慮深い個々人は、一人一人の人間とすべての人間が価値ある生を送れるかどうかは何らかの世界認識に依存する、という認識に至るかもしれない。要するに、ここで考えうるのは、世界についての理論的な関心の発展に向けられるが、それでいて倫理的な関心の機能のもとにあるような動機づけだろう。したがって、こうしたことは、さしあたり直観に基づいた一般的な世界知に、つまり口伝や文字のやり取りによって、そして教育を通じて個人によって広められる理論と実践に至ることがあるかもしれない[*8]。これもまた理解できることだが、心構えを同じくする者たちは、直接の個人的な付き合いがなくても、意識的に相互に関係し、ある共通の理念のもとで意識的に一つになっていることが分かる。その共通の理念とは、真の人間集団、そしてそれに奉仕する世界知としての普遍的な「学問」という理念である。さらには、ここから何らかの前進的な意志の運動が広まり、さしあたり心構えを同じくする者のあいだで意識的に意志の一致が「打ち立てられ」、こうした共通の理念の前進的な実現に向けた意志の方向の統一が「打ち立てられる」ということも理解できる。そうやって、共同体は、善き個人たちの共同体というここで実践的に導きとなる理念に向けて進んでいくようになるだろう。こうした善き個人たちは皆、ある共同体が、つまり自分が働くことで絶えず維持しなければならない共同体がどのようにあり、どのようにあるべきかについて意識しながら生きるだろう。共同体のこうした維持は、絶えることのない文化によって、つまり成長しつつある者たちを教育するという形でなされるものでもあるだろう。そして、こうした共同体は、同じ理念にかなった同じ意志をもつ個々人から成る単なる集まりではもはやなく、むしろすでに一つの意志の共同体が構成されているだろう。このとき、個別の生が統一されることで、諸々の個別の主体と個別の意志を一つの共同体の意志が貫いていくことになるだろう。それは、ちょうど、例えば数学者の全員が特定の条件下で一つの意志の共同体を形成するのと同じである。その条件とは、個別の数学者の仕事が同じ一つの学問――共有財産であり、それゆえ他のどんな数学者にとっても特定されている同じ一つの学問――にとって重要であり、それぞれの数学者の仕事が誰であれ他の数学者の仕事の役に立っていて、それぞれの数学者が〔数学という〕全体について、共通の目的について、そして相互に影響を与え合って規定されたなすべき仕事について意識をもつ、というものである。ここには何らかの全般的な意志結合があり、それが意志の統一を打ち立てている。だが、その際に帝国主義[*9]的な意志組織が存在するわけではない。つまり、ここでは、中心的な意志が現にあって、個別の意志すべてがそのまわりに配置され、それに進んで従属し、そのなかで個々人が公僕としての自覚をもつ、という具合にはなっていないのである(2)。ここに存在するのは、共同体の目的についての意識である。つまり、それは必要とされる共有財産についての意識、〔数学という〕全体に向かう意志についての意識であり、個々の数学者はすべてこの意志に仕える公僕としての自覚をもつ。だが、この自覚は、あくまでも自由であって従属的ではない公僕としての自覚であり、自分の自由をあきらめてしまう者としての自覚では決してない（アカデミーなどのような特別な意志組織の場合には話はまた別だが）。

しかし、ここで問題になっているのは、数学者たちの共同体とは別の段階である。この段階では、倫理的な共同精神が発展し、倫理的な共同体の理念が力《クラフト》を得て、共同体それ自身の前進する目的理念という特徴を得る。[*10] ここで注意してほしいのだが、この目的理念がとりわけ実際に共同体の目的理念として特徴づけられうるのは、公僕たちの一般的な「階級」が当の共同体のなかで全般的に妥当する権威をこの理念にすでに与えているときである。このことをどう理解すべきかは、古代における哲学者たちと彼らの哲学の権威や、何らかの宗教の統一によって包摂される共同体に属する聖職者たちの権威が示している。もちろん、ここでは、こうした権威の源泉に関する問いが現に立てられる。権威の源泉は、宗教的な代表者——もともとは素朴に生じたが、伝統によって伝播し、さらに形成された宗教を代表する者——と、もともと創造的な能動性のうちで生じ、継承され、新たに創造する能動性という形でさらに発達した哲学を代表する者とでは、異なっているのである。

こうした場合に、世界知を代表する階級を含む共同体では、世界知それ自体もまた持続的で発展する文化形成体として、つまり哲学として生じる。そうした世界知は、イデア的な客観的価値から成る固有の領域の一つである。だが、ここにある価値は、単に類として似通っているために総体として統一的に見渡されるような価値ではなく、むしろ一つの体系のなかで互いに関連し、その体系のなかで結合して、ある高次の全体価値となるようなものである。ここでは、今や特有の関係が生まれるのである。

一方で、私たちが認識するように、真正の理性共同体が構成される可能性の条件は、哲学する個人を超え出て哲学者たちの階級が打ち立てられ、そして、ある客観的な形の共有財産ないしある客観的に発展した文化体系、つまり哲学が打ち立てられる、というものである。哲学者たちは、使命を負って理性の精神を代表する者であり、共同体が根源的かつ継続的にみずからの真の規定（真の自己）をそのなかで意識するに至るような精神的な機関であり、こうした意識を「一般人」の輪のなかに伝播するという使命を負った機関なのである。[*11]

哲学それ自体は、哲学者たちの知が客観的に沈殿したもの[*12]であり、それゆえ共同体そのものの知の沈殿である。哲学のなかには正しい共同体の理念が、しかもその共同体それ自身がみずからにその哲学者階級を通じて形成した目的理念が記録されている。この目的理念は、そうして客観的な形になり、共同体の機関としての哲学者の誰にとっても（あるいは、共同体の成員としてその理念をあとから理解する一般人の誰にとっても）いつでも顕在化され、相応の影響を及ぼせるように整えられている。同様に、哲学において客観化された世界認識はすべて、いつでもすでに環境世界での理性的な活動を可能にする手段である。しかも、こうした活動は、前哲学的な実践的な賢さを手段とした場合よりも、理性に関して高次の形式でなされるのである。

しかし、他方で、哲学はイデア的な客観的自体価値（絶対的価値）から成る領域である。イデア的な絶対的価値の創造は、それを作る人間の価値を高める。そのように絶対的価値を作ることは、それ自体で考察されるなら、絶対的に価値ある生における層の一つである。そして、そのように作られた絶対的価値という善いものはどれも共有財産であるため、同じことは共同体それ自体にも妥当する。こうしたことに該当する共同体とは、そのようなことをするものとして、絶対的に価値あることを成し遂げる。これによってすでに、その共同体は、ある層においては、より高次の人間の目的が要求するような仕方で生きている。

［II　人間的《ヒューマン》な人間集団という高次の価値形式］

私たちが次に考察したいのは、真正に人間的《ヒューマン》な人間集団、つまり真の人間性《ヒューマニティ》に向かう自己形成を生き、発展する人間集団という、より高次の価値形式である。この価値形式のうちで世界知としての哲学は普遍的で厳密な学問としての哲学という形態をとったのであり、この価値形式において理性は「ロゴス」という形に作り上げられ、客観化したのである。[*13]

ここでは、さっそく理想を描くことにしよう。厳密な学問は、全面的で認識の究極の根源にまで届く明証、客観的真理を根拠づける認識の明証という方法をもつ。厳密な学問がこの方法によって研究するのは、人間の生と人間の生成がもつあらゆる可能な形式と規範である。これらは、個人の生や共同体の生がもつ形式と規範、つまり個別の人格の生成と可能な人のような共同体の生成にとって可能な形式と規範である。当然ながら、厳密な学問は、とりわけ規範に則して「真正の」人間というあり方と「真に人間的《ヒューマン》な」共同体の生成を研究する。そうすることで、実践的可能性の最も広い領分が、理想的に保証された形で予描される。こうした予描の目的は、哲学を育《はぐく》んだ、あるいは育みつつある人間集団を真正の人間性《ヒューマニティ》へと発展させていく軌道に乗せることである。厳密な社会哲学、とりわけ社会的な理性論が、実践的に機能しうる理論、つまり所与の具体的な状況にあてはめられる理論を与える。こうした状況それ自身を学問的に記述・規定し、純粋な可能性の理論に遡って関係づけることによって、学問それ自身が応用の規則を与え、「技術的な」学問に生まれ変わるのである。[*14] そうやって共同体は、そのなかの学者たち（厳密な学者としての哲学者たち）のうちで、はるかに高度な自己意識を獲得する。この自己意識は、その共同体の真に人間的《ヒューマン》なあり方の形式と規範についての、そしてこうしたあり方を実現して発展の軌道に自分を乗せる方法についての意識である。

ここでただちに注意しなければならないのは、これらすべてのことは静態的にではなく、むしろ動的・発生的に理解すべきだ、ということである。[*15] 厳密な学問は、客観的に存在するものではなく、イデア的な客観性の生成である。そして、「厳密な学問」が本質的に生成においてのみあるなら、真正の人間性《ヒューマニティ》という理念と、その理念の自己形成の方法もまた生成においてのみある。学問の生成は、その学問が真正の学問という段階、つまり真のロゴスという段階に昇りつめさえすれば、絶対的な価値をそなえた生成体系であり、あらゆる段階において、すでに実現された絶対的な価値である――ただし、これには価値のさらなる増加と上昇という地平がともなう。自己自身を形成し、真の学問の理念を自分のものにする共同体についても、事情は同様である。そうした共同体は、この段階およびその生成のどんな段階においても、真の学問の理念を絶対的な真理のもとで手にしている。とはいえ、その共同体が個別の要求をどれだけ満たしているかという規定性の度合いは、さまざまである。どの段階においても、その共同体は、なおも開かれた地平を、規定可能な未規定なものをもつ。[*16]

最も完全な洞察という権威に支えられ、全般的な承認を手に入れた学問は、ある共同体の意志を動機づけるが、この意志はすべての生を論理的理性という意味で規則づけようとする。こうした学問と共同体の意志は、今や当該の共同体を、理論的確信のもとで学問に従うように規定するばかりではない。その学問と共同体の意志は、当該の共同体を、その学問に技術的・実践的に導かれるようにも規定するのである。[*17] だが、ここで話題になる技術とは、「倫理的な」技術、つまり真正な人間性《ヒューマニティ》の自己実現の技術である。したがって、意志の規定が目指すのは、共同体的な生をそれにすでに与えられた形態を踏まえて適切に形作り直すこと、そして共同体の諸々の制度に対して、その真なる規範（その共同体の個別形態に応じた真正性という規範）を提示することである。これによって意志の規定がさらに目指すのは、およそあらゆる人間的なもの――共同体的な生の範囲における個人的なものと、その生のあらゆる拘束力のもとにある共同体的なもの――を形成していくことである。

しかし、厳密な学問は、生を論理的なものにするという役割を、精神科学として、今述べた形で演じるだけではない。[*18] 厳密な学問には、基礎づけるという課題もある。その課題とは、個人のものであれ、共同体のものであれ、人と人のあいだの影響において成し遂げられる成果について、そのすべてをその根本的な種類と形式に従って研究し、それらの規範的な原理と規範的な形態を規定して、それによって可能な文化領域とその正常な形態を扱う、というものである。[*19] これを行うことによって、厳密な学問は、自分自身をも自己遡及的に研究する。厳密な学問は、学問論として、みずからに固有の本質可能性やみずからの正常な可能性の条件を研究するのである。こうした自己遡及によって初めて、厳密な学問は厳密な学問という形態を実現する実践的可能性を自分のものにする――これは、絶えずみずから厳密な学問になり続けることで、この形態を発展させる実践的可能性である。普遍的な学問論（理性論と論理学）の発展は、人間集団がみずからをより高次の自己実現へと導く人間集団に発展するための機関であり、それ自体がそうした発展の一手でもある。その一方で、学問論は、それによって生成する厳密な学問と同様に、客観的な意味での――人間集団の理性の発展の相関者として構築される客観的な精神的価値世界という意味での――より高次の文化の根本的な部分である。文化を養うという際立った機能のおかげで、学問論と普遍的な学問それ自身は、芸術という文化領域と比べて際立った地位をもつ。芸術に（シラーが示そうと試みたように）私たちの考える学問と類比的な機能が必然的にそなわっているということは、証明できるはずがない。[*20]

しかし、学問は、何らかの限られた領分と研究方針のなかだけで意味をもつわけではない。学問は、まさに普遍的で絶対的な学問として、その最高の機能を果たすのである。とはいえ、脇に置いておきたいことがある。学問は、普遍的な学問として、現実と可能性のすべてを事実法則と本質法則に従って認識することを人間にできるようにする。それによって、学問は、きわめて偉大で美しい価値領域を、偉大で美しい認識の生の相関者として人間集団に捧げる。それだけでなく、普遍的な学問は、自然科学として、人間がみずからの実践的な欲求に従って自然を技術的に形作ることを可能にする。その一方で、精神科学は、教育的、政治的、等々の実践にとって有用になりうる。これらのことは脇に置こう。有用なものは倫理的規範に服する。それゆえ、有用なものそのものは相対的なものとしかみなせない。しかし、普遍的で究極的に根拠づけられた学問は学問的な哲学であり、それは現実と可能性のすべてを究極的に認識可能なものにし、世界の「意味」に対する理解を打ち立てることによって、ある生の可能性を、自分自身を意識するある絶対的な生という性格をもつ生の可能性を打ち立てる。こうした絶対的な生が、世界の絶対的な意味を、その生のただなかで実現する。[*21]しかも、こうした実現は、認識することにおいて、評価することにおいて、創造的かつ美的に何かを形作ることにおいて、そして倫理的に行為すること一般において、なされるのである。

このとき、厳密な学問が、一方では純粋な本質考察、つまり純粋な可能性についての本質考察において議論し、他方では具体的に事実的な考察において議論すべき事柄には、自由な理性という単なる権威によって支えられ、そして学者の階級や一般的な（学問の権威や学術的な世界にみずから意志して従う）教養によって支えられた意志の共同体がいったいどの程度まで何らかの帝国的な共同体に移行すべきか、というものもある。帝国的な共同体とは、個別の意志主体がすべて何らかの中心化された意志に——支配と従属の権力組織という形式で——組み入れられ、誰もが自分に課せられた機能を満たさなければならず、自分で自由に決定することは各自に指示された限界の範囲内でのみ許されるような共同体のことである。一般的に言って、組織の可能な形式すべてが、そのため国家《ステート》という組織の形式も、それらの倫理的な意義について探究されうる。とりわけ問われるのは、生成のうちにしかない生の共同体としての人間集団には、その本質からして、自由な理性に基づく倫理的な意志の共同体という理想に近づくために、帝国あるいは国家《ステート》という道を通ったり、そうした手段を用いたりすることが欠かせないのか、ということである。同様に、国家《ステート》権力によって統制されてよいのは生や文化の領分の全体か、それとも特定の一部だけか、あるいはそうした統制はされてはならないのか、という問いや、倫理的な発展が前進するにつれて国家《ステート》に属する権力組織をどれくらい漸次的に解体しなければならないのか、などの問いも扱われる。[*22]

個別の人間が倫理的な人間としてあるのは、その人間が生成することによって、つまりその人間が不断の闘いと倫理的な前進のうちで生成することによってのみである。どんな場合にも、これと同様に、倫理的な共同体は、本質からして、生成し前進する共同体なのである。しかし、双方において倫理的な人間性の形式が前提とされている。倫理的な人間性の形式とは、そのなかで倫理的な自己意識が目覚め、そこで構成された真正の人間という目的理念が自己教育、つまり自己形成を規定するようなものである。この絶対的な価値形式は、次にさらなる価値形式——向上（積極的な価値をもつ発展形式）としての倫理的発展という形式と、否定的価値をもつ発展形式としての堕落——を規定する。

さらに考察されるべき問いを挙げよう。国家《ステート》と国民《ネーション》の関係は、どのように秩序づけられうるのか。国民《ネーション》の理念は、特定の倫理的理念として、どのように規定されうるのか。そうした理念は、実践的な目的理念として、どのように機能しなければならないのか。そのためには、どのような特定の国民組織《ナショナル》が必要とされるのか。そして、それらの組織がどうやって意志の組織になりうるのか。ここでは「年代物の」伝統がもつ固有の価値と権利についての問いも重要になる。歴史的なものそのものは、それが「残滓」となり、もともともっていた理性意味を失った場合でさえ、どれくらい尊敬されなければならないのか。どのような状況なら、自分自身にとって合理的なものの価値を支持して歴史的なものそのものを断念しなければならないのか。

そのとき最終的に問われるのは、以下のことである。一つの文化のもとで閉じた人間集団はどれも、それが倫理的なものとして、すべての個別の国民《ネーション》を超えた一つの「超国民《ネーション》」という形態をとっている場合、あるいは、すべての個別の国家《ステート》を超えた一つの超国家《ステート》という形態をとっている場合、完結したものとして外部に対しても閉ざされていなければならないのか。ある倫理的な共同体を——相互理解とそれによる共同体化の可能性が及ぶかぎり——世界全体に広げて成長させることが倫理的に要請されるのではないだろうか。こうした問いを通じて私たちが至るのは、普遍的《ユニヴァーサル》な倫理的人類という究極の理念である。それはつまり、すべての個別民族を超え、それらを包摂する諸々の超民族と諸々の統一文化をも超えた真に人間的《ヒューマン》な世界民族、すべての個別の国家《ステート》システムと個別の国家《ステート》を超えた一つの世界国家《ステート》という理念である[*23]。

原注・編者注

（1）〔編者注〕公刊されずに終わった『改造』のための論文。一九二二／二三年。

（2）私たちは、ここで帝国主義的な意志の統一に対置して、共産主義的な意志の統一という言い方をすることもできるだろう。

訳注

*1　ここでは、自分の人生をよいものにする「能力や力」（＝徳）に言及され、さらには他人の生き方を「手本（Vorbild）」にしてそうした能力を身につける可能性が示唆されている。このように、古代ギリシアの倫理学に近い発想もフッサール倫理学には見られる。

*2　ここにはっきりと表れているように、フッサールには隣人を環境世界の一部とみなす発想がある（環境世界については、第一論文の訳注*7を参照）。例えば、一九二四年一二月二八日という日付をもつ草稿では、それぞれが目的をもつ複数の意志主体が私と同じ環境世界に属するために生じる妨害や衝突が、私の目的が自然や病によって予見不可能な形で妨害されることと並列されて論じられている（Hua XLII, S. 195-196）。

*3　ここで引用符に入れられた「配分的な正義と公正さ（ausgleichende Gerechtigkeit und Billigkeit）」

る。

という表現は、ローマ法で平等を意味する「衡平（aequitas）」の訳語として用いられていると考えられる。

＊4　共同体の価値と成員である個人の価値との関係をめぐるこの段落では、フッサールがゲッティンゲン期に集中的に論じた形式的倫理学のアイディア、なかでも加算の法則と「生産（Produktion）」の法則が暗黙のうちに前提にされている。加算の法則については、第三論文の訳注＊23を参照。生産の法則とは、部分が特定の仕方で結合されることによってさらなる価値が生み出され、全体の価値がそれらの部分価値の総和よりも多くなる、という法則である（Hua XXVIII, S. 96）。また、この箇所で用いられている「基づける（fundieren）」もフッサールの術語である。フッサールによれば、あるもの（A）が他のもの（B）なしには存在しえないとき、BはAを基づけている。この「基づけ」関係の正確な定義については、『論理学研究』第二巻第三研究の第二一節を参照（Hua XIX/1, S. 281-283）。

＊5　フッサールは「事実（Tatsache）」を「本質（Wesen）」と対比することがよくあるが（例えば『イデーンI』第一篇第一章）、この箇所に登場する「事実」はそのように用いられていない。フッサールがここで「事実」だと主張しているのは、共同体についてその本質ゆえに成り立つ事柄である。したがって、この箇所は共同体とは何かに関するフッサールの見解が端的かつ公式的に述べられた重要な一節であるということになる。

＊6　学問も倫理的な規範に服するというこの箇所でのフッサールの主張は、文化形態としての学問はどれも行為としての認識によって生み出される作品（行為の産物）であるという考えによって支えられていると考えられる。行為としての認識については、第三論文の訳注＊3を参照。

＊7　ホイヘンスの原理とは、オランダの物理学者クリスティアーン・ホイヘンス（一六二九―九五年）が発見した波動の伝播に関する原理。フッサールは、ここでコミュニケーションによるアイディアの伝播を波動の伝播になぞらえ、前者も後者と同様に一定の原理に服すると主張している。なお、この箇所に登場

する「影響を与える（wirken）」は、フッサールがコミュニケーションを論じる際に多用する語。

＊8　ここで「世界知」と訳したWeltweisheitは、神学と対比され、自然科学も含む広い意味での哲学（philosophia）を意味するドイツ語特有の語として中世末期から近世にかけて使われた。なお、「厳密な学としての哲学」（一九一一年）では、「世界観（Weltanschauung）」という「いま流行している表現」に対応する「古風な言葉」としてWeltweisheitが挙げられている（Hua XXV, S. 49／「厳密な学としての哲学」小池稔訳、細谷恒夫責任編集『ブレンターノ　フッサール』（『世界の名著』51）、中央公論社、一九七〇年、一五七頁）。

＊9　フッサールが「帝国主義的（imperialistisch）」と「共産主義的（kommunistisch）」をそれぞれかなり独自の意味で使っていることには注意が必要である。ここでの帝国主義的な共同体とは、中心化された意志をもつ共同体（典型的には、指導者をもつ共同体）のことであり、この箇所で取り上げられる数学者の共同体のように中心化された意志を欠いた共同体が「共産主義的」と呼ばれる。なお、フッサールは後年マーヴィン・ファーバーに宛てた書簡（一九三七年六月一八日付）のなかで、マルクスやエンゲルス、そして史的唯物論について現象学者としての見解をフッサールに求めてきたファーバーに対して、「マルクス主義のような歴史哲学における特定の素朴な立場について、私はこれまで立ち入る機会がありませんでした」（Hua Dok III/4, S. 83／カー・キュンチョー「共同作業としての現象学——一九三六～三七年におけるフッサールとファーバーの往復書簡」榊原哲也・寺田誠一訳、『國學院雑誌』第九二巻第一一号、一九九一年一一月、八七頁）と返答している。

＊10　共同体は、成員同士の関係の仕方によって、さまざまな形態をとりうる。そのなかでも特に同一の意志を共有している共同体のことをフッサールは「共同精神（Gemeingeist）」と呼び、その例として「学部」、「団体」、「民族」、「国家」などを挙げている（Hua XIV, S. 201）。なお、フッサールは、「厳密な学としての哲学」において、「共同精神」を精神科学との関係で論じた哲学者としてディルタイの名前を挙

げている（Hua XXV, S. 46-47／「厳密な学としての哲学」前掲、一五五頁）。実際、ディルタイ自身は、『精神科学における歴史的世界の構成』（一九一〇年）において、宗教や風習や法を創造する「共同精神」について語っていた（Wilhelm Dilthey, *Gesammelte Schriften*, Bd. 7, Stuttgart: B. G. Teubner, 1958, S. 96／『ディルタイ全集』第四巻、長井和雄・竹田純郎・西谷敬編集／校閲、法政大学出版局、二〇一〇年、一〇六―一〇七頁）。

＊11　ここでは「真正の理性共同体」の条件が語られるが、フッサールの念頭にあるのは、プラトンの国家論のように一人の「哲人王」が支配する体制ではなく、哲学者たちから成る「階級」が機関として役割を果たし、哲学の意識を一般人に「伝播」するような体制である。『ヨーロッパ諸学の危機と超越論的現象学』の最終節（第七三節）として編者ビーメルが挿入した草稿で表明されるように、フッサールは人類の全体が「哲学」という形で自己を理解することを、歴史を通じて実現されるべき目的（テロス）と考えるようになる（Hua VI, S. 269-276）。

＊12　フッサールは、過去の作用の内容が再活性化可能な形で保存されることを「沈殿（Niederschlag）」という語で表現することがある（再活性化については、第五論文の訳注＊32を参照）。こうした沈殿は、意識の内部で、いわば主観的な沈殿として起こることもある（例えば『受動的綜合の分析』第三七節。Hua XI, S. 177-180 を参照）。これに対して、目下の箇所では、作用の内容が作品や文書として共同体のなかで保存されるという形での沈殿が話題になっており、そうした沈殿の仕方が「客観的」だとされている。

＊13　フッサールは『イデーンI』第一二四節において、言語表現によって意味が「ロゴス」という「概念的なもの」へと高められ、普遍的なもの（das Allgemeine）が形成される、と述べていた（Hua III/1, S. 286）。『改造』論文では、理性がロゴスという形に客観化されることで学問としての哲学が成立し、それが共同体の所有物として万人によってアクセスされることが指摘されている。この発想を受け継いだ『形

式的論理学と超越論的論理学』第五節でも、学問という理論的なロゴスの形成物が「人間集団・人類(Menschheit) の共有財産」になると言われている (Hua XVII, S. 30)。

＊14　技術論としての倫理学という発想については、第三論文の訳注＊1を参照。

＊15　ここでの「静態的」な理解と「動的・発生的」な理解の区別は、それぞれ「静態的現象学」と「発生的現象学」に対応している。発生的現象学については、第三論文の訳注＊19を参照。

＊16　「地平 (Horizont)」は、主観のそのつどの意識をいわば取り囲むものを指すためにフッサールが用いる用語。フッサールによれば、意識主観としての私たちは、日常的な態度（「自然的態度」）のもとで生きているかぎり、常に世界に関わっている。例えば、私が机の上に置かれたマグを見つめているとき、私はそのマグだけでなく、そのまわりにあるものについての地平的な意識をもつ。私は、このとき例えば自分の背後にある壁や建物の外に広がる街が存在すること、さらには世界が存在することに気づいている。ただし、こうした気づきは、私がそのとき注意を向けているもの（机の上のマグ）についての気づきよりも漠然としたものである。この意味で、地平的な意識には「未規定性 (Unbestimmtheit)」がともなう。ただし、この未規定性は、私が注意を向け変えたり、世界のなかを動きまわったりすることで、より規定的なものに変えることができる（背後の壁についての未規定な気づきは、私が振り返ってそれを見ることで、より規定的になる）。こうした事情についてフッサールが手短に論じた箇所として、『イデーンI』第二七節が挙げられる (Hua III/1, S. 56-58)。

＊17　この箇所での「理論的」という語は、「実践的」および「技術的」に対置されている。こうした語法は『論理学研究』第一巻（とりわけ第二章）にまで遡って確認できる (Hua XVIII, S. 44-62)。

＊18　精神科学は生を倫理化するということで表明された考えについて、フッサールはフライブルク期の倫理学講義で、より詳しい議論を展開している (Hua XXXVII, S. 313-320)。フッサールによれば、精神科学の主題になるものは、どれも規範的な考察の主題にもなる。そのため、非規範的な精神科学は、どれも

規範的な考察のもとに服することができる。精神科学が明らかにする精神の世界、つまり社会や文化の現実のあり方は、それらのあるべき姿に照らして評価できるというのである。フッサールによれば、こうした考察によって明らかになる社会や文化の価値的なあり方、とりわけ現実の社会や文化の誤りは、より善いものを生み出すことを人間に動機づけ、真の人間性という倫理的な理念を現実に根差した具体的な最高次の理念にする。

＊19 「正常性（Normalität）」および「異常性（Anomalität）」は本書ではとりたてて主題化されていないが、フッサールはこれらの概念をいくつかの異なる文脈で用い、考察の対象としている。例えば『ヨーロッパ諸学の危機と超越論的現象学』第五五節では、「狂人」でも子供でもない「成熟した正常な人間」から子供は「万人にとっての完全な意味での世界」、つまり「文化世界」を学ぶ、と述べられている（Hua VI, S. 191）。

＊20 「［フッサールの捉えた］学問と類比的な機能が芸術に必然的にそなわっている」というアイディアをフッサールがシラーのどの著作から読み取ったかは定かではない。一つの可能性としては、シラーの書簡形式の論文「人間の美的教育について」（一七九五年）が源泉になっていると推測できる。同論文では、目下の箇所と同様に、人間性を形成するための「文化、教養（Kultur）」が話題になっており、同論文の第八、第九書簡によれば、人間性を形成するためには、学問によって知識を発見・公開するという意味での「啓蒙」だけでは不十分であり、さらに芸術による「性格の高貴化」が必要だとされている（Friedrich Schiller, *Über die ästhetische Erziehung des Menschen*, Kommentar von Stefan Matuschek, Frankfurt am Main: Suhrkamp, 2009, S. 32-38／フリードリヒ・フォン・シラー『人間の美的教育について』小栗孝則訳、法政大学出版局（叢書・ウニベルシタス）、二〇〇三年、五八―六七頁）。

＊21 ここで述べられる世界の「意味」は、『論理学研究』や『イデーンI』で問題になっていたような、

言語の意味やそれを知覚などに拡張したものとしての意味とは異なる。ここでの世界の「意味」とは、一九二二年のロンドン講演で「善のイデアに対する目的論的方向性」と説明されるものであり、現実の不完全な世界が最善世界へと方向づけられ、その世界のなかで私たちが生きるに値することを示す（Hua XXXV, S. 304）。同様の発想は、『デカルト的省察』第六四節や『ヨーロッパ諸学の危機と超越論的現象学』第三節でも、「歴史の「意味」」や「世界の「意味」」として表明される（Hua I, S. 182; VI, S. 7）。

＊22　フッサールの社会倫理学において国家がどのように位置づけられるのかは、それほどはっきりしていない。しかし、カール・シューマンの解釈に従うなら、フッサールにとっての国家は理性的な主観のあいだに事実として生じる不調和を調停するためのものとしてのみ要請される。そのためシューマンは、フッサールはある種の無政府主義者（アナキスト）であり、事実的な「運命（Schicksal）」としての不調和が解消された場合には国家は不要になると考えている、と主張する（Karl Schuhmann, *Husserls Staatsphilosophie*, Freiburg: Karl Alber, 1988, S. 193）。

＊23　「超民族（Übervolk）」と「統一文化」ということでフッサールが何を考えているのかは十分に明らかではない。しかし、おそらく前者の例はドイツ人やフランス人などに対比されるヨーロッパ人であり、後者の例はドイツ文化やフランス文化に対比されるヨーロッパ文化だと考えられる。

〔第五論文〕人間集団の発展における文化の形式的諸類型（1）

〔I　宗教的文化という段階〕

〔A　「自然に生まれた」宗教〕

1　動物は単なる本能のもとで生きており、人間はそれに加えて規範のもとでも生きている。あらゆる種類の意識作用は、正しいか正しくないか（適切か不適切か、美しいか醜いか、目的にかなっているかいないか、等々）についての規範的意識と絡み合っており、それに貫かれている。この規範的意識はそれに応じて行為を動機づけるが、そうした行為には、認識する行為、評価する行為、物や社会に影響を及ぼす行為がある。しかし、意識作用は個別の実例において規範的意識に貫かれるだけではない。というのも、人間は他の場合にも一般的なことについての意識をもつわけだが、それと同様に一般的規範についての意識ももつからである。つまり、人間は「私は一般にこのように行為すべきではない」とか「私は一般にこのように行為すべきである」という意識ももつのである。また、規範は個人にも、集団にも、人間の総体にも関わることがありうる。「誰もがこのようにふるまわなければならない」という規範や、より限定して「兵士は誰でも……」、「聖職者は誰でも……」といった規範もある。

規範は〔単に〕事実上妥当している規範として意識されることがある。つまり、たまたまそこで権力をもっている人々によって恣意的に定められた「法律」として、あるいは「ともかく今は妥当している」偶然的な伝統として、あるいは偶然的な条件のもとで妥当しているが場所と時代によって違ってくるような真正でない習俗として、規範は意識されることがある。しかし、規範はまた、絶対的に妥当する規範として、絶対的に無条件の「私はこうすべきだ」、「私はこれをしてはならない」という形式をもった規範として意識されることもある。例えば、規範が神の命令として意識される場合がそうである。この場合、「神的存在」が端的にある原則を表明し、そこからさまざまな絶対的に妥当するものが、さまざまな無条件の「定言」命法が生じる。

2　高度に発展した文化ではどこでも、あるいは多様な文化形式のうちで活動し、さらにみずからを形成していく人間集団においては、「宗教」という際立った文化形式が見出される。人間の意識にとって宗教が意味するのは、物と動物と人間から成り、仕事を通じて慣れ親しんだ経験世界が、世界全体を限なく支配する宇宙的な力のぶんだけ単に拡張されるといったことではない。また、宗教がルールに則って営まれる生活形態や規則や祭式などを意味するのだとしても、それらは、あの宇宙的な力と正しい実践的関係を結び、その力を自分たちのものにすることを単純に目的にしているわけではない。そうではなく、〔特殊な意味での）宗教とは高度な段階の神秘的文化であり、そこではあの超越的存在が神的なものへと、つまり絶対的規範を定める存在へと絶対化される。こうした絶対的規範は神によって人間に伝達、啓示されたものであり、人間はそれを遵守することに救いを見出す。規範意識の発展と宗教の発展はこのようにして互いに結びつけられており、宗教の最も際立った発展形態、ある意味で最高の発展形態を特徴づけるのは、宗教が社会的に組織された意志の力になる、という点である。この意志の力は、他から分離された何らかの生活領域（例えば私的自由に委ねられた生活領域）だけでなく、共同体の生全体を、そのあらゆる活動に関して訓育しようとするものである。しかも、その訓育は生活のありとあらゆるものを絶対的な神の規範に、絶対的な神の要求と導きに従わせようとするという仕方でなされる。

宗教的文化のこの形式においては、文化の全体があらゆる文化形式の面で、宗教的文化に、つまり宗教的規範によって形作られた文化になる。こうした宗教的文化の形式は、高度に発展した文化の最も古い形式の一つである。古代バビロニアの文化が、すでに神の国という実践的理念のうちで生きていた。*1 この文化は階級制度をそなえた国家《ステート》という形式をもっていたが、そこでは個人的および社会的な活動と秩序と制度のすべてが、神の啓示から導かれた絶対的規範をそなえ、そのような規範に従って実際に形成され、そのことによって聖なるものとなるように意図されていた。そこでの宗教とは、確かにそれ単独で考えることのできる一つの文化領域の名称でもある。つまり、それは教会組織として、祭礼の形式と対象のシステムとして、祭式の場の秩序等々として考えることができる。さらに宗教は、徐々に体系的に整備されていく神学として、宗教的世界解釈の面から言えば、教義を確定し、信仰体系を入念に作り上げるための方法の整備として、また次々に新たな祭式の規則を根拠づけ、共同体の生やそれに沿って営まれる私生活のあり方に対する新たな宗教的規範を根拠づけていくための方法の整備として考えることができる。しかし、階級制度をそなえた文化に特有なのは、宗教が単に固有の文化領域であるだけでなく、まさしくあらゆる文化を形作る規範であり、全生活の規範であるという点、具体的に見れば通常の生活と宗教的な生活が重なり合っているという点である。支配者、統治形態、法、習俗、芸術——これらすべてが宗教から価値内実と価値形態を受け取るが、その価値内実と価値形態は、この宗教という文化類型がさらに発展していくにつれて、より豊かな規範的拘束力をそなえたものになる。こうも言える。ここでは宗教は、聖職者の神学という形式のうちに、あらゆる絶対に妥当するものの普遍的体系を内包している、と。しかも、この普遍的体系は、認識と評価と実践的生活秩序のあらゆる方面に関わる。宗教は普遍的世界観と普遍的な救済の秩序を含む。そして、宗教は当該の文化のもとにある人間集団に生き生きとしたものとして浸透している信仰によって支えられているので、人々は宗教的規範の拘束を受けていても、服従し、隷属しているとは感じない。宗教的規範に拘束された生き方は、まさにそうあるべき生き方、正しくあろうとするなら、それ以外にはありえない生き方のすべてなのである。宗教が真なることとして語る世界の事実は絶対に真であり、宗教が善いこととして語ることは絶対に善く、宗教が実践的行為に対して要求することは絶対的に要求されている。それはまさに神の要求である。宗教的伝統のうちに生まれ育った人間は、どんな新しい啓示も、聖職者によるどんな新しい要求も、それらが絶対に神聖な形式に沿って、絶対に正当なものとして伝承されてきた形式でなされているかぎり、絶対に正しいものとして体験する。そこでは権威と自由のあいだに緊張は存在しえない。夢見る人にとって幻覚の意識はありえず、それをもつにはまず目覚めなければならないように。

しかし、共同体の生とそこで展開される文化の全発展について言えることだが、その生は、統一的な目的理念を、すなわち共同体の意識のうちで客観的に構成され、発展を意志によって導く目的理念をみずからのうちにもつような発展という独特の生の形態を有する。一人の人間は、あらゆる個別の目的を超えて、一つの目的理念をもつことができる。この目的理念とは、ありとあらゆる個別の目的とそのための活動を意識的に支配するもの、つまり活動的生全体の意識的な規則形式である。上記のことから見て取れるように、これと似たことが共同体化された人間集団にも、さまざまな文化形式を享受し、それらと一体となって自己を形成する人間集団にも起こりうる。それは一つのエンテレキーである。[*2] といっても、どんな有機体もエンテレキーだと言われるときの非本来的な意味でそうなのではない。正常な成長過程のうちにある有機体を経験に忠実に外から観察するとき、私たちはそこにある発展のゴールを想定するが、それは正当なことである。そのような有機体は、経験に沿って言えば、みずからの種の成熟形態に向かって成長する。同様に、任意の文化についても、その絶えざる変化を観察するとき、私たちはある発展のゴールを想定する。そのとき私たちは、価値論的な観点に導かれて、価値の漸進的な高まりと、ある価値形態を頂点とし、そこを目指す過程を見て取るのである。例えば、ギリシアの芸術がペイディアス[*3]のような高みに向かって発展していったのを見るとき、私たちはそのような語り方をする。だが、今問題になっている宗教の場合は、これとはまったく異なる。宗教の場合は、一つの文化のもとにある人間集団とその社会的機関《オルガン》（聖職者の組織）の最も意識的な形態のうちに、意識的に構成された目的理念と、それに向かって目的をもって活動する意志が生きている。この意志は、間接的な仕方で共同体全体に属しており、共同体の共同意志に支えられている。この目的理念とは、文化全体を神の啓示から導き出すことのできる絶対的規範の体系のもとに全般的かつ絶対的に統制する、という理念である。あるいは、同じことだが、人間集団の生全体を、その努力と活動の全体を、そして一人の人のようにふるまう人間集団そのものとその環境世界を「完全な」ものへと、絶対的規範に即したものへと体系的に形作る、という理念である。

神の国という目的理念をそなえたこの宗教的文化の特殊な形式とは別に、宗教的文化には他の形態もある。後者の宗教文化においては、宗教は確かに他の文化形式に、それどころか他のあらゆる文化形式にも広まる形式である。だが、宗教は文化の発展に次のような目的理念を突きつけるとは限らない。つまり、文化の発展を実際に統制し、しかも単なる理想という仕方ではなく、共同体を貫く統一的な意志によって――一方ではこの理念を念頭に置いて意識的に共同体を統制する聖職者の意志、他方では宗教的義務に従う俗人の意志という形をとって――そのような統制を行うような目的理念を突きつけるとは限らない。

以上で、私たちは文化の第一の類型を記述した。この類型は、あらゆる理論的および実践的に妥当するものにとっての、全般的にすべてを包括する規範的原理もしくは原理体系を含む。文化は、共同体の活動と共同体の成果が何らかの一般的な類型のもとで凝固し、漸進的に発展するさまざまな文化形態の統一を目指してまとまっていくことでできるような、大まかにひとくくりにされる多様性ではない。そうではなく、このように文化が形作られる過程のすべてを何らかの統一的な規範が導き、その過程に規則と法則を刻み込むのである。この規範は、共同体の意識そのもののなかで生き生きと働いており、それ自体が文化として客観化された規範、しかも歴史的に徐々に形成されていく規範である。それを人々は「宗教」と呼ぶ[2]。

〔B　宗教的な自由運動という形態〕

バビロニアやユダヤのような階級制度の文化には、目的を意識していたにもかかわらず、ある種の素朴さがあり、信仰を喜びとして宗教的規則をみずからの意志で守っていたにもかかわらず、ある種の不自由さがあった。これら二つの特徴は、同じことに帰着する。そこでの信仰は祖先から受け継いできた信仰であり、すでに述べたように、信仰を改めて確認するときも、それどころか新たな啓示を受け入れるときも、いつでもそれが信用に値することを保証するのは、祖先からすでに受け継いできたものという力の源泉であり、新しいものが古いものに適応しているということである。自由とは、批判的な態度をとる能力、とりわけ批判的態度をとるという獲得された習慣を表す名称である。ここで言う批判的態度が向けられるのは、真なるもの、価値あるもの、実践的にこうあるべきものとして、意識に即して、さしあたりは無反省に与えられたもの、しかもそれに基づく自由な決定の基盤として与えられたものである。したがって、自由は、熟慮を「根拠として」帰結に至ることを本質に含むような自由な決定に遡及的に関係づけたほうがよいだろう。そのような自由な決定こそ、強制をいっさい含まない態度決定という完全な自由、純粋な自由である。個別の自由な決定には、人が一般に有する自由が対置される。後者が表すのは習慣となった批判的態度であり、この態度が向けられるのは、反省を経ずに妥当しているものとして与えられるもの、さらに場合によっては、妥当に関する絶対的規範として与えられるものすべてである。批判能力は、人間の本質に属している。人間は、この能力を実践的生活のなかで、不完全な仕方ではあれ、頻繁に行使する。人間は、自分の目的と手段が本当に正しい目的と手段なのかどうかを「熟慮し」、「検討する」。そして、人間は、こうしたことについて先立つ確信だけでよしとするのではなく、批判的態度に切り替えて、先立つ確信を疑問視したり、批判しているあいだは確信が効力を発揮することを禁じたり、確信がどれくらい信用に値するのかを熟考したりする。しかも、自然に出来上がった確信は、すべてこのような仕方で扱われうる。つまり、その正当性の根拠を問われうる。したがって、絶対的規範の要求をともなって生じたどんな確信も例外ではない。そうした要求は正当であることを証示されなければならず、他のことの正当性の根拠になることを要求している事柄の正当性の根拠でさえ、それ自体が明白なものであることが求められる。宗教的信仰でさえ、その真理、その正しさについて批判されなければならないのである。自由な批判の習慣というものは必ず、素朴に出来上がった理論と実践的確信という先行する習慣から生まれる。したがって、〔宗教について言えば〕自由な批判の習慣は必ず、すでに宗教によって形作られた共同体のうちで生まれる。こうした共同体では、絶対的なものとして与えられるすべての規範の正当性の根拠は信仰に帰着する。そうした信仰それ自体の正当性の根拠は疑問視されないままになっている。というのも、それを疑問視することが、神への冒瀆として、打ち克つことのできない主観的な感情の力によって妨げられているからである。

さて、自由は二つの形態をとって発展しうるのであり、それぞれの形態において、自由の運動の広がりとして、文化の新たな形成にとって意義をもちうる。(1)宗教的な自由の運動という形態。(2)自由な学問の発展という形態。第二の形態は、さしあたり宗教的態度決定の埒外にあるが、それでもやはり宗教的制約とは別の仕方で認識を拘束してきた何らかの文化の内部で起こる。

第一の形態の発展の条件が満たされるのは、民《ネーション》が繁栄し、階級制度による生活の統制が余すところなく広まるに至ったときである。[*4] すなわち、その条件は、「啓示された掟」によって神的なものと結びつけられた民族《フォルク》に対して宗教が当然の仕事として行ってきたことをもはやしなくなった場合に満たされる。宗教が約束に反して、民《ネーション》の救いとそこに含まれる個人の救いをもはや保証しなくなったとしよう。さらに、みずからの意志で耐え忍ばれた罰とそれによる十分な贖罪を踏まえても、なお苦しみが増大したことで、それまで説得力をもっていた説明、つまり神の秩序からの度重なる罪深い背反に基づく説明が力を失ってしまったとしよう。このときには、伝統と、歴史的発展のなかで避けがたく生じる伝統主義的な浅薄化〔した宗教〕に対するより自由な態度決定の条件が、すでに満たされている。救いを求める個人や民族《フォルク》の各成員は、自分自身や自分の民族《フォルク》と神との関係について改めて省みる。その際に特に効果を発揮しうるのは、正常な仕方で進歩する文化的発展においてはどこでも生じる宗教的表象の精神化である[*5]。つまり、多様な具体的形態をとって健全な仕方で進歩し、分化する共同体の生において直観的に際立ってくる純粋で真正な価値と規範的類型が、宗教的な事柄に投影されるのである。そうすると、光に満ちた明証に照らされた直観的に理解可能な価値内実が、宗教の全内実の核心として、ますます豊かになっていく。ただし、その核心は非合理的な事実性に覆われている。直観的洞察と非合理的なものが分離されることなく、信仰の統一のうちで一緒になっている。ますます高度に発展していく人間にとっては、この合理的な核心が、洞察的な規範的必然性をもって、ますます信仰内容の基調をなすようになっていき、信仰全体を支える力になっていくのである。

こうして、宗教に対する自由な態度決定が批判的吟味として生じてくることになる。この批判的吟味は、みずから宗教に根差して生活してきた人が、自分自身と自分の民族《フォルク》が神およびその真なる要求に対してとっている態度に向けるものであり、キリストの事蹟のうちで追理解できるようなものでもある。こうした自由な態度決定が生じると、最も生き生きとした直観において直観的な価値内実が際立たせられることによって、宗教における危機が生じる。つまり、危機が生じるのは、一方で宗教によって動かされた個人がその人なりの方向で直観から直観へと生き生きと進み、そうした直観だけから、したがって純粋な価値内実から作り上げられた神の表象と、それぞれの人間と神の民《フォルク》に対する神の要求の表象を生み出しながら、他方で非合理的な事実性の残余である単なる神話的枠組みを伝統としてなおも保持することによってである。ここでは、統一的な直観が根源的な宗教的経験の統一という性格を獲得し、したがって神への根源的に体験された関わりという性格も獲得する。そのような関わりにおいて、この直観の主体は、自分の外にいて、こちらを向いている神に語りかけられた者として、啓示の伝達の担い手になることを使命として引き受けるのではなく、むしろ、みずからのうちに神を見て取った者として、神と根源的に一つであることを知っている。そして、この主体は、自分が神の光そのものの具現化であり、神の本質の告げ知らせの仲介者であることを、自分に組み込まれた神の本質の内実に基づいて知っているのである。したがって、ここでは宗教に一つの変革が起こるが、この変革は根源的に見て取られた価値と規範の力によって起こる。そうした価値と規範は、世界のうちに、世界を形作る救済の意味として、投影的に見て取られる。そして、「信仰のうちに生き、この救済の意味を理解し、把握しながら生きる人が、もし仮に善の規範をまさに自分自身のうちで実現し、それによって世界の救済の意味を真なるものにした場合には、そのような世界はその人にとって実際に浄福をもたらすだろう」という明証こそ、まさに信仰そのものに力を与え、信仰を根拠づけるものなのである。信仰は人を浄福にするのであり、信仰が真であるのは人を浄福にするからである。つまり、信仰が意味ある生の営みのなかで世界の意味を証し立てるからである。

このように純粋に価値を見て取ることに導かれた信仰の力によって宗教を解放するという理解しやすい傾向のうちには、宗教的救済が国家主義的《ナショナリスティック》に拘束されたあり方を克服し、世界宗教を真剣に目指そうとすることが含まれる。さらに注目すべきことには、メシアによる啓示を他者が受け入れることは自由な回心という仕方で起こるのであり、伝承を表面的に受け入れるという形ではなく、創設者の根源的経験を追理解するという形で、したがって創設者の直観を追経験するという形で起こる。そのため、この場合には、理解し、追感得すること[*6]によって、直観的な価値の根源的な力と、そこに含まれる動機づけの全体が再び働くのである。ただし、そこでは神との関わりは直接に打ち立てられるのではなく、あの仲介者と、仲介者の内側から汲み取られた告げ知らせによって打ち立てられる。このように、一般に新しい宗教が新しい宗教の類型を提示する際に拠って立つ意味というものは、非合理的な伝統に基づく宗教であろうとするのではなく、根源的な宗教的経験という（何らかのよい意味で合理的な）源泉に基づく宗教であろうとすることにある。というのも、宗教のなかに生まれ落ちて、そこで教育を受けた者であっても、個人としてキリストと関わり、彼を通じて個人として神と関わるようになるのは、根源的な宗教的直観を通じてだからである。そのような人は、キリストに帰される救済の知らせと、キリストの生や彼によるたとえ話や自己証言についての伝承などを通じて、宗教的直観を実際に確立するなかで、内面において自由に態度決定し、自分が神と一つであることを感じ、洞察した規範に従いながら、神の王国への通路をキリストの生のうちに探し求めるはずである。(3)

キリストによる救済の知らせは、根源的には救済を必要とする個人に向けられているのであって、ユダヤの国の民族に向けられているのではない。[*7] このことは理解しやすい。というのも、根源的な規範直観にまで遡る宗教的態度決定は、まずは個人とその人格性の向け変えに、個人の生の心構えを根本的に新たに作り変えることに関わるからである。これに応じて社会秩序を作り変えることも価値のあることだが、これは新たな心構えをもった人々を前提とするのだから、当然ながら関心の順位としては、あとに置かれることになった。こうしたことによって宗教（あるいは教団と、新たに出来上がりつつあった教会）は、他の文化生活の全体から切り離されることになる。宗教は、文化全体のなかで固有の文化的構成要素をなし、個人としての固有の生や人々を結びつける固有の生の領分をなして、他の社会的および国家《ステート》的な生と対置される。だが、自由な宗教の新たな運動が古い世界のなかで意気揚々と広がり、この運動そのもののなかで世界宗教になるという使命の意識が確かな希望という形をとると、文化生活の全体とそれにともなうあらゆる国家《ステート》的秩序をキリスト的世界観に沿う仕方で具体的に形作るという課題もまた、この運動の視野に入ってこざるをえない。また、このとき、この課題は文化的な人間集団の発展を支配するエンテレキーの力を受け取らざるをえない。新たな教会は、既存の国家《ステート》に、とりわけローマ帝国に影響を及ぼそうとしなければならない。そして、その教会は、世界を包摂する帝国の理念をみずから取り込み、世界を支配する教会という意味を獲得しなければならない――ただし、世界を支配するといっても、すべての人の特定の私的な確信を規定し、統制する権力という意味においてだけではなく、完全な意味で世界を支配するということである。こうして、新たに作られつつある教会には、階級制度をそなえた教会への道が示され、さらには階級制度をそなえた世界国家《ステート》の樹立という使命が示される。神の国であるこの世界国家《ステート》では、人間のあらゆる社会活動、あらゆる社会秩序と社会制度、あらゆる文化的営みが宗教的規範に服する。この新たな階級制度の理念の新しさは、（バビロニアのような古い階級社会にとっても疎遠なことではなかったはずの）世界を包摂するという点にあるのではない。新しさは、むしろ規範となる確信の体系をそこで提示する宗教が、根源的な宗教的直観から、つまり直観的・合理的で自由な態度から汲み取られた宗教としての自覚を、つまり盲目的な伝統ではなく自由で合理的な信仰に基づく宗教としての自覚をもっている点にある。

こうした宗教の発展は実際に成し遂げられるが、それはすでに触れたもう一つの自由の運動と交差して起こる。この運動の源泉は、信仰ではなく知にある。より正確に言えば、その源泉は私たちが今日まさに哲学と科学と呼んでいるものの発展のうちにある。これが意味することを、私たちは自分たち自身の研究から具体的によく知っている。この運動をより深く特徴づけ、同様に、この運動によって成し遂げられるあの解放の特異さも徐々に特徴づけていくことにしよう。その解放は、最終的には、意識的に導いていく目的理念に導かれた解放の運動という際立った形式をとる。この運動と解放の最も一般的な特徴は、さしあたり既知の事柄に基づいて簡潔に述べることができるし、十分に理解可能である。自律的な理論理性の機能としての自由な哲学と科学は、ギリシア人《ネーション》において発展し、進歩の運動のなかで、自律的理性に基づく自由な文化生活の一般的精神の発展を規定する。この精神はギリシア人という範囲を超えて意気揚々と広がり、古代ギリシア的文化という統一を生み出し、それとともにヨーロッパ特有のものを生み出す。だが、今はキリスト教の運動の発展と、中世に特有の文化形態の形成の発展を追いかけることにしよう。

〔C　中世の宗教的文化形態〕(4)

右で区別した二つの文化運動、すなわち学問によって形作られたギリシア的文化の世界的な広がりとキリスト教の世界的な広がりという二つの運動が出会い、信仰の直観的合理性と哲学および科学の合理性が、あるいはこうも言えるが、キリスト者の自由と哲学者の自由が互いの内的親和性に気づいて共感しつつ結びつくことによって、「中世」が生まれる。宗教の本質に含まれることだが、宗教は信仰に依存しない学問的思考の自律を認めることができない。宗教は、何かが妥当することに関するすべての規範を宗教的に解釈せずにはいられず、自由な学問を引き継ぐ場合にも、同時に宗教的直観から汲み取られ、教義として定められた規範によって学問に自由の限界を設定せずにはいられない。その一方で、宗教自身も、思考によって直観的内容に形を与えていかざるをえない。高度に発展した宗教は、どれも神学を必要とする。バビロニアの宗教もすでに神学を求め、実際にもっていたのと同様に、キリスト教も学問としての神学を必要とする。それは、信仰内容を思考によって客観的に確定し、そこに含まれるさまざまな帰結を展開して、世界における神的存在の働きと、その結果として生じてくる人間と世界の関係を研究することを仕事とする学問だった。キリスト教神学には、さらに――むしろ、これこそがキリスト教神学の当初の使命だったのだが――非キリスト教哲学からの攻撃に対する護教論という目的が加わった。非キリスト教哲学は、哲学に育《はぐく》まれたこの世界をキリスト教がわが手に収めようとするなら論駁しなければならないものだった。キリスト教神学が異なる文化領域に属するより古い神学と比べたときに有する固有の特徴は、(直観的合理性を源泉とする宗教的態度という)キリスト教的自由から生じた特徴だけではない。キリスト教神学の特徴は、何よりも、理論的自由の精神から生まれた哲学を方法と目標の点でみずからのものとしながらも、さらに新たな規範精神をそなえており、それによってこの哲学を本質的に変容させた点にある。それどころか、この神学は、理論的に洞察的な(したがって自由な)認識のすべてにあてはまるような純粋に理論的な洞察において認識された規範を引き継いだのである。その一方で、この神学は、自由に活動する理論的関心が必然的にともなわざるをえなかった普遍的な理論的世界認識という目標を引き継ぎ、また同時に、この理論的目標とともに生じてきた普遍的な技術学、つまり実践的規範の理論的探究という目標も引き継いだ。[*8] この普遍的な技術学によれば、人間はみずからの世界認識と人間自身についての認識に基づいて、みずからの生を合理的に秩序づけ、みずからの環境世界を合理的に支配し、目的に応じて作り変えるべきだとされる。信仰の本質のうちには、信仰なりの仕方で、やはり世界全体を、つまり事実としての世界と実践的世界を、それらを統制する規範のすべてとともに包摂することが含まれていた。確かに、最初の関心は、根源的直観を自分と他人のうちに育み、働かせること、すなわち根源的信仰を育み、働かせることだけに向けられていた。つまり、最初の関心は、そうした直観のうちで成し遂げられるキリストとの合一、そしてキリストを通しての神との合一に向けられ、それと並んで彼岸の世界における永遠の浄福の約束に向けられていた。しかし、そうだとしても、キリスト教はそれが広がるにつれて現世に合わせて整えられなければならず、キリスト教化された共同体の生に対しては、その生のありとあらゆる場面で宗教的な合理的形態が要求されなければならなかった。さらに、自然、すなわち神によって創造されたものとしての世界全体の事実的形態と秩序立った進行も、宗教的合理性の統一のうちに組み込まれなければならなかった。人間の自然な機能が、そしてとりわけ自然な人間知性もそこから除外されることはありえず、この人間知性が自然な権利や財として行使するものや、絶対的に妥当する原理として語ることは、あらゆる規範の源泉としての神に帰されなければならなかった。また、それらは主観的観点においては、私たちが神に気づく際の絶対的な認識源泉としての信仰に帰されなければならなかった。このように、自然な理性が生み出したギリシアの哲学と科学は引き継がれ、精力的に実践されたが、超自然的な妥当の源泉に即して宗教的に解釈され、また同時に信仰内容のもとで規範に服し、制限されるのである。信仰内容自体も哲学の概念のうちに取り入れられ、学問化されることになるが、それによって、まさに客観的に凝固した信念規範として自由な学問研究の制約をなすことになる。神学は貫徹されるといつでも（ギリシアの哲学がそうであろうと意図していたように）普遍的な学問になるのであって、かなりのちの時代になってからようやく独立した関心を向けられるようになった自然科学を含め、あらゆる学問はその神学的な標識《インデックス》を有する。あらゆる認識が一般にそうであるように、自然科学的認識もまた宗教の機能であり、宗教的自由という形での自由しか、つまり信仰に基づく自由しかもたない。あらゆる実践が理念上は宗教の機能になるのと同様に、自然科学的認識は神学に導かれた理論的実践でなければならない。こうした展開こそが中世の文化に固有の特徴を与えているが、それはヨーロッパ文化全体という範囲で見てもそうだし、これまでのあらゆる文化という範囲で見てもそうである。ここで私たちが目を向けているのは、中世の文化に確かにあてはまる特徴としてすでに明らかになっている周知の事柄ではない。その周知の事柄とは、根源的な直観内容の哲学的解釈が独断的になり、神学によって絶対化される過程が伝統主義を生み出し、この伝統主義によって、新たな哲学的洞察に即して理性的に解釈する自由が妨げられるといったことだけでなく、信仰をもつ人の宗教的生も根源的な直観の源泉から逸脱し、さらには常にそこから切り離された状態になってしまい、そうした人を直観のうちで浄福にするのではなく、理解の覚束ない公式を承認することで得られる浅薄な信仰の正しさに満足させることになるといったことも含む。中世の教会と神学的学問に見られる他の伝統主義についても、私は論じるつもりはない。私たちがここで関心を向けたいのは、むしろそのような浅薄化の影響を数百年間こうむらずにきた中世の文化的発展の力強い躍動と、中世の生活にこの躍動をもたらしている中心的理念である。

中世の「西洋」は、教会においてだけでなく、政治的にも、合併して一つの国家《ステート》的統一を作り出すことには成功しなかったが、それにもかかわらず階級制度をそなえた文化の統一を意味していた。それは、古い階級的文化の場合よりももっと高度で内的に豊かに分節化された意味において、一つの文化である。つまり、それは意識された一つの指導理念を内包する文化であり、したがってその理念は——個別の主体が何らかの実践的目的を意識する場合と同様に——実際に西洋の共同体意識のうちで構想され、実際に発展を動機づけたのである。中世の西洋は、まず教会において、個々の国家《ステート》すべてを上回り、個々の国家《ステート》における民族《フォルク》共同体の生に至る所で介入する精神的権力を手にした。それは帝国主義的に組織された超国家的《ナショナル》な聖職者共同体である。この共同体は、諸国民《ネーション》のあいだに超国家的《ナショナル》な共同体意識を作り出し、神的な権威の担い手として、そして人間集団を精神的に導くことを使命とする機関として、どこでも同じように承認されていた。[*10] しかし、この特殊な共同体、つまり教会では、神の国の理念が支配的な目的理念として意識されており、これが間接的に、宗教によって共同体化された西洋全体にとっての目的理念として意識されていたのである。教会が本来の権力の座を占める政治的帝国という目標、あるいはさしあたり、すべての国家《ステート》を一つの神の国という理想に近づけるための権力の座をそれらの国家《ステート》において占めるという目標、そしてこのように全文化をキリスト教化するためにすべてを準備し、理論的かつ実践的な普遍学としての普遍的神学を生み出すという目標、何よりもまずこの理念のために社会的・政治的生をその真の規範的形式に関して学問的に研究するという目標——これらこそ、中世の精神運動の生き生きとしたあり方を本質的に規定している目的である。これらは空虚な理想ではなく、時が経てば達成できると信じられ、宗教的任務として果たすべく人々が喜んでそのために働いた目的だった。

このような形で中世ヨーロッパ人は、理性的な人間集団として理性の理念のもとでみずからを組織したのであり、目的に規定された共同体の生を送ろうとしたのである。

周知のように、そこではさまざまな内的緊張と対抗運動の兆しに事欠かなかった。そして、それらの緊張と運動は、中世的精神の構造に根差したものである。一方には、教条化した信仰やさまざまな形態をとって浅薄化する伝統主義と、根源的な信仰の直観とのあいだの緊張関係があった。後者の直観は、神秘主義の運動のなかでみずからの正当性を得ようとした。他方には、「信」と「知」のあいだの緊張関係もあった。つまり、根源的な信仰と伝統化した信仰という本質的に異なる信仰類型と、自然な明証および学問とのあいだに緊張関係があったのである。

これらの緊張関係は、一緒になって中世の文化の経過を本質的に規定している。そして、これらの緊張関係から、この文化の解消もまた生じてきた。この文化のエンテレキーのうちに私たちはその固有の意味を、つまり「中世」の意味を見て取るが、このエンテレキーは力を失い、もはや発展の本質的な原動力ではなくなる。そうすると、精神的なものの地位と教会も――教会はいまだその国際的な帝国主義的組織を維持し、少なくとも理想としてのそうした理念自体は生きたまま維持していたにもかかわらず――民族《フォルク》の一般的意識のなかでの権威的な地位を失う。教会的・宗教的な文化は沈み込み、自由な学問や芸術などと並ぶ文化全般の一分枝になる。新たな宗教運動、つまり宗教改革運動が荒々しい力をもって始まる。この運動は、歴史的なものになった教会に対抗して、宗教的直観の根源的な正しさをある程度までは押し通し、もともとの「キリスト者の自由」のために登場する。この運動は、新たな啓示に拠り所を求めるのではなく、新たなメシアによって代表されるのでもない。この運動はただ、もともとの伝承のなおも生き生きと働いている源泉を復元し、そこからキリストともともとのキリスト的共同体への生き生きとした関係を根源的な宗教的経験によって打ち立てるのである。だが、周知のように、宗教改革は無条件かつ持続的に貫徹されることはなく、新たな教会を生み出して途絶える結果になった。この新たな教会は、確かに宗教改革の理念を大規模に実行したものの、近代に新たな目的理念を吹き込むことはできなかった。

中世の束縛された「精神」と教会の帝国的な至上権《インペリウム》という理念に対するもう一つの自由運動、つまり自然理性による哲学と科学の自由運動に関しては事情が異なる。この運動も、宗教改革運動と同じく、二次的な性格をもっていた。この運動が改革し、復元したのは、学問だった。この運動は、中世の学問を不自由な神学（あるいは神学に方向づけられた学問）として非難し、古代の意味での哲学の理念に立ち戻った。それは、どのような形であれ、信仰によって、心情的な動機によって、人間の生の苦境から生じた救済の希求によって規定された学問ではない。それは、むしろ純粋に事象的な学問、純粋に事象的な動機によって規定された学問、つまり純粋に理論的な関心の機能としての学問である。

[II 学問的文化という段階]

[A 哲学的な自由運動という形態。真正な学問の本質]

やはり今ここで求められているのは、文化について補足的な分析を行い、ある特有の解放運動がいかに特有のものであるかを特徴づけることである。この解放運動はギリシア人《ネーション》のもとで始まり、その大半が哲学という新しい文化形式の創造という形で行われた。したがって肝要になるのは、ヨーロッパ文化の特有性を規定することである。ここで示されるべきは、この文化が、当然ながら、人類において統一的なものとして際立つ他のあらゆる文化と同じく、形態学的な特有さをそなえている、ということだけではない。さらにここで示されるべきなのは、ヨーロッパ文化には、その文化の内実のあらゆる形態学的特有性を超えて、ただこの文化だけを際立たせるような形式がある、ということである。そして、さらに、いや、より正確に言えば、ヨーロッパ文化を享受する人間集団とこの生き方そのものは、価値論的にきわめて高く評価されるべき形式をもっている。この形式によって、こうした人間集団は、人間集団一般として要求される最高の段階へと昇っている。この段階とは、純粋に自律的な理性に基づいて、より詳しく言えば学問的理性に基づいて自分自身とその環境世界を形成する文化的な人間集団という段階である。

こうしたことが意味しているのは次のことにほかならない。私たちがこれまで記述してきたのはヨーロッパ文化の発展類型だったわけだが、この文化がそうした類型をまさに実現してきたがゆえに、私たちはそれに歴史上のあらゆる文化のうちで相対的に最高の地位を認めるだけでは済ませない。[*11]私たちは、むしろこのヨーロッパ文化のなかに、ある絶対的な発展の規範が最初に実現されているのを見る。そして、この規範は、発展しつつある他のどんな文化にも革命をもたらすという使命をもっている。というのも、一つの文化の統一のなかで生き、発展する人間集団は、それぞれ何らかの定言命法のもとにあるからである。そして、一人一人がその定言命法を意識するようにならなければならないし、その命法に適合した新しい発展の形式を、その命法に従いながら、みずからの意志で目指さなければならない。[*12]

学問という概念と、もともとはそれと一致していた概念としての哲学を厳密な意味で捉えるなら、古代ギリシア人は哲学や学問の創造者ということになる。古代バビロニア人、エジプト人、中国人、そしてインド人においてさえ、学問や哲学という同じ言葉で名指されているものがある。そこに含まれる認識についても、厳密な学問がそれを立証し、その内容を受けとめ、厳密な学問の方法上の様式や態度に取り入れることができるかもしれない。しかし、私たちは故あって、両者を根本的に切り分け、認識や自分で根拠を与えることといった同じものについて、一方を前学問的ないし非学問的なものと、他方を学問的と呼ぶ。

このことを明らかにするために、私たちはさしあたり最も一般的な認識概念と、より限定された認識概念を区別し、次いでさらに後者を学問以外の認識と学問的認識に区分する。最も広い意味での認識することは、作用、つまり何らかの自我の精神的な行い（エゴ・コギト）である。それはあくまでも「信念《ビリーフ》」という作用形態をもち、その信念は、次々と複雑なものへと築き上げられていくことで、結論となる信念をもたらす。ここでの信念は、多くの場合、これまた最も広い意味での判断することと呼ばれる。このような信念や判断の作用から区別されるのが「確信」（第二の意味での判断）であり、これは作用とともに新たに創設されたり、判断者のなかで以前にすでに創設されている場合には顕在化されて革新されたりする。それは習慣的確信であり、判断者が眠っている場合にも維持され、そもそも作用が過ぎ去って、もはやそれ自身が把持的に意識されていないときにも維持される。[*13] 判断することや信じることは、何かについてなされるのであり、それらの内容は、あるものが存在するかしないか、それがどのようであるか、それがどのようなものとどのような関係にあるか、などである。そして、この判断された何か、つまり複数の判断作用に同一のものとして共有されうる同一の意味が、判断（判断の意味としての判断、第三の意味での判断）である。[*14] そして、先ほどの最も広い意味において知覚することや想起することはどれも、存在するものを把握しようとするかぎりで、対象が存在すると「定立する」かぎりで、判断することである。[*15] 判断することには多様なヴァリエーションがあり、それらは判断することに本質的に属している。存在に対する信念は「様相化」されうる。つまりそれは、可能とみなすこと、推測すること（蓋然的とみなすこと）、疑うこと、否定することに移行できる。これらはすべて合わせて判断の様相と呼ばれている。[*16] 判断することは、努力したり自由に意志を働かせたりして判断するという実践的な形式をとることができる。[*17] しかもこのとき、この努力ないし意志は（判断されたかぎりでの判断されたものという意味での）判断のある際立った形式に向かうのであり、この際立った形式が「真理」という形式であり、さしあたりは確かな確実性という形式である。

判断は、さしあたり通常の確実性という形式をもつ判断として与えられているが、それが不確実性に変わって、あるものがそうであるかどうかが疑問になり、疑わしくなることがある。あるいは、最初から「可能性」が生じて「そうかもしれない」という推測がなされ、「そうであるかどうか」を——確証もしくは反証する判断の確実性によって——「決定」したいという願望が喚起されることもある。こうしたことは「根拠づけ」によって、判断の動機によって生じるが、まさにこの動機づけの力によって推定的な可能性に確実性が与えられる。そして、この確実性が言語で固定されることによって、「これはそのような根拠ゆえに確かにそうである」とか「真にそうである」と言われる。判断において努力する者は、それゆえ最も広い意味で認識する人間は、ほとんどの場合、瞬間《モーメント》を生きている。そのときどきの瞬間に、その人にとって重要なのは、決定を言葉で表すかどうかは別として、ともかく決定することである。しかし、その人にとって、ある問いを「断固として」[*18]決定して、ときには「断固として」根拠づけるような根拠づけによって、その決定を断固として固定することが重要なわけではない。そのような最終的な決定が重要である場合には、絶対に確実な動機、つまり根拠への訴えかけがなされる。「絶対的な確実性」は、主観が一貫した人として物事に打ち込んでいるときの主観の側の態度によるものではない。[19] この種の絶対的な確実性には、気質《ディアテシス》[20]の絶対性という性格が含まれていないのである。ここには、「私はこういう者である。私がどうあるかは、そうやって決まっている。つまり、私はこういう者であり、別様ではありえない」という性格は含まれていない。実際に、言語で固定されたものが復活することで根拠づけが革新されるとき、その根拠づけが根を下ろしておらず、そのつど行われる確信を動機としてもつ場合にも、根拠づけの力は繰り返し同じようなものである。すると、こうした事柄をみずから確信している人間にとって、決定の確実性が実践的に有意義であることは、確かによくあるに違いない。だが、そうした人間が価値を置くものには、おそらくは苦労しなければ得られないような根拠づけられた確実性と、その根拠づけを手に入れることも含まれる。そして、そこには、他の人々を説得するために彼らに対して根拠づけを用いることができ、彼らもまたそのような確実性に価値を置くようになるだろう、等々という動機が結びついているのかもしれない。根拠づけられた判断とその根拠づけは、こうして利用可能な所有物と財産という性格を受け取るのであり、個人にとってだけでなく、共同体にとってもそうなるのである。一般的な関心がどのような源泉から生じたものであっても、人々は一般的な事象領域に対して、自然について、天体の運行について、神的な物事と人間的な物事について、確実性、すなわち「真理」を獲得しようとすることになり、さらには一定の順序に沿って、そうしようとする。するとそれによって、認識のための領分は、体系的な根拠づけ連関によって秩序づけられた知の領分になる。共有財産の体系として、また統一した共有財産としての体系化を通じて、「学問」がそのように生まれる――非本来的で緩い意味での「学問」ではあるが。このような学問が間主観的な堅固さや客観性をもつ理由は、その根拠づけが各人ごとに異なる具体的な心情の動機に基づいているからではなく、はるか昔から作り上げられてきた伝統に由来する、しっかりと全面的に根づいた確信に基づいているからである。特に神話や宗教から生じる動機がここでは決定的な力をもち、その力は（当該の文化圏のあり方を）全般的に決めてしまいさえする。しかし、そのような動機に支配された認識や、そこから発展した科学、例えば神学的な学問（占星術としてのバビロニア天文学など）は、真正で純粋な学問ではない。学問の第二の概念を獲得するためには、二つの判断を区別しなければならない。一方には、「完全に確実」であるような判断がある。これは、言い換えれば、私たちがそれを完全な意味において実現するかぎりでは、個人あるいは共同体において「絶対に確信」しているような判断である。さらに、このとき私たちは判断の根拠づけを確信しており、その判断には根拠づけによって絶対的な確実性がそなわっている。このとき、根拠づけは最終的には断固として確定された確実性にまで遡及することになる。他方には、「明証的」な判断がある。これは、そこで言明されたことの正確な意味に従って、事象や事象の連関それ自体が根源的に与えられることから汲み取られることを言明するような命題である。つまり、明証的な判断が主題とする対象を私たちがありありとそれ自体で経験し、それが現実にそのように存在することを経験しながら見ることによって、その対象が〔それ自体で与えられる〕。ここにどのような事情が成り立っているのかといえば、それは、それ自体で与えられた諸々の対象を、関係づける直観によって実際に一つにまとめ、その関係が実際に成り立っていることを見る、というものである。あるいは、何らかの確信が何らかの持続的確実性に対して、それ自体で与えられたものに合わせて規範として働き、それを確証することによって、その確信を確立するような根拠づけもある。あるいは、確信が直接的に洞察的で規範として働く命題からの洞察的な「推論」において、間接的に洞察的な仕方で動機づけられた確実な判断に至るという仕方で、その確信を確立するような根拠づけもある。こうした状況において動機づけるものは、あらゆる歩みにおいて洞察的なものであり、しかも真なる存在、真なる帰結もしくは真なる根拠を見ることにおいて洞察的なものである。真正な認識は確実性を目指した努力の充実であるが、その確実性はどんなものでもよいわけではない。目指されているのは、それ自体で与えられ、洞察的に動機づけられた真理に基づく確実性なのである。

動機づけ、つまり根拠づけ、そして洞察的判断は、ここでは判断思念が事象「それ自体」に、第一の意味での真なるものに適合することで、規範のもとに服することとして実行される。すなわち、洞察のうちでは、事象的なものが、つまり判断において思念され、判断において「それ自体で与えられるもの」が、本源的《オリジナル》にそこにあり、実現されている。主観は、事象それ自体のもとにあり、みずからが判断しながら見ることにおいて、つまり洞察することにおいて、事象それ自体を手にしている。非洞察的な判断思念が洞察に移行する際には、思念されたものとそれ自体で与えられたものの同一化が生じ、その同一化が規範として働く。こうして思念は存立する現実という性格を獲得し、「そうだ、それは本当にそうなっている」という性格を、規範に即した正しさ、第二の意味での真理という性格を獲得する。事象を通じて動機づけられた判断は、私が見るものを誰もが見ることができるかぎりで客観的に妥当するものであり、つまり間主観的に妥当するものである。個人や国民《ネーション》のどんな違いも、一般的に妥当してしっかりと根を張った伝統のどんな違いも超えて、共通のものが成立しており、それが共通の事象世界と呼ばれる。この世界は互いに交換可能な経験のうちで構成され、その結果、すべての人がすべての人と合意したり、同じものを見て、それに訴えたりすることができる。[*21] さしあたりはこのことと関連して、さらにはこのこと以外にも広がって、真理の領域が開かれている。誰もがこの領域を自分に見えるようにすることができる。つまり、誰もがそれを見て取ることによって、みずからのうちにそれを実現できる。どんな文化を出自とするどんな人も、友も敵も、ギリシア人もバルバロイも、[*22] 神の民《フォルク》の子も神と敵対する諸々の民《フォルク》の子も、誰でもそうである。こうしたことは最初のうちは自明なこととして、ともに交流するなかで生じるのであり、少なくともすべての人に共通するレアルな環境世界の範囲に関しては、そのようにして生じる。当たり前のことだが、経験の事実についての判断が規範を受け取るのは、経験される事象それ自体に即してであり、例えば太陽が昇るということ、雨が降ることなどに即してである。こうしたことはそれなりの確実性と真理をもっており、それらについては、どんな宗教にも依拠する必要はなく、経験される事象以外のいかなるものにも依拠する必要がない。しかし、誰もがまさにこうした最も身近な経験領域を超え出て判断するのであり、低い段階で私たちが客観的な確実性を固定する場合には、経験に由来する動機、一般的に事象に関する洞察に由来する動機と、価値の低い動機とが混合している。後者の動機は人格の奥深くにまで根を張っているので、それに疑いを向けることさえ、その人格そのものを「根こぎ」にしてしまいかねず、その動機を廃棄するには人格そのものを廃棄するしかないと思い込まれてしまう。そのため、この動機を廃棄しようとすると、感情的に激しく反発してしまうこともあるだろう。とはいえ、まさに分離されていないその混合物が力を発揮することがよくある。ただし、その混合物に含まれる本当の力の出所が洞察を通じて規範に服することであるなら、の話である。しかし、より高い段階にはまさに批判が属しており、その批判とは確実性の「他律的」な動機と自律的な動機を意識的に区別することである[23]。それはつまり、認識する主観が、ある判断を確実だと思うことに関して、心情によるどんな動機づけにも反対する態度をとることである（心情によって動機づけられるときには、例えば蓋然性が確実性に変換されることもありえ、したがって端的な存在ではなく蓋然的な存在が確実だと思われることもありえる[24]）。さらに言えば、批判とは、認識する主観が他の動機づけ、つまり「先入見」によるものにも反対する態度をとることである。そのような先入見は、いかなる洞察による規範にも服さない確信にすぎないのである。判断は真でなければならない、しかも事象に即して正当であらねばならない（つまり、本源的《オリジナル》に見て取られるべきものとしての「事象それ自体」への適合によって正当であらねばならない）。その際には、私や私の仲間がその判断を好むかどうか、その判断が私や私たちすべての「心根まで」届くかどうかは、どうでもよい。心根に用はない。考えられたことが正しいのは、私が自分のありように応じて、そして私たちが自分たちのありように応じて、そのように考えざるをえないからではない。むしろ、考えられたことが正しい場合にのみ、私たちの思考の働きそのものが正しいことが示される。そして、私たち自身が正しい認識主観であり、「それ自体で」正しい判断の方向性をしっかりとみずからのうちに引き受けている者であることが示されるのである。こうしたことは、いわゆる「理論的関心」、つまり真正な認識に欠かせない「純粋に理論的な態度」をも特徴づけている。それは「純粋に事象に即した」関心であり、あるがままの事象それ自体に向かっている。しかも、本来導きとなっている考えからすれば同じことだが、この関心は、規範にかなった正しい確実性や確信、さらに特定の言明だけに向かっている。その言明とは、いつでも規範にかなった正しい根拠づけによって（つまり、それ自身も規範にかなっているような足取りだけによって）、みずからの規範にかなった正しさを示すことができるようなものである。そうしたときにのみ「もの」との一致が実現され、こうした「もの」は、まさに根源的にそれ自体が与えられているという様相において、洞察する活動に「住みついている」。このような対照がなされず、こうした意味での規範にかなった正しさとしての真理への意識的な意志が見出されない場合には、認識と根拠づけが完全に正しいとは言えない。つまり、それらは真正な認識の態度において証示されうるわけではない。まさにそれゆえに、そのような場合の認識が真正な認識であると言えるのは、往々にしてそれらを素朴に形成した人にとってのことでしかない。理論的な関心もしくは理論的な構えが個々の事例や個々の人に限定されていると考えるのをやめて、むしろ、そうした真正な認識への喜びが人間の生の全般的な目的になり、つまり「使命」になると想定すれば、真正な学問が生じることになる。さらに、その目的が認識すべき領分に関して完全に全般的になる場合には、その目的が理論的に認識できるもの一般という宇宙を包摂することによって、哲学が生じることになる。実際に理論的関心は、おのずからそこに向かって駆り立てられている。というのも、真正な認識一般への喜びが生を規定するようになったなら、どんな答えも問いを開いたままにするか、新たな問いを開くことになるということが、ただちに示されるからである。つまり、ここでただちに示されるのは、いかなる事象も完全に孤立しているわけではなく、側面、部分、連関、依存関係をそなえており、それらは限定的な問いのなかには収められていなかったし、特定の答えによって解決済みになっているということもありえなかったということである。そうして、認識は「事象の連なり」のなかで前進していき、この連なりは、経験と洞察が結びつくことで、根拠づけの連関において、洞察によって規定され、新しい洞察によって常に拡張されるものとして意識される。

[B　ギリシアにおける哲学的文化形態の形成。真正な学問の二つの段階]

やはり、ここで真正な学問について、二つの段階が区別されるべきである。それは、実際に学問が構成されるのに先立つ段階と、実際に構成された学問という段階である。後者は、発展過程へと、規範的に正しく進行する認識の道へと入り込んでいく段階である。確かに、先行段階においてすでに理論的な関心だけが規定的な役割を果たしており、さまざまな先入見が批判的に退けられる。しかし、世界についての最初の完全に素朴な考察にそなわるのはまだきわめて不完全な明証であり、それはいかなる客観的な確実性も根拠づけない。ましてや、それが客観的に妥当する学問を根拠づけることなどない。私は世界について語る。というのも、理論的関心を最初に喚起するものは、経験が及ぶ範囲のうち日頃の行為や働きかけが収まるもののなかにはないからである。こうした具体的な実践は、まだいかなる学問への欲求も抱いていない。学問が形成され、技術的に実り豊かなものとして示されるようになって初めて、そうした学問が実践に学問的な欲求を呼び覚ますのである。具体的な経験が実践を導き、具体的で実践的な欲求によって、具体的な経験がどのような新しい道や特殊な道を選ぶのかが定められる。ここでは、すべてのことがなじみ深く、有益な知見を獲得する方法も同様である。こうして理論的な関心はあの日頃の経験が及ぶ範囲を超え出るのであり、さしあたりは例えば地理的な関心の芽生えとして、つまり他の土地、他の民族《フォルク》や習俗、他の政治的制度や宗教的イメージなどに向けられた関心の芽生えとして始まる。しかし、さらにこうしたことは、人間や事象の世界が終わることなく広がっている、という冷静で事象《ザッハリッヒ》に則した考えも必要としている。そこでは経験によって豊富に蓄えられた自然についての知見も関心を呼び起こすのであり、こうした知見は、さまざまな他の民族《フォルク》が定期的に観察するという経験を通じて集積してきたものである。たとえ宗教的な動機から生じているにしても、宗教的な理解をまとっているにしても、そうした知見は関心を呼び起こすのである。理論的な態度で世界を旅する者にとっては、こうした宗教的な装いは効力を失っている。というのも、そうした者自身は、それに見合った宗教的確信から縁遠くなっているからである。そうした動機をもったギリシア人の場合、理論的な考察の最高の普遍的に包括的な主題になるのは、謎に満ちた宇宙とその一般的な「原理」である。ギリシア人が獲得しようと志向していたのは、無限であり未知であるがゆえに謎めいている宇宙について、それを理解可能にするはずの一般的な思想である。しかも、それは事象に則《ザッハリッヒ》した理解を可能にするだろう。というのも、ここで問題になっているのは、一般的な思想といっても洞察可能な真理に関するものであり、そうした真理によって具体的な個別のものすべてに説明の光が差し込むことがありうるだろうからである。

　しかし、最初の「哲学者[*25]」たちのこうした洞察には、客観的な確実性を可能にするような力はなかったし、ましてやそうした確実性を無条件に根拠づける力はなかった。このような最初の素朴性という段階では、粗雑な類比が用いられており、つまりは直観的な表象の様式や日常的な経験領域の経験規則を宇宙という次元に転用することが行われていた。経験に結びついたどのような類比的解釈もそれなりの明証をもっており、それなりには事象による動機づけの力をもっているけれども、やはりそうした明証にはさまざまな段階が存在しており、きわめてわずかな力しかもたないものもある。そうした解釈に異なる複数のものがある場合には、互いに対立することがあるかもしれない（直接的な経験とそこから直接に汲み取られる帰納のあいだにも対立が生じることはありうるが、当然ながら、経験が拡張され、より正確になることで再び和解に至る）。新しく生まれた哲学は、どれも確かに、自分たちの一般的な思想とそこから引き出されるそれぞれの具体的な説明との調和を気遣っていた。しかし、理論的態度決定の自由は、純粋に事象に則した《ザッハリッヒ》態度を新しい学者たちのそれぞれにもたらした一方で、まさにこの段階において、それぞれの学者が新しい哲学を生み出すことを可能にし、結果として互いに両立しない多くの哲学を生み出すことを可能にしたのである。このような状況に動機づけられて、最終的には懐疑論が芽生えたのであり、この立場はおよそ「哲学」なるものの可能性を、つまり事象に則した《ザッハリッヒ》洞察において誰にでも無条件に共通に妥当するものとして確定されうるような客観的な真理と学問[*26]の可能性を疑うことになった。このことを通じて、そうした状況において唯一の必要なものを認識することに向かう思考の健全な転回が起こった。こうした転回は、素朴な哲学にはまだ真正な哲学ができないという偉大な認識をソクラテスに呼び起こしえたものであり、実際に呼び起こした。そして、その認識はプラトンにおいて完成された[*27]。ここで言う素朴な哲学とは、理論的関心の素朴な活動において働いている認識のことであり、真正な哲学とは純粋に事象に則した《ザッハリッヒ》態度をとって思考する者が自分とすべての者に必然的に義務として課されていると認めなければならないような事象に則した《ザッハリッヒ》妥当性の体系のことである。哲学が可能になるのは、ただ客観的に妥当する認識そのものの可能性の一般的な条件をあらかじめ批判的に検討することによってである。そこで完全な解明によって確立されなければならないのは、そのような客観的認識の意味、認識と認識されるものの関係、判断と真理の関係、つまり恣意的に得られた確信がもつ判断思念をそれ自体で与えられた事象に適合させることによって真理が得られるという関係、間接的根拠づけの本質、そしてそのような根拠づけに関する本質規範と方法といった事柄である。

言い換えれば、真正な学問がただちに始まることはありえず、それは「論理学的」、「認識論的」な熟慮によって初めて可能になる。本来は、論理学が方法についての中心的な学問として、一般学問論として基礎づけられている場合に、初めて真正な学問が可能なのである。あらゆる学問のうちの第一の学問であるこの学問論としての論理学は、必然的に自分自身へと再帰的に関係づけられている。論理学が洞察に初めて成功したなら、続いてそこから立ち返るような反省が生じて、その論理学に固有の経験が自分自身の打ち立てた規範に従っているという洞察を生み出すはずである。このことは、それ自体において必然的であるような発展の歩みであり、同時に、歴史的に実際にそうであったような歩みでもある。先行する段階の素朴な哲学のあとで本来的な哲学と学問が始まったが、それはソクラテスとプラトンによって方法についての反省がなされたことによる。プラトンの「ディアレクティケー」は、学問についての本質学の、つまり学問論の最初の基盤である。それ以来、のちの時代のどの哲学にも、真なる認識と学問の方法に関する学科としての論理学が属している。

実際、哲学とそこから枝分かれしたすべての特殊な学問が論理的批判に遡って、理想的には普遍的で完全な論理学に遡って関係することで、学問の性格が根本的に変化する。というのも、原理的には、このとき学問は、つまり純粋に理論的な関心によって動機づけられた思考は、その認識の素朴さを失っているからである。そうした学問の本質に欠かせないことだが、この素朴さの喪失は、真正な学問においては、認識が遂行される際の意識形式のうちにもはっきりと現れている。認識活動が学問的であるのは、それが証明済みで論理的規範に対応していると外野の批判者に認められるだけでなく、余すところなくすべての個別的段階において、規範にかなった正しさを反省的に捉える意識によって支えられている場合だけである[*28]。学者自身が、あらゆる段階でこの規範にかなった正しさを実際に確信しておかなければならず、素朴に体験した明証の一つ一つを反省的に吟味し、（論理学が適切な広がりをもつなら）明証のタイプと規範法則を参照しながら、この明証の有効範囲を原理的に確立しておかなければならない。学者は、自分自身が根拠づけていない命題を前提してはならないし、規範を与える推論法則を携えた上で推論の各段階に臨まないかぎり、間接的な根拠づけを行ってはならない。そしてこの場合、これらすべてに対して学者自身が一人で責任を負うのであり、自分自身の洞察だけが自分の認識を認識として引き受ける権利を与えるのである。技術的に正しい経験がここでどれほど機械化されても、また学問の進歩のために機械化がどれほど必要になるとしても、すでにその規範原理に従って正当化されている類似の認識の歩みが繰り返されるときには、いつでも習慣的な規範意識がともなわなければならない[*29]。この習慣的な規範意識は、これまでの洞察的な根拠づけから生まれ、実践的な確実性を示している。それは、正しさにかなった妥当性を本当に証明することができ、そのためその妥当性をどんな人を前にしても引き受けることができる、という確実性である。そうして初めて学問的な認識は共有財産となり、一度確立されたものは誰にとっても「客観的」に存立し、誰もが洞察でき、洞察することによって同じものとして引き継ぐことができるのである。こうしたことが可能になるのは、何よりもまず、根拠づけられた認識だけでなく根拠づけそのものを客観的に表現すること自体が学問の方法上の原則になることによってである。[*30]実際、根拠づけの表現が認識として本当に客観的なものになるのは、根拠づけの表現が、ただちに洞察できる要素のみによって構築された適切に完全なものであり、それによって誰もが根拠づけの全体の統一性を実際に洞察し、その規範にかなった正しさをみずから保証できるようになる場合だけである。[*31]しかし、それをあとから理解する人は誰でも、もし洞察力を完全に身につけているなら、最初の発見者と同等の立場にいる。発見者が獲得したものは、その人自身のためだけにあるのではない。むしろ、それはあとから理解しさえすれば誰でも同じものを獲得できるという意味で、あらゆる者のために獲得されたのである。[*32]

ここでさらに注意しなければならないのは、私たちが成熟した理念という意味での学問の本質を記述したということだ。しかし、その後のギリシアの科学や近代科学[*33]がこの理念にどんなに遅れをとろうとも、この理念は有効な理念として学問に植えつけられている。学問は、いつでもそれ自身のうちで、みずからがこの理想をすでに実現したと信じ込むかぎり、そのような理論においてのみ、本当の学問であると主張する。学問がこの点で誤りうること、そしてあらゆる段階で、それに気づかないところでも、その理念には遠く及ばないこと――なぜこのようになっているかというと、方法に関する原理的な反省、つまり学問論という反省がまだ十分に先に進んでおらず、学問の方法のある種の技術化がより深い洞察それ自身を阻害しているからである――は、それ自体が問題となる事柄であり、それはさらに議論されるべきことである。いずれにせよ、真正の学問への発展途上にある学問がもつ根本的な性格は、この理想に従って意識的に自己を形成し、方法に関する反省によって洞察的に規範を与えるタイプの学問、すなわち論理学的なタイプの学問を絶えず提示する、というものである。ギリシア人[*34]の永遠の栄光は、純粋に理論的な関心から成る文化形態として哲学をそもそも築いたことだけでなく、その双星ソクラテスとプラトンによって比類なき創造が成し遂げられたことでもある。それは論理的な学問という理念の創造であり、普遍的な学問論としての論理学、学問一般について規範を与える中心的な学問としての論理学という理念の創造である。こうして、ロゴスの概念は、自律的な理性という概念として、しかもさしあたりは理論的な理性、つまり「無私の」判断――純粋な洞察からの判断であるかぎりで、事象「そのもの」の声だけに耳を傾ける判断――の能力という概念として、その根源的な着想を手に入れ、さらには世界を作り変える力を手に入れる。そして、論理学の理念も、つまりすべての真正な学問のための「オルガノン」としての理性の学問の理念も、同様の着想と力を手に入れるのである。[*35]

ギリシアの民族《フォルク》のあいだで理論的関心が独立し、理論的理性の自律的な文化が根拠づけられた。だが、それだけでなく、美的関心とギリシアの芸術についても同じことがあてはまる。そのため、その文化生活全体があらゆる側面に関して、つまり、さまざまな種類の理性が割り当てられるさまざまな種類の作用によって規定されるあらゆる側面に関して、自由という一般的性格をもっている――確かに、そう述べることもできるだろう。しかし、文化全般が自由であるということは、他の文化と比較すると程度の問題でしかない（例えば、ギリシア以外でも自由な美的芸術の作品を見つけることができる）のに対して、「厳密な」学問に関しては事情が異なっている。そこでは新しいスタイルの認識文化が問題になっており、さらに言えば、人間集団一般をその生と活動全体に関して新しいレベルに引き上げることを使命とする文化が問題になっているのである。ギリシア人こそが、的確な（プラトン的な）意味での哲学の創造の結果として、ヨーロッパ文化に新しい種類の一般的な形式理念を植えつけたのであり、それによってヨーロッパ文化は学問的合理性に基づく合理的文化という、あるいは哲学的文化という一般的な形式的性格を帯びるようになったのである。もちろん、こうしたことは控えめに理解すべきである。ここで問題になっている形成は、実行に移されたあと、今も進行中なのである。これから述べるように、哲学的文化を形成するという理念は、それ自体で人々の意識のなかに登場するものではあるが、あとから――近代において――真正の目的理念に変容する。この目的理念は、全般的文化意志として、近代が自由に上昇する発展のうちにあるかぎり（啓蒙の時代）、近代の基本性格を規定している。

このことを明確にするために、次のように考察してみよう。ギリシアの学問は、個々の人間が、私たちが純粋に理論的と呼ぶ関心によって、事象の認識への、つまり洞察のなかで与えられる真理への純粋な愛によって動かされることで始まった。獲得した真理を持続的に固定し、文字で書かれた形で根拠づけることは、認識する者自身にとって、いつでもそれを再び洞察によって顕在化し、それを喜ぶことができるという目的をもつだけでなく、新しい真理の根拠づけのための有用な前提としても利用できる。そうすることで、獲得した真理は持続する所有物や財となる。同時に、そうして固定したものは他人への伝承にとっても有益であり、これによって他人の認識関心が喚起され、やがて同じ洞察と喜びを分かち合うようになる。認識を他人に伝達したからといって、自分が認識を使用できる自由や自分が得られる認識の喜びが制限されるわけではない。むしろ、反対に、精神的な財はこのときただちに共有財産となり、喜びは共通の喜びに、それゆえ二重の喜びになる。また同時に、認識の前進のためにそうやって認識が用いられることは、どんな場合にもただちに、それを伝達する者も豊かにする。このような理解しやすい事実は、文字で何かを表すことへの絶え間ない動機であり、また同時に、ある人々のあいだに関心の共通性を生み出している。これらの人々の関心の共通性の基盤は、すべての人が自分のものにできる同一の、それゆえ個人を超えた理念的な価値の共通性にある。そのため、利己的な関心が混入して「哲学的」努力の純粋さを妨げないかぎり、これらの人々はいかなる関心の抗争も知らない。こうして自然に広がっていく学問共同体と、そのなかで絶えず広がっていく精神的な共有物、つまり「哲学」は、認識の価値を越えて、新しい価値、それどころか、より高い価値を創造するが、この価値は学問そのものの価値に基づけられている。ここで生まれるのは、「倫理的」価値、あるいは人《パーソナル》としての価値、個人の価値や共同体の価値である。というのも、純粋に精神的な価値とその創造から個人が得る純粋な喜びゆえに、当人自身は人《パーソナル》としての価値を獲得するのであり、つまり哲学者という価値、「知を愛する人」という価値を獲得するからである。また、同じ心構えをもつ人がその当人とともに喜ぶことによって、当人は他の人にとっても価値をもつ。誰もがそれらの哲学者たちにそなわる人《パーソナル》としての価値に気づくのである。その価値は、知恵への愛によって、つまり自分の生を精神的な価値領域に絶え間なく向けることによって、その人にそなわっている。そして、さらに誰もが哲学者たちの開かれた成長する共同体に「参加しているという」感じを学び、そのような共同体の美しさに喜びを感じて、精神的価値の領域の拡大に皆で一緒に関わることを通じて、そのような共同体の価値に喜びを感じるのである。そうした価値に関しては、誰もがただ喜ぶだけでなく、協働してもいる。誰もが価値が上昇することに喜びを感じており、各個人が喜びのなかで、喜びを通じて、そうした価値の上昇を受け取っている。誰もが、他人を幸せにし、高めるものを要求することにおいて、自分の要求と自分の幸福を見出すようになる。そのような動機は、純粋な知恵への愛が利己的な虚栄心や学問上の貪欲に変わったあとにも、学問の実践的な有用性に由来する利己的な動機の変化が生じたあとにも、絶え間なく知らず知らずのうちに働いて、その力を発揮し続けるのである。

その際に、学問、すなわち哲学は、たとえ長くはないにしても、当面のあいだ「非実践的」な事柄であり、間主観的に共同体化された理論的関心から生まれた純粋な形成体であり、客観的な財の領域である。その領域が理論から離れて有用であるかどうかは問われることがないし、いずれにせよ、その領域はもともと、そのような有用性という価値を見積もって生産する動機を何も提供しない。実際、当初関心を支配していた宇宙論的な問題や理論は、やたらと広い一般性と原始的な曖昧さのうちにあって、抽象的な高みへと進んでいった。そこでは、人間の実践のあらゆる領域がはるか下方に取り残され、その結果、実践的な評価の可能性をめぐるどんな考えも遠ざけられていた。

にもかかわらず、純粋に理論的な態度での認識が広い認識領域でその力を試し、印象的な理論に結実することがひとたびあれば、その認識は他の認識領域も支配することになったに違いない。認識がすでに得られている場合には、あるいは認識の活動が何らかの動機から行われる場合には、いつでも「哲学的に」思考するという新しい習慣《ハビトゥス》が優位なものとして効力をもったはずである。そして、何より、そうやって人間の実践と実践理性の領域も哲学の問題として引き受けることが可能になった。哲学が実践に着目したこと、すなわち実践が理論的関心のなかに取り込まれたことは、歴史的に見れば、哲学の発展の最も重要な点である。なぜなら、この転回によって初めて、論理学と論理学によって規範を与えられた哲学の根拠づけが動機づけられたからである。しかしそれだけでなく、普遍的な哲学、つまり存在と当為、事実と規範を包括する哲学の根拠づけもまたここから始まったのであり、さらには哲学的理性に基づく生としての哲学的で真に人間的《ヒューマン》な人間の生という理念の創造もここから始まったのである。さまざまな宇宙論的な哲学が対立するなかで、ソフィストの議論は、その懐疑的理論を逆説という形で作り上げるための拠り所を求めていた。その理論は、いかなる哲学的理論も本当は妥当しえないということを哲学的理論という形で根拠づけようとした。しかも、このような理論上の不条理は、実践的な狙いをもっていた。というのも、ソフィストの議論は、本質的に実践的な態度に基づくものだったからである。哲学は真理を与えるものではないが、その概念と議論の形式は政治的な弁論にとって非常に有用な技術だというのである。しかし、実践的に有用なものに向かうこうした方向性は、真に理性的な生活実践は理論的な理性的考慮によって（つまり、純粋に理論的な態度への、さらにはあらかじめ形成された理論的な哲学への移行において）根拠づけられる、という考えに基づくものではなかった。実際には、そうした方向性によって、客観的に妥当する認識や学問の可能性が否定されたのである。懐疑論に対するソクラテスの反応がまさしく何を意味するのかを考えてみよう。確かに、ソクラテスも理論的な哲学者ではなく、実践家であろうとしている。というのも、彼にとって最も大事なのは、理論的な認識ではなく、むしろ人生を理性的に導くことだからである。しかしソクラテスは、理性的で、それゆえ真に満足できる人間の生は、ただ哲学的な生としてのみ可能である、と考えている。よりはっきりと言えば、哲学しながら——純粋に理論的な態度に移行しながら——自分の人生とそれを動かしている目的について熟慮する者だけが、つまり純粋に理論的な態度で、本当は何が美しく何が美しくないのか、何が高貴で何が卑俗なのか、何が正しく何が正しくないのか、何が善く何が悪いのかを洞察し、そのように哲学しながら実践理性の真の規範を認識する者だけが、そうした規範に意識的に導かれて、自分の人生を本当に実践的に理性的なものとして躍動させることができる。こうした考えは、本当に哲学というものが存在するということを、しかも理性的な生の実践についての哲学というものが存在するということを含んでいる。そのような哲学には、価値の哲学も含まれる。しかし、哲学は、あくまでも理性的な実践の機能の一つであり、そうした実践にその真の目的を認識させてくれる器官《オルガン》なのである。真正な知識のあとには行為が続く。真正な知識のあとには、というのは、つまりこういうことである。みずからの理論的な理性の仕事によって規範を完全に明晰なものへと仕上げた者だけが、あの真正な知識を手にし、それが意志を実際に動機づけるのである。

この方向転換に、まず倫理学の発展の萌芽があることは言うまでもない。さらに、ここにはもう一つ萌芽があり、それは素朴な行為を乗り越えて、さしあたりそれを抑止する自由な省察を哲学者の素朴な行為にあてはめることの萌芽である。つまり、そこでは哲学それ自身における無批判に素朴な理論的営為が省察されつつある。真正な認識する行為、真正な哲学する営みは、最高の自己責任という倫理的な心構えにおいて、まず哲学の営みの原理的な目標を求め、それからこの目標のために可能な方法を探究する省察を必要としている。このことが、プラトンにおいて論理学への、それとともに厳密学としての哲学への方向転換がなされたことの意味である。しかし同時に、ソクラテスとプラトンの方向転換には、さらなる発展の萌芽がある。すべての行為、言い換えれば具体的な人間生活の全体を原理的な倫理的規範（一言で言えば、定言命法）に関係づけるだけでは十分ではない。ここでは、形式的なままとどまるような倫理上の原理論だけでなく、全般的に包括するような理論的な学問も必要である。この学問は、理論的に認識できるものの領域全体を探究し、体系的に結びついた多様な個別科学において展開される。すなわち、ここで必要なのは、具体的に実施されうるような、できるかぎり完全に理性的に生きるという指導理念のもとにある学問であり、できるかぎり完全で、できるかぎり満足した生を存分に生きる人間集団という指導理念のもとにある学問である。[*36] とりわけ、個々の人間の理性的生についての形式的な原理論としての単なる個人倫理学を超えて、社会倫理学が必要とされている。それをできるかぎり具体的に実行することで初めて、あらゆる個人の行為に具体的な規範を与えることが可能になるのである。では、おのずから社会的なものである理性的な人間の生が、理性の形式的理念によって指定される一般的な規範形式の内部において、次第に向上して完全なものになっていくためには、何が必要なのだろうか。このことを深く検討するときには、まさに普遍的哲学が欠かせないものになる。

　さしあたり社会倫理学の理念に関して問題になっているのが何かをよりはっきりと言えば、それは、理性の規範に従ってみずからの全生活を形作る人間集団としての共同体化された人間集団についての規範的学問である。[*37] この学問は、プラトンの「国家」において、不完全であるとはいえ、すでに強力な最初の突破に至った。なぜなら、彼の構想した国家《ステート》の理想からの自然な帰結として、理性の絶対的規範は何らかのポリスに対してだけでなく、文化を創造する共同体関係によって統一される人間集団全体に対して成り立つからである。そしてそのさらなる帰結として、この人間集団は、もし真かつ真正な人間集団にならなければならないのだとすれば、自律的理性に導かれた人間集団へと、つまり真正な普遍的哲学という理性の客観化された形態に導かれた人間集団へと組織化される必要があるからである。一人の人間と同様に、人間集団も自分自身だけを導くことができる。一人の人間が真正な人間になることができるのは、もっぱら、その人がこの真正さという規範的観念と規範にかなって正常な生活[*38]という理念を意識的に形作り、この理念を定言命法として、自分の生をそれに進んで従わせることによってのみである。それと同様に、人間集団が理性的になることができるのは、もっぱら、その人間集団がそれがもつ人のような生全体を規範的に形作る人間集団という理念によって、一般的な意識において導かれており、これらの規範の特定の内実を意識的にみずから作り上げることによってのみである。この理念が、この影響力ある実践的な目的理念が、ヨーロッパの無限に開かれた人間集団のなかに歴史的に根づくべくして実際に根づいたのだとしたら、それはどのようにしてだろうか。こうしたことこそが問題である。

しかし、さしあたり、このような理性理念の影響力が形成されたこと、しかもすでに構成された哲学を基礎として形成されたことは、歴史的事実として現にそうであるのみならず、十分に理解できることでもある。ギリシア人は、哲学的学問（全般的にすべてを包括し、論理的に形を整えることによって絶対的に正当化された学問）という理念を十分に実現できたわけではなかった。というのも、当時は、実際のところ「哲学」は対立し合う多数の哲学を表す呼称だったからである。にもかかわらず、彼らの偉大な印象深い諸体系は、単にそれだけのものとしてではなく、それらが代表している理念全体のゆえに、ギリシアの文化生活において圧倒的な力を獲得したのである。これらの哲学は、どれも真正な人間のイメージを哲学者のイメージとして、すなわち、ただ理性だけによって、つまり哲学によって自分の全生涯に真正な規範を与える人間というイメージとして描いている。それどころか、いわば誰もが実際に哲学者になろうとしており、少なくとも形式に関しては、この人間性《ヒューマニティ》の理想を承認し、それを自分のうちで実現しようとしている。このような意志と一体になっている一般に支配的な確信は、個々人とそのあらゆる活動と作品を包括する共同体の生が真に理性的であるためには、哲学的な規範に従っていなければならない、というものである。哲学の名のもとでは、自由な理性に基づく厳密学の理念が、包括的ですべてを支配する文化理念である。ただし、そうであるのは、まさに実際にギリシア的な精神の様式が優勢であるかぎりでのことであって、しかも中世、したがって伝統主義の宗教文化の潮流、心情的動機に支配されたキリスト教の宗教運動といったものが侵入してきてギリシア文化の理念と混じり合わないかぎりでのことである。ギリシア文化の理念の影響は、その後新しく登場したユダヤ教やキリスト教の神学にも依然として現れており、宗教的確信を哲学によって認識内容として形成し、可能なら、それを「自然な」理性の前で正当化しようとする試みにも依然として現れている。しかし、これまで説明してきたように、自然な理性でさえ、「中世」（という語で私たちが表現する類型）にとっては、独立してそれ自身のうちに安住する権威はもっていないし、あらゆるものに対して、したがって宗教の内容に対しても、妥当の正しさと限界について規範を与えるような権威はもっていない。「中世」にとって、自然な理性は、せいぜい信仰という先行する権威から派生した権威しかもたないのである。

〔C　中世と近代における哲学的な文化形態の発展〕

こうして、中世の精神の発展とともに生じる途方もない変化が理解できる。自由な人間文化という古代の精神、すなわち純粋なギリシア文化を支えた真の人間性《ヒューマニティ》の理念、自由な哲学的理性に根差す真正な文化の生という理念は、その力を失い、一般的な意識の要素であることをやめてしまう。以前は、哲学者が（真正な人間性の形式を、その理念に即して代表する原理としての）自由な理性という支配的な規範原理の代表者であった。これに対して、今や、すべての規範は神の国という新しい根本原理に属し、司祭がその原理を代表することになる。哲学的共同体はいわば共産主義的で、その指導的理念はいかなる包括的な社会的意志によっても支えられていなかった。*39 これに対して、今やそれに対応する共同体、つまり司祭の共同体は帝国主義的であり、統一的な意志によって支配されている。神の国という彼らの理念は、彼らによって中世の共同体の生全体に規範を与える目的理念として組み込まれ、彼らを通じて文化運動に関する実践を一般に規定するものになっている。そうなるのも、大衆の意識において彼らが権威的な位置を占めているためである。

しかし、ヨーロッパの人間集団は、中世においても古代の人間集団と完全に連続している。このことを何よりも示しているのは、ギリシア哲学が精神生活に形式を与えるものとして働き続けているということである――たとえギリシア哲学の最も深い形式の意味が上述のように誤って解釈されたり、隠蔽されたりしているのだとしても。ただし、精神的な意味の変化は、みずからのうちに変化の志向性をもち、回帰の動機をまだ効力のある形で、ひそかに保持している。理性の自然な光は――それが遮断されていないところでは――、たとえ超自然的な光の発露として神秘的に解釈されるときでさえ、自然の光であることを、おのずから輝くことをやめない。さらに、このような解釈が再び崩れることもある。人間集団の生の統一のなかで、失われたとされる文化の理念が本当に失われることは決してなく、過去の生の形式や生の原理が本当に取り返しのつかないほど沈むこともない。統一的な人間集団は、個々の人間のように、統一された記憶をもつ。古い伝統は、再び生き生きとし、再び動機づけることができるようになる。そして、古い伝統は、半分しか理解されていないにしても、完全に理解されているにしても、もともとの形であれ、作り変えられた形であれ、再び効力をもつことができるようになる。古代の精神の再生《ルネサンス》や、歴史上の事実的な動機を、具体的な発展の連関のなかで、個別の点において立証するのは、歴史家の仕事である。ここで私たちの興味を引くのは、実際にそのような再生《ルネサンス》が、ここでは純粋に精神的な意味で理解されるべき偉大な自由の運動として起こったことである。それゆえ、古い文化の理念が再び生きとし、中世の文化理念をその王座から追い落とす。教会と神学が人間集団の支配的な文化精神を代表するものではなくなり、そこに生じて中心となっている目的理念は、もはや教会と神学を通じたヨーロッパの人間集団の目的理念であることをやめ、単なる教会の教義と教会の神学の在庫として、かろうじて生き長らえる。教会は、今や他の文化領域と並ぶ一つの文化領域を代表しているにすぎない。そこで堅持される「神の国」の理念に対して教会の教義と神学が要求できるのは、せいぜいのところ、教会、つまり司祭の共同体がもはやできもしないのに周囲世界に刻み込もうとしている規範であることでしかない。それ以来、教会は原理的には中世の革新[*40]のために闘ってきたが、中世が現実的なものであるのは、すべての人がこの理念を直接的あるいは間接的に実践的に承認し、みずから進んでそれに奉仕するかぎりにおいてのみである。

もちろん、これは近代の人間集団と文化の葛藤も特徴づけている。その後の数世紀にわたって、教会は時代精神に影響を及ぼしており、一般的な文化的な心構えのなかで萎《しぼ》んだり膨《ふく》らんだりする傾向を、つまり近代においてときおり強まるような中世の精神のか細い流れを代表している。しかし、教会が宗教・社会的に、神学・文学的に影響を与えたとしても、全面に及ぶほどの力を中世の理念に与えることはできない。文化闘争以降の政治的なカトリシズム[*41]さえ、大きな政党のなかで生き生きした確信のまとまった統一を意味するには至っていない。つまり、神の国という実際に内面を支配する理念によって、まとまった統一を意味するには至っていないのである。

1　突破口としての近代。つまり、先立って与えられた理論的・実践的な確信のすべてに対して自己責任に基づいた態度をとる全般的な心構えという突破口としての近代——自由の運動、しかも哲学的な自由の運動および宗教的な自由の運動としての近代。哲学的な自由の運動とは、古代の文化の生の再生《ルネサンス》、つまり哲学的理性（学問）に基づく理性的な人間の生の再生《ルネサンス》のことである。そして、宗教的な自由の運動とは、古代キリスト教的な（あるいは古代キリスト教的と考えられている）宗教的理想――根源的な宗教的経験、根源的な信仰の源に根差す宗教――の再生《ルネサンス》のことである。両者は、最初は親しかったが、必然的に袂《たもと》を分かつことになる。宗教改革にとって、信仰のうちにこそ、すべての規範を結束する究極の権威がある。しかし、哲学にとって、信仰はせいぜい認識の源泉の一つであり、他の認識の源泉と同様に自由な批判に付される。哲学は絶対的に独立しており、「理性」は信仰やその正しさの限界に対してさえ規範原理である。哲学的な自由からすれば、宗教は独自の批判的哲学の、宗教哲学の主題である。この宗教哲学は、神学のやり方に則って、信仰に根差して、信仰のなかで究極の規範を負わされるのではなく、むしろ信仰そのものに規範を定める。理性批判の展開のなかには、倫理的理性や宗教的理性についての特有の批判がある。こうした批判は、この倫理的・宗教的理性の本質と可能な限界を、まずもって確定しなければならない。そして、こうした批判は、宗教的な経験を事実として見出したとしても、やはり批判の自由のもとで、その経験の正しさと限界を規定することを要求する。自由な理性の精神、古代的な精神の自由の再生《ルネサンス》、つまり哲学の精神は勝利し、近代そのものの精神となる。

２　信仰に関するこの「近代的《モダン》」な態度[*42]は、宗教的経験としての信仰の拒絶を意味しないし、その本質的な信仰内容の拒絶も意味しない。とはいえ、この態度は、イエスやノーを言う自由、すなわち無神論の支持を決断する自由についての要求を意味する（このことは、学問自身が批判的考察において、数学的な事柄について自由に批判する態度を要求するのと同様である。既存の見解を受け入れることに先立つこの自由は、２×２＝４に対してイエスやノーと言うことさえ意味している）。しかし、もちろん理性の自律は、すべての決定に先立つ義務の拒絶を意味しており、つまり自由な批判に先立って教会の権威や信仰そのものの権威に基づいて信仰の内容を受け入れるという義務の拒絶を意味している。そして、中世に対する態度決定が、まさにそのようなことを意味している――それゆえ、この態度決定は近代に特徴的である。

３　近代を他から区別するのは、古代における哲学ないし学問があらゆる権威やあらゆる妥当一般の源泉としての理性の自律を代表する際の様式である。しかも、この区別は古代と近代の学問の違いに基づく。近代は、その自由な理性を古代の学問の伝統にも依拠して働かせる。しかし、それらの伝統はすべて、哲学という名のもとで、相互に矛盾した構想のまま、近代に再びまとわりつく。哲学が見出す個別科学のうち、一つだけ、古代にすでに一般に認められていて、複数の哲学のあいだの論争に巻き込まれることもなく、さまざまな体系において互いに矛盾した異なる叙述を見出すこともなかったものがある。それは数学である。[*43]

始まったばかりの近代は、数学を現実的かつ真正な学問の原型とみなす。近代はそれをさらに発展させただけではない。近代は、純粋理性に根差して生を自由に形作ることへの巨大な力をもって燃え上がる意志を、世界の学問的秩序へと向け変える。古代において狭く限定された数学的問題の領域と狭く限定された方法論において行われたことは、近代においては単に始まりにすぎない。近代は、大胆にも普遍数学を求め、その方法を最も自由に論理的に形成するために努力する。事情は古代における厳密な自然学のささやかな始まりと同じである——普遍的な自然科学、自然一般の普遍的な法則、幾何学を手本に構想される普遍的な演繹体系を目指す数学的自然科学が目標となり、実際にこうしたスタイルの自然科学をあらゆるものを克服する力で立ち上げることに成功したのである。それはちょうど、それに先立つ数学における成功と同じである。経験によって得られる自然の無限に多様な事実はその個別性を失い、すべてのレアルに可能な事実[*44]は限られた数の根本法則のうちに含まれ、そうした根本法則には無限に多様な法則が単なる演繹的帰結として含まれ、根本法則から演繹的かつ系統的に導出される。レアルな可能性に関するこうした法則の体系には、すべての事実と経験的な規則性を説明するための根拠が含まれている。まさにこうしたことをもって区別されるのが、説明的な法則についての学問としての純粋物理学の発見という課題と、経験的な事実をその合理的な（物理学的な）説明のために記述するという課題である。数学と自然科学を最初から貫いている普遍主義的な傾向は、近代の哲学と学問の一般的な特徴を示している。それはプラトンにおける哲学の理念のなかにすでにあった。しかし、あくまでも古代においては、普遍的で十分に計画された統一でもってすべてを認識することへの意志、つまりさまざまな領域を体系的な作業のうちに受け入れて、個々のそのような領域のどれをも普遍的な問題設定と方法によって完全に包含する厳密学への意志は、哲学のすべてを支配してはいなかったのである。

そして、近代を導く理想は、普遍的な学問というただそれだけの理想ではなく、究極の原理から厳密に説明し、あらゆる段階でみずからを究極的に正当化する普遍的な学問という理想である。少なくとも実践的には、近代が手にした成功は、途方もない諸科学をきわめて強固な形態で、しかも理論理性から派生すると同時に理論理性を納得させるような強固な形態で作り出す、というものである。その形態はあまりにも強固なので、いかなる懐疑論もこれらの科学の妥当の客観性に疑いを投げかけることはできない。幾何学や新しい数学的自然科学を模範にして、近代は同じ客観性、同じ厳格な説得力をもつ普遍学を作り出そうとしている。近代科学の運動の頂点には、ベーコンの大刷新[*45]が、一般的な諸原理に基づいて科学的課題を諸科学から成る一つの体系に配分する試みとして聳《そび》え立ち、またその頂点にはデカルトの普遍学の理念が聳え立つ。その普遍学とは、いわゆる個別科学のすべてがそこから分岐し、理性が一つであるのと同じく一つであり、すべての認識はそこから生じたのである。

4　絶対的な正当化の理念。理性批判[⑤]。

5　理性に基づく普遍的な文化という実践的な理念。プラトン的な理想の最高の実現。単なる理想ではなく、共同意志としての普遍的な意志、エンテレキー[⑥]。

原注・編者注

（1）〔編者注〕『改造』のための未公刊に終わった論文。一九二二／二三年。
（2）この第一の類型には特別な名前があってしかるべきだろう。ここでの文化は、「自然に生じた」文化だろうか。いや、もっと適切に！
（3）〔編者注〕この点に関連して、附論Ⅳを参照。
（4）〔編者注〕この節に関連して、附論Ⅴを参照。
（5）〔編者注〕この点に関連して、附論ⅥとⅦを参照。
（6）〔編者注〕この点に関連して、附論Ⅷを参照。附論ⅨとⅩも参照のこと。

訳注

＊1　「神の国（civitas dei）」は、伝統的には、アウグスティヌス『神の国』で論じられている、神が支配し、神に選ばれた人々が住むことを予定された天上の国（あるいは都市）を指す。フッサールがここで言う「古代バビロニア」がどの王朝を指すのかは不明だが、いずれにせよバビロニアの宗教は多神教だった。しかし、アウグスティヌスは、イェルサレムと対比して、バビロンを「悪魔の国（あるいは都市）（civitas diaboli）」と呼んでいる（『神の国』第一七巻第一六章）。こうしたことを考えると、「古代バビロニアの文化が、すでに神の国という実践的理念のうちで生きていた」というフッサールの言い方は、少なくともキリスト教の伝統からは逸脱していると言える。のちの箇所（一四六頁）にも見られるように、フッサールはあらゆる文化的営みが宗教的規範のもとに服するような共同体、あるいはそうした共同体の生の理念を「神の国」と呼んでいる。
＊2　「エンテレキー（Entelechie）」は、「そのもののあり方を発現しきった状態」を意味するギリシア語「エンテレケイア（entelecheia）」に由来する（アリストテレス『自然学』第三巻第一章、内山勝利訳、

『アリストテレス全集』第四巻、岩波書店、二〇一七年、一一六―一二二頁を参照)。そして、フッサールとも親交のあったハンス・ドリーシュ(一八六七―一九四一年)は、『有機体の哲学』(一九〇九年)などにおいて、アリストテレスの「エンテレケイア」概念を転用して、独自の有機体論を展開していた。これに対して、フッサールは、目下の箇所で、生物個体としての有機体ではなく、複数の人間から成る共同体の「エンテレキー」を論じている。同様の見方は、『ヨーロッパ諸学の危機と超越論的現象学』第六節(Hua VI, S. 12-14)でも保持されている。

＊3　ペイディアス(前四九〇頃―前四三〇年頃)は、パルテノン神殿建設の総監督を務めたとされるアテナイの彫刻家。

＊4　これ以降の箇所で、フッサールは、おおまかにはどれも「民」や「人民」と訳すことができるような意味でNationとVolkという語を用いている。原語の違いをはっきりさせるため、二つの語がとりわけ入り乱れるこの段落ではNationを「民」、Volkを「民族」と訳した上で、それぞれに「ネーション」と「フォルク」とルビを振った。

＊5　宗教史の文脈で「精神化(Vergeistigung)」という語をしばしば用いたフッサールの同時代人に、エルンスト・トレルチ(一八六五―一九二三年)がいる。例えば「キリスト教と宗教史(Christentum und Religionsgeschichte)」(一八九七年)で、トレルチは「あらゆる偉大な宗教」の発展に共通に見られる特徴として、「内面化、道徳化、個人化」と並んで精神化を挙げている(Ernst Troeltsch, *Gesammelte Schriften*, Bd. 2, Tübingen: J. C. B. Mohr, 1913, S. 353)。この文脈で言う精神化とは、自然現象のうちに神性を見て取る多神教の段階から神を精神的な全一的存在とみなす一神教への発展を特徴づける概念である。また、トレルチは「宗教と教会(Religion und Kirche)」(一八九五年)では、プロテスタンティズムを教会の内面化と精神化によって特徴づけてもいる(Ebd., S. 170)。フッサールとトレルチの関係については、一九二三年に死去したトレルチの後任としてフッサールがベルリン大学に教授として招かれ

たものの最終的には辞退したことがよく知られているが、フッサールがトレルチの著作をどの程度読んでいたのかは明らかではない（しかし、トレルチは同時代を代表するルター派の神学者・宗教史家であり、ルター派の信仰をもち、神学にも関心のあったフッサールが彼の著作をまったく読んでいなかったとは考えにくい）。

＊6 「追感得」と訳したドイツ語の Nachfühlung は、「あとから、追って（nach）感得する（fühlen）」という意識作用を意味している。目下の箇所で感得されるものとして想定されているのは、宗教的経験において感じられている価値、およびそこに含まれる動機づけの力である。なお、動機づけの追感得については一九一〇年頃の草稿（Hua XIII, S. 96）で、そして価値の追感得については一九二〇年頃の草稿（Hua XLII, S. 516）で、すでに論じられている。

＊7 ここで「ユダヤの国の民族」と訳したフレーズの原語は jüdische Staatsnation である。

＊8 一九二〇年代のフッサールは、『論理学研究』第一巻とは違い、「技術学（Technologie）」を実用的な関心に基づく学科という狭い意味での「技術論（Kunstlehre）」から区別する（技術論全般については、第三論文の訳注＊1を参照）。何らかの目的の実現に寄与する「実践的指令の体系」としての狭い意味での技術論とは違って、「技術学（Technologie）」もしくは「純粋に学問的なディシプリンとしての技術論」は、特定の実践の分野における目的・手段関係と規範を理論的関心に基づいて探究する学問を意味する（Hua XXXVII, S. 23）。さらに、本文で言及されている「普遍的な技術学」は、特定の分野に限定されず、実践一般を探究する学問である。

＊9 少なくともこの箇所では、フッサールは「知性（Verstand）」を「理性（Vernunft）」とあまり区別せずに用いていると考えられる。そのため、この箇所での「自然な人間知性」は、少しあとに登場する「自然な理性」とおおむね同じ意味で用いられていると判断できる。

＊10 「超国家的（übernational）」に含まれる「超（über-）」は、「……を超えた」という意味で用いられ

ている。

＊11 フッサールは、ヨーロッパ文化の歴史をあくまでも歴史の類型（Typus）として論じている。そのため、フッサールが描いてみせる歴史が不正確ないし一面的であったとしても、そのような類型があるという主張そのものがただちに切り崩されるわけではない。同様の点について、附論Ⅳの訳注＊1を参照。

＊12 ここで登場する、一人一人の人間に固有の具体的な定言命法という考え方は、カントからの明確な離反を示している。この離反に関しては、ゲオルク・ジンメル（一八五八－一九一八年）のカント批判と「個人的法則」の概念の影響が指摘されている。フッサールは、早い時期からジンメルの著作に親しんでいた（Andrea Staiti, „Husserls Liebesethik im südwestdeutschen neukantianischen Kontext“, *Phänomenologische Forschungen*, 2018, S. 151-168 および Georg Simmel, „Das individuelle Gesetz“, in *Gesamtausgabe*, Bd. 16, herausgegeben von Gregor Fitzi und Otthein Rammstedt, Frankfurt am Main: Suhrkamp, 1999 を参照）。

＊13 持続的な状態としての「判断すること（Urteilen）」を「確信すること（Überzeugen）」としての判断と意識作用としての判断に区分する議論は、ライナッハが一九一一年の論考「否定判断の理論について」で展開したものである（Adolf Reinach, „Zur Theorie des negativen Urteils“, in *Sämtliche Werke*, herausgegeben von Karl Schuhmann und Barry Smith, Bd. 1, München: Philosophia Verlag, 1989, S. 95-140）。ライナッハは、この論考が下敷きにしていると推定される教授資格申請論文「判断の本質と体系」（現在は散逸）をフッサールのもとでゲッティンゲン大学に提出している。ただし、確信を習慣によって特徴づけるという発想はライナッハには見られず、この点にフッサールの独自性を認めることもできるだろう。また、意識作用としての判断をライナッハは「主張（Behauptung）」と呼び、それを（持続的ではないという意味で）瞬間的なものと特徴づけたが、少なくともフッサールはここではそのような見解を明示的には採用していない。

＊14　ここでの「判断（Urteil）」は、判断するという意識作用ではなく、複数の判断作用が共有し、論理学の第一義的な対象となる判断内容のこと。『論理学研究』では（ボルツァーノを踏まえて）「命題（Satz）」と呼ばれていた判断内容を「判断」と呼ぶ用語法は、『形式的論理学と超越論的論理学』（一九二九年）にも引き継がれる。

＊15　知覚を判断の一種とみなす見解は、ブレンターノが表明していた（Franz Brentano, *Psychologie vom empirischen Standpunkt* (1874), herausgegeben von Oskar Kraus, Leipzig: Felix Meiner, 1924 を参照）。こうした発想は、少なくとも『論理学研究』や『イデーンⅠ』のフッサールには見られない。

＊16　判断の様相化（Modalisierung）について、フッサールは没後に出版された『経験と判断』第二編第三章で詳しく論じている（Edmund Husserl, *Erfahrung und Urteil: Untersuchungen zur Genealogie der Logik*, ausgearbeitet und herausgegeben von Ludwig Landgrebe, Prag: Academia, 1939, S. 325-380）。

＊17　判断を行為の一種とみなす発想は、第三論文で完全な倫理学は論理学をそのうちに含むと主張する際にも登場していた（八三頁）。

＊18「断固として（ein für allemal）」というフレーズは、『形式的論理学と超越論的論理学』第七七節や第九五節などにも登場する（Hua XVII, S. 202, 243）。それらの箇所では、真理あるいは世界の存在が「誰が何と言おうとも」誰に対しても成り立つ、という意味で客観的であることを表現するために、このフレーズが用いられている。

＊19　フッサールは、例えば『イデーンⅠ』第一〇三節および第一〇四節において、知覚や判断などの理論的認識における信念がさまざまな様相（確実性、必然性、可能性、蓋然性など）をもつことの解明を現象学の課題としている（Hua III/1, S. 238-242）。それと並行的に、一九一四年の倫理学講義では、意志における信念の様相の解明も課題となることがあり（Hua XXVIII, S. 112-125）、この文脈でも意志の確実性

の構造が分析されている。以上の点については、前注＊16も参照のこと。

＊20　ここで「気質」と訳したδιάθεσιςは、アリストテレスが『ニコマコス倫理学』第二巻（一一〇七b）で徳を論じる際に用いた語である。

＊21　客観的な世界を構成する経験は複数の主観のあいだで「交換（Austausch）」できるという主張を、フッサールは『形式的論理学と超越論的論理学』第九五節でも表明する（Hua XVII, S. 243-244）。

＊22　「バルバロイ」は、ギリシア語のβάρβαροιに由来する言葉で、もともとはギリシア語を解さない人々を指していたが、転じて「野蛮人」という意味で用いられるようになった。

＊23　フッサールは、『イデーンII』第五六節において、理性的動機づけと連合的動機づけを区別している（この点については、第一論文の訳注＊20も参照）。ここでは、前者が「自律的動機」、後者が「他律的動機」と呼ばれ、両者を区別することが「批判」と呼ばれている。

＊24　ここでは、心情によって動機づけられて蓋然的なことを確実とみなすことが、もっぱら否定的な観点から論じられている。しかし、フッサールは、一九二三年二月に成立した草稿「生の価値、世界の価値」で、同様の態度に肯定的な側面も認めている（Hua XLII, S. 323）。この草稿に従えば、蓋然性を過大評価して確実性であるかのようにみなすことは、理論的には非難されるべきだが、実践的に要求されることがある。これはフッサールにおける「実践理性の要請」（カント）の解釈に関わっており、この点については、「フィヒテの人間の理想」の訳注＊15を参照。

＊25　最初の哲学者ということでフッサールが具体的に誰のことを念頭に置いているのかは完全には判然としないが、おそらくイオニアの自然学者たちだと考えられる。

＊26　「唯一の必要なもの（unum necessarium）」というフレーズは、新約聖書の以下の箇所に由来するラテン語の慣用句（引用は新共同訳に基づく）。「マルタ、マルタ、あなたは多くのことに思い悩み、心を乱している。しかし、必要なことはただ一つだけである」（『ルカによる福音書』一〇・四一―四二）。

＊27　ソクラテスとプラトンに関して、ここで示されたのと同様の見解を、フッサールは『第一哲学』講義（一九二三／二四年冬学期）でも示している（Hua VII, S. 11-13）。また、プラトンのディアレクティケー（問答法）が学問論の始まりであるという所見についても、フッサールは『第一哲学』講義で、より詳しく論じ、ディアレクティケーの理念には認識論への要求が暗黙のうちに含まれる、と主張している（Hua VII, S. 17-44）。

＊28　『論理学研究』第一巻第六節によれば、学問的な認識が成立するためには、真理と一致しているという意味での「正しい判断」を下すだけでなく、さらに適切な根拠づけによって判断に「明証」を与える必要がある（Hua XVIII, S. 12-14）。目下の箇所でも、こうした見解が保持されている。すなわち、論理的規範に単に機械的に従うだけでも正しい判断を下すことはできるかもしれないが、さらに学問においては、推論の前提や手順を反省的に吟味することで判断を明証的にすることが求められるのである。

＊29　習慣的な規範意識については、第三論文における習慣的な正当化に関する議論（七八頁）も参照。

＊30　共有財産としての学問という発想については、第四論文の訳注＊13を参照。

＊31　客観的な認識が成り立つためには、その根拠をはっきりと把握できる表現が必要である、という発想は、（明晰性（Klarheit）と対置される）判明性（Deutlichkeit）としての明証に関する『形式的論理学と超越論的論理学』第一六節aでの議論に結実することになる（Hua XVII, S. 61-65）。

＊32　真理は、歴史上のどこかの時点で、明証的な判断の対象となる。そうした意味において、真理を「発見」した者がその成果を文書などの形で表現して残せば、その表現はあとから理解されうるものになる。こうした主題を論じた晩年の草稿「幾何学の起源」では、あとから理解する者が発見者と同様の明証的な判断を下すとき、理解者は当該の表現を「再活性化（Reaktivierung）」するとされる（Hua VI, S. 372）。なお、明証的な判断については、前注＊28を参照。

＊33　本書では、ドイツ語の Wissenschaft が形容をともなわずに用いられる場合、それを原則として「学

問」と訳しているが、この文脈では「科学」という訳語を用いている。

＊34　原文の強調を圏点で示すためにルビを省略したが、この「ギリシア人」の原語は griechische Nation である。

＊35「オルガノン」は、アリストテレスの『カテゴリー論』、『命題論』、『分析論前書』、『分析論後書』、『トピカ』、『詭弁論駁論』に与えられた総称である。しかし、ここでは、これら一連の論理学的な著作ではなく、それらに与えられた役割、つまり学問的探究のための道具という役割を指すために「オルガノン」という語が用いられている。

＊36　ここで要請されているような具体的な倫理学（形式的倫理学に対置される実質的倫理学）を、フッサールはほとんど発展させなかった。

＊37　ここで引用符に入れられた「国家（Staat）」という表現は、プラトンの『国家』という書物を指すものとしても、そこで論じられた理想国家を指すものとしても理解できる。

＊38　この文脈での normal は、明らかに「規範（Norm）に従っている」という意味を含んでいるため、「規範にかなって正常な」と訳す。フッサールにおける「正常性（Normalität）」の概念については、第四論文の訳注＊19を参照。

＊39「共産主義的」という表現については、第四論文の訳注＊9を参照。

＊40　おそらく、ここでフッサールの念頭にあるのは、対抗宗教改革や一九世紀の新スコラ主義などであると思われる。

＊41「文化闘争（Kulturkampf）」とは、一八七一年から七八年にかけてビスマルクがカトリック教会の政治的影響力を低下させるために行った一連の政策を指す。この「闘争」は少なくとも国内的には成功せず、一八七三年の選挙でドイツ帝国議会におけるカトリック勢力の議席はかえって増加した。しかし、むしろビスマルクがカトリックへの弾圧を緩めた一八七〇年代末から、ドイツのカトリック勢力の政治的結

束力は低下した。本文のこの箇所でのフッサールの記述は、こうした歴史を踏まえていると思われる。

＊42　フッサールは、『イデーンⅠ』第二篇において、世界の存在を素朴に信じている「自然的態度（Stellung）」から、意識における世界の構成のされ方を探究する「現象学的態度」への移行について詳しく論じている（「構成」については、第三論文の訳注＊21を参照）。ただし、目下の箇所では、より一般的に、ある時代に特有のものの見方としての「態度」が話題になっている。態度に関するフッサールの議論に通底しているのは、人間は自覚的であるかどうかにかかわらず常に何らかの態度をとっているという発想、そして態度の切り替えが、ときに自由な「態度決定（Stellungnahme）」によって行われるという発想である。

＊43　哲学の歴史を相互に矛盾する体系の乱立として批判的に捉え、そうした哲学に数学を対比するという見解は、最初期のフッサールにすでに見られる。一八八七／八八年の講義において、フッサールは次のように述べている。「哲学の進展は、体系が体系と並べられ、それによって一方が苦労して作り上げたものを他方が破壊する、という具合になされる。数学は、定理が定理と並べられることによって進展する」（Hua XXI, S. 217）。

＊44　ここでの「レアルな可能性（reale Möglichkeit）」は、自然法則の制約下で可能な事柄を指すものと考えられる。同様の語法は『論理学研究』第一巻第五〇節にも見られる（Hua XVIII, S. 188-189）。なお、フッサールは現実に存在する対象はそれを経験する「レアルな可能性」（あるいは「動機づけられた可能性（motivierte Möglichkeit）」）に相関すると主張することもあるが（例えば、Hua XXXVI, S. 61）、そちらの「レアルな可能性」は自然法則的な可能性ではない。フッサールは、例えば『イデーンⅠ』第四八節において、この意味でのレアルな可能性を、経験する顕在的な自我と関連づけられた可能性として論じている（Hua III/1, S. 102）。

＊45　フランス語訳に従い、原文の institutio magna を instauratio magna と読んで「大刷新」と訳した。

附論Ⅰ　［革新に関する第一論文の初稿のはじめの部分］（一九二二／二三年）

今世紀に入って以来、ドイツにおいて、そしてとりわけ大学の若者のあいだで、哲学への深い関心が再び呼び覚まされているのを観察できる。この関心は、人格の内奥に根差している。長年にわたる戦争の苦悩は、この関心をさらに力強く煽り立てた。長らく閑散としていた大教室を塹壕の世代が満たしたとき、彼らの学問への熱意は、決して各々が選んだ個別的な職業のための専門科目教育だけに向けられていたわけではない。予想に反して、全学部生向けの哲学講義は、最も人気があるものの一つだったのである。哲学教師たちは、こうした新たな受講者を目の当たりにして、深く心を打たれた。彼らのまなざしの輝きは、世界の、そして人生の意味を担っている永遠の理念への熱烈な憧憬を物語っていた。[*1] ゼミナールは学生でいっぱいになった。そこでの熱心な協働の様子から分かったのは、少なくとも受講者のかなりの部分が哲学のうちに現代の厳しい苦境に直面した自分を忘れさせてくれるものを単に求めているわけではない、ということだ。つまり、彼らは世界についての哲学的な美辞麗句や、体系と言葉を駆使した大げさなレトリックによって単に高揚感を抱かせてほしいとは思っていなかったのである。むしろ、彼らが望んでいたのは、独立した学問的な仕事に導かれること、すなわち確固とした基礎に則って、伝統に対して批判できる自由な姿勢という目標に導かれることだった。こうした若者たちの大半は、戦争のレトリックを用いる理想主義者たちの過剰な熱心さに対する深い反感を抱いて、さらに戦争のプロパガンダのために利用された哲学的・宗教的・国民的《ナショナル》理想への強い不信すら抱いて戻ってきた。[*2] 真理と善意からの嘘と無礼な中傷が解きほぐしがたく入り乱れ、そして真正な理想や感情がまがいものの理想や感情と解きほぐしがたく入り乱れている状況から、若者たちは脱け出そうとしていた。言葉の上でも行為の上でも徹底的に誠実であることが、彼らの意志だったのである。彼らは、自分たちのまわりに、純粋な誠実さの精神をそなえた新しい世界を築き上げようとしていた。そんな彼らにとって、哲学は徹底的な自己省察のための学問的な足場だった。若者たちの界隈は政治的・国民的《ナショナル》・宗教的・芸術的・哲学的な混沌のただなかにあり、そのような混沌が今やドイツと呼ばれており、地平をより広げれば、ヨーロッパ文化と呼ばれている。こうした混沌のただなかにあって、その界隈で、新たな哲学的運動、つまり「現象学」運動と自称するものもまた急速に拡大した。「超越論的現象学」とは、すでに一九〇〇年頃には最初の突破口に至っていた、新しい哲学的な根本学であり、新しい哲学的な根本的方法である。[*3] 若者たちは、そこに救いの源にも匹敵するものを見て取っていた。つまり、そこから出発することで私たちの堕落した文化が次第に革新されると考えられ、そしてそれを通じて健全化することで、私たちの文化が真正の根をもち、己の最も深い意味を自覚し、その意味を充実する文化になりうると考えられたのである。そのような確信は、さしあたりはかなり奇異に思われるだろうし、まだ現象学について自分で学んで見知っていない読者たちには、ややもすれば憂慮すべき偏見を引き起こすかもしれない——あたかも現象学で扱われているのが、ある種の哲学的オカルティズムであったり、「学問」として飾り立てられた空想であったり、他の時代と同じように私たちの混乱した時代から信用を得て、熱狂的な希望をもつように唆《そそのか》してきた概念ロマン主義であったりするかのように。[*4] しかし、そのようなイメージは、現象学からは天と地ほども隔たっている。現象学による哲学と全学問の改革は、何と言っても、まさに以下のことを意味している。それはすなわち、現象学が学問性への要求を徹底させるがゆえに、先行するどれほど精密な諸科学についても、すでに最高度の意味において学問的であるとまでは認めない、ということである。さらに、現象学はみずからの原理上の源泉と方法を取り入れることによって初めて、究極的な意味で学問と呼べるような学問があらゆる認識領野において可能になると考えている、ということである。すでに従来の意味での学問的厳密さは、冷静で事象に即《ザッハリッヒ》した思考の作業によってもたらされている。だとすれば、それを踏まえた現象学は、ますますもって、この上なく冷静で事象に即《ザッハリッヒカイト》した態度の領分なのである。この領分において、激情が入り込む余地は数学におけるよりもはるかに少ない。事情がそのようであるとすれば、さらに人々は怪訝に思って、次のように問うだろう。冷静な学問を新たに打ち立てることが、それ自身において、いかにして私たちの文化全体を救う力をもつことになるのか、と。

そのような、いわばアプリオリな懸念に基づいて、[*5] 私たちの関心を現象学による革新の運動から逸らすような傾向は抑えておこう。その運動の固有の意味は、まだ私たちにはなじみがないのだから。私たちは、この意味をわがものにすることを試みよう。そのためには、二つのことが要求される。第一は現象学そのものの意味を哲学と学問の完璧な理念との関連において解明することであり、第二は私たちのヨーロッパ文化の意味を、それが哲学と学問の理念に関与しているかぎりで解明することである。おそらく、そのタイトルからして日本における革新の努力のための機関であろうとしているまさにこの雑誌の読者が、これらの問いに関心をもつであろうということを、私は想定してよいだろう。私は日本国民《ネーション》を「ヨーロッパ」文化の若く潑剌と芽吹いている枝の一つとして接ぎ木してよいと信じているだけに、なおさらそのように想定したくなるのだ。日本国民《ネーション》が熱意と成果をもってヨーロッパの学問と哲学に参与しているのだとすれば、これから見ていくようなヨーロッパ文化の特殊な苦境は、それが学問や哲学と密接に関連しているだけに、日本国民《ネーション》にとっても他人事ではありえない。日本国民による革新は、私たちによる革新と、なかでも特に根本的な点に取り組んでいる現象学による革新と、動機の源泉を最も深いところで共有しているに違いない。私たちはヨーロッパ文化の意味の解明という第二のテーマから始めることにしよう。というのも、それを論じることによって、同時に、現象学そのものと現象学が文化において果たす機能とが捉えやすくなりうるからだ（こちらのテーマは、あとの論文までとっておくことにしたい）。[*6] おそらく、私たちのヨーロッパ文化の意味をさらに考え抜くときには、先ほどは疑わしく思われたような他の文化形式に対する哲学と学問の優位は、それらの意味の枠組みのなかで正当化されうるということ、そしておそらく、その際には同時に他のあらゆる文化に対する「知的」文化としての私たちの文化の優位が洞察されうるということ、そしてさらなる帰結として、私たちはそれによっておそらく……［中断］

訳注

＊1　戦後の学生たちが哲学の講義に熱心に参加する様子について、フッサールはこの箇所と同様のことをいくつかの書簡でも述べている。一九二〇年七月七日付ホッキング宛書簡（Hua Dok III/3, S. 164）や一九二二年三月二日付マサリク宛書簡（Hua Dok III/1, S. 114-115）を参照。

＊2　第一次世界大戦の勃発後、ドイツ国内では哲学者を含む多くの知識人がドイツの戦争を支持し、公に言論活動を行った。こうした知識人のうち「理想主義者」と呼ぶことができるのは、例えばルドルフ・オイケンである（第一次世界大戦がドイツの哲学に与えたインパクトについては、Nicolas de Warren, *German Philosophy and the First World War*, Cambridge: Cambridge University Press, 2023 を参照）。本書にも収められたフッサールのフィヒテ講演（とりわけその冒頭部と結論部）もこうしたプロパガンダ活動の一種とみなしうるが、本文のこの箇所にフッサールの自戒の念が込められているのかは判然としない。

＊3　一九〇〇年頃、つまり『論理学研究』が出版される頃には、すでに超越論的現象学が突破口に至っていたという見解は、一九一三年の同書第二版への序論でもすでに表明されている。これと大筋で同様の見解は、のちの『ヨーロッパ諸学の危機と超越論的現象学』第四八節に付された注でも語られている（Hua VI, S. 169-170, Anm. 1）。そこでの述懐によれば、超越論的現象学の中心的なアイディアである「相関関係のアプリオリ（Korrelationsapirori）」に関する着想にフッサールが最初にたどりついたのは、『論理学研究』を準備していた一八九八年頃だった。ただし、本文でフッサールが述べている自己評価は、やや一

面的である。というのも、『論理学研究』の影響下にあった若い現象学者たち（いわゆるミュンヘン・ゲッティンゲン学派）が同書に見て取ったのは新しい実在論的な哲学の可能性であり、彼らは総じてのちのフッサール超越論的現象学と鋭く対立することになるからである。

＊4 「概念ロマン主義（Begriffsromantik）」ということで考えられているのは、おそらくヘーゲルやシェリングのことだと考えられる。フッサールは、一八九八／九九年の講義で、同時代の自然科学者が形而上学を忌避する原因は「ロマン主義の似非科学的な自然科学」にあるとみなした上で、「哲学、とりわけ形而上学はヘーゲルやシェリングによって十分に代表されるものではまったくない、ということが強調されなければならない」と述べている（Hua Mat III, S. 232-233）。同講義の少し前の部分では、「熱狂的な概念ロマン主義」が哲学の冷静な進展をいつでも改めて妨害するとも述べられている（Hua Mat III, S. 229）。

＊5 この箇所での「アプリオリ」は、「実際に確かめてみようとしない」くらいの意味で用いられていると考えられる。

＊6 『改造』論文の第五論文まででは、ここで予告的に述べられた現象学の意義という話題にフッサールはたどりついていない。のちの『ヨーロッパ諸学の危機と超越論的現象学』は、こうした不足を補ったものとみなすこともできるだろう。

附論II 「個人の生の二つの形式」（一九二二／二三年）

私たちは、個人の生のうちで二つの生の形式を対比する。1[*1] 人間は素朴で自然な生を生きる。こうした自然な生き方には、受動的に漫然と日々を生きるという場合もあるし、全般的な目的を立てるという場合もある。全般的目的とは、生全体を統制する目的であり、例えば職業的目的などである（場合によっては、それによって有名になろうとか、富や権力などにおいてすべての他人を凌駕しようといった形で職業的目的が立てられる）。これら二つの形式のなかには、多くの区別がある。a)その時々の目標に身を任せる受動的な生。しかも、この生は、常に自己保存に気を配っているが、自己保存や自己統制といった理念を意識された一般的な目的としてもっているわけではない。b)やはり受動的と呼べる、もう一つの生。こちらの生は、共同体とその伝統のうちで生き、共同体から目的を割り当てられる。例えば、誰かが、とにかくみんな職業をもたなければならないと共同体が要求しているという理由で、自分から、つまり内側から呼び求められていると感じることもなく、何らかの職業を選び、自分の日々の仕事を要求されたとおりに、たんたんとこなすような場合である。

〔2〕　より高次の生の形式は、内側から立てられ、生の全体に及ぶ目的による、つまり、まさに真の職業による自己立法という形式である。[*2] この生の形式のもとでは、確かに生の連

関の全体が、具体的な生の時間が問題になっている。しかし、生の活動のすべてがそうであるわけではない。職業に満たされた時間は、生の時間のすべてではない（みんな自由な時間をもっているし、職業に従事していないときも人間である）。さて、しかし第二の場合には、ある人間の人生に、何かを作り出し、それを自分の意志で引き受ける時点が訪れる。その何かとは、人生の鼓動の一つ一つを、そして人としての活動のすべてを統制する目的理念である。その目的理念は、新たに捉え直された宗教的理念、あるいは全般的な倫理的理念、つまり「私は自分の生を自由な理性に基づいて可能なかぎり最善の生へと形作る」という理念である。以上の個人の生における対比には、共同体の生における同様の対比が対応する。

個人の生においても、共同体の生においても、目的理念は理性に照らして正当化できるものであるか、そうでないかのどちらでもありうる。ある者は、マモン[*3]をみずからの神とするかもしれない。つまり、富むことが、ますます富むことが、その者の生全体を支配する理念になるかもしれない。物欲と並んで、名誉欲や権力欲（支配欲）も支配的理念になりうる。その場合には、他の者を、しかもできるかぎり広い範囲の他の者を支配することが生の究極の目的となり、生の全体がそれに従属するのである。権力欲に生きる者は、できるかぎり多くのことを成し遂げ、（特定の実践的領分のなかで）次々に新たな、しかもより大きく困難な実践的目標を立て、それらを成し遂げることを、みずからの究極の目標にするかもしれない。次々に新たな危険に満ちた企てに大胆かつ冒険的に着手し、失敗してもそれを乗り越えて、全体としては成功からさらに大きな成功へと前進していく。これが、その者が望む生の形式である。そして、その者の成果を客観的に持続するものとして証言し、自分自身を絶えず見届けるような世界を形作る。これが、この者の喜びである。産業界の王や偉大な豪商などは、そうした者である。そうした者は皆、ある価値領域を見据えながら、しかし権力に取り憑かれているので、そうした価値を最大限実現することを本来の目的とするのではなく、そうした価値を無限に分捕り、みずからのエネルギーや賢さなどによって実現できるということ自体を目的とする。業績欲に生きる者は、価値のある業績をなしうる何らかの領分において、できるかぎり多くのことを成し遂げ、できるかぎり多くのことを、それもできるかぎり偉大なことを成し遂げることを目指す。そのような者の態度は、権能ではなく作品を目指すものである。これと関連する態度には、学問的な作品であれ、芸術的な作品であれ、できるかぎり多くの作品を世に出し、自分が生み出したものによって世界を豊かにしようとする態度がある。

訳注

＊1　二つの生の形式の一つ目にここで「1」という番号が振られているが、もう一つの形式についての議論が始まる際にフッサールは「2」という番号をつけ忘れたようである（これはフッサールの草稿ではめずらしいことではない）。内容から判断すれば、「2」は次の段落の冒頭に振られるべきだったと考えられる。

＊2　カントにおける自己立法（Selbstgesetzgebung）とは、純粋実践理性が自己自身に普遍的法則を与えることを意味する（『実践理性批判』「純粋実践理性の分析論」定理四）。カントは、これによって「積

極的な意味での自由」、つまり意志の自律（Autonomie）を特徴づけた。フッサールは、ここでこの語を本来のカント的文脈から切り離し、職業的生を特徴づけるために用いている。

＊3　「マモン（Mammon）」は、新約聖書で「富」を意味する言葉。のちにキリスト教の七つの大罪の一つである「貪欲」を意味するようになり、これに対応する悪魔もしくは偽りの神の名ともされた。

附論III　財と作品の主体としての人間、文化の主体としての人間（一九二二／二三年）

目的を、しかもそれなりの期間にわたって存続する目的をもち、それに対応して持続的に目的を形作り続けることなら、動物もしている。これに対して、文化をもつのは人間、つまり理性的存在だけである。人間の努力だけが、意識された目的理念に導かれ（そして、単にある方向性をもって存続する本能に服するのではなく）、それゆえに無限の地平をもつ。人間だけが、存続する目的にかない、それ自体も存続する作品を創造しながら、日々努力し、行為し、働く。しかし、存続する作品というのは、その場限りの欲求《ニーズ》のための作品ではなく、同じ人や同じ共同体のサークルのさまざまな人たちの同じような欲求《ニーズ》が終わることなく常に繰り返されることを当て込んでいる。[*1] 作品の目的は、一つの理念において総合的に統一された同等の目的から成る、開かれた無限である。あらゆる道具、あらゆる日用品、家、庭、静物画、祭壇、宗教的シンボルなど、これらすべてが、その実例である。際限なく無限にある目的は、人々やレアルに可能な機会が開かれた無限をなしていることと関連するわけだが、それらの目的を満たすことこそが、そのような文化対象の目的「そのもの」である。こうしたことは文化対象一般にあてはまる。まさにどのような努力がなされる場合でも、人間だけがみずからの前に無限の生の地平をもっており、時空的・因果的に無限の自然や、終わりなく開かれたままの多数の隣人たちに関係している。人間は、そうした隣人たちとともに共同体のなかで生きており、限りなく開かれた形で統一される共同体の生を生きている。人間だけが無限を気にかけるのであり、したがって、その場限りの欲求《ニーズ》の充足を超えて利益を生むものを気にかけるのも人間だけである。つまり、未来の有益な結果や有害な結果を気にかけ、反復可能な目的の連鎖や、すでに現在において目的機能を果たし、満足を与えているものがもつ、そうした目的連鎖を貫いて存続するような有益性を気にかけるのは人間だけである。人間だけが、（存続し、広く行き渡った）有益性の理念を、持続し、場合によっては広く行き渡るような善いものの理念をもっている。この理念は無限に関係しており、「開かれた」生の地平に関係している。それゆえ、人間だけが道具、家、武器などを作る。これらの作品は、開かれた未来において反復可能な類型《タイプ》の欲求《ニーズ》を満たすために、常に同じ類型《タイプ》の目的活動や財の獲得が際限なく繰り返されうることを、みずからの存続する意味として背負っている。それらにこのような意味を付与し、存続する実践的意味を与えるのは人間である。

人間だけが人である。つまり、人間は、活動の主体であるだけでなく、自分自身を生と働きの開かれた地平をもつ主体とみなしている。この主体は、この目覚めた生命と自由な働きの断絶としての死によって絶えず脅かされている。しかし、この死という終末は、どうなるかはっきりしないまま、とめどなく無限へと向かっている、それ自体無限にとどまり続ける脅威にほかならない。[*2] 人間だけが運命をもち、みずからの自由な働きを妨げる偶然、抑制、障害、抵抗が無限に開かれていることを眼前に意識している。人間だけが自分を人として保存する。[*3] そうした自己保存は、人間が生きて努力することのうちで、特定の意識によって規定されている。その意識とは、無限に多様なものが自分自身のなかに、外の自然のなかに、動物の世界のなかに、そして自分を構成員として包摂する人間の世界のなかにある、という意識である。人間だけが「幸福」のために努力し、無限の目的へと、すなわち目的理念であるような目的へと上昇する。この目的理念は、より低次の個々の目的をみずからのうちに含んでおり、個々の目的は、それら自体ですでに、すべての人間の目的と同じように目的理念である。先に述べたように、目的理念というのは無限の課題であり、同様の目的をもち、同様の有益な成果をあげる活動を終わりなく反復するという形でのみ有限になる。人間だけが、無限に多くの段階を上昇することを要求される「理想」と理念的な目的をもっている。人間だけが、例えば学問に身を捧げるのであり、その場合には各段階の達成が、存続する目的形態として、存続する財として、先に述べたような不死性をともなっているのである。

動物は、現実に縛りつけられている。つまり、動物は、動機づけの力に盲目的に、受動的に従う。そうした力とは、自分に襲いかかる触発、感覚器官への触発、傾向、欲望、受動的に作用して実現される傾向である。人間は自由であり、人間にとっては可能性が現実に先立っている。人間は可能性を支配することで現実を支配している。

そして、無限のものは意識に与えられ、主体を動機づけるが、そうした無限のもののシステムには理性の理念と、その理念のシステムが属している。ここでの理性というのは、能力のことである。[*4] それは無限の地平に書き込まれるべき可能性を全般的に予見する能力であり、どんな「態度決定」も自由に差し控える能力、すなわち段階的に積み重なった支配的な超越的目的からの影響をどれも自由に抑える能力である。そして、それは全般的な検討の能力であり、この検討は今述べた超越的目的の価値やそれらの目的に影響を与えるできるかぎり最善の生の秩序やその生に応じて最善の財をそなえた環境世界に関わる。それゆえ、人間だけが、必然的に、評価し、目的を設定しながら、自分自身に立ち返る。そして、人間だけが、できるかぎり最善の生を、人としてのできるかぎり最善のあり方と一緒に、そうしたあり方の相関項として考察するのである。文化とは、それゆえ理性的あるいは自由な存在である人間を遡って指し示す概念である。この概念が包摂するすべてのものは無限の地平のうちにあり、そのもとには評価したり価値を証明したりしうるものの無限の地平がある。それらは、ここで問題になっているすべての無限なものと同じように、意識に登場し、それ自身で人間の生や働きを動機づけるものである。このように、人間が現実に生きるということは、その本質に従って文化を生きるということであり――そうでないかぎり、人間は依然として動物のままである――、理性の低い形態から高い形態に上昇しようと努めて生きることなのである。[*5]

意志の目標。有機的自然は、統一的なまとまりを与える「生存の条件」によって閉じられた生の統一（地球上の生の普遍的統一）として発展・発達し、形成される。[*6] それは発達の理念（種）の体系をみずからのうちに包含する発達形態の体系であり、発達生成の類型をともなっている。この発達生成の類型は、それなりの期間にわたって存続し、無数の個体において反復されるものであり、それらの個体において、上述の種の理念が「通常」は多かれ少なかれ完全に実現される。そして、この理念とそれを実現する発達（個体発生）のこうした体系全体もまた、それ自身、発達のうちにあると考えられている。新しい個体発生をする新しい種が現れ、系統発生もさらに上方を、つまりより高次の、あるいは最高の形態の発達を示すようになる。[*7] 理念に向かい、さらに新しい理念の着想に向かうこの「目標への努力傾向」、「より完全に」、あるいはより完全でない仕方で理念を実現し、また理念の発展を支配する高次の理念を実現することは、意識をもった存在が目的に向かって努力することを意味してはいないし、合目的性を意味してもいない。そうした理念は、意識的に遂行された理念視によって志向的に形成されたものではない。動物は意識をもっており、身体性、つまり有機体をもっているが、それ自身が有機体であるわけではない。しかし、動物の身体は、動物にとって、新しい意味での有機体《オルガニスムス》である。つまり、それは意識に与えられ、動物にとって実践的に利用できる器官《オルガン》のシステムである。それらの器官には、知覚器官として利用できるものや、また、意識にとっての環境世界である身体外の環境世界に影響を及ぼす意志作用のための器官として利用できるものがある。動物は、生物物理学的な有機体をもっているが、それを顕在的な経験の統一としてのみ意識している。意識的に構成された有機体には、それがまさに動物にとって構成されたものであるかぎり、その直接的な働きが関係している。そもそも、主体の働きはすべて、経験されたもの、明晰あるいは曖昧に表象されたもの、場合によっては思考されたものなどに向かい、意識そのものの統一に向かう。動物は、行為するといっても、非本来的な意味で、つまり衝動的に行為する。動物は、意志の目標のために手段を使い、またそれを手段として認識もするとしても、個々のケースにとらわれたままである。猿は以前ある目的に役立つものと把握して利用した手段を、それ以降あらゆる類似のケースで再利用する。そうした猿でさえ、存続する目的物としての器具や道具や棒のようなものは知らない。目的物とは、再び起こると予想されるあらゆる同様のケースで同じように役立つようにできており、準備されて整っているような存続する物なのである。

人間だけが、個々の実践的に可能な事柄を眼前にもつばかりでなく、可能な事柄から成る開かれた地平を見渡す。それらの可能な事柄は、意識において構築された、程度の差はあれ規定された、無限なものという形式をもつ。これと関連することだが、人間だけが、未規定の個別のものを単にもつばかりでなく、並列的な可能性として同等な個別のものから成る開かれた地平をともなって、個別のものをもつのである。さらに、結果として人間だけが、一般的なものに属するような個別のもの（ある種類に属するような個別のもの）や理念として の一般的なものをもち、この一般的なものは同じ種類の可能な個別のものから成る無限の外延をともなう。人間は一般性において単に表象する（考える）だけにとどまらない。ただ人間だけが、さらにまた一般性において評価し、欲求し、意志するのである。そして、それによって、人間は可能な事柄のなかに入り込んで考える。それらの可能な事柄は人間が想像によって自分のために作り出したものであり、それらのなかで人間は、自分自身が活動し、行為していると考え、それらから得ることのできる満足や目標の価値を想像によって味わい尽くすのである。そうすることで、人間は個々の顕在的なものの衝迫と強制からみずからを解放する。つまり、人間は経験された現実の衝動の刺激から、あるいは先取り的な推測を通じて押し退け合い、刺激の力によって争い合う、レアルに可能な、ばらばらの衝動の刺激から、みずからを自由にするのである。人間は自由にできる可能な事柄の領域に入り、無限なものを積み木遊びのように構築して、顕在的なものを食い止め、自由な選択者となる。[*8] 人間は個別の与えられたもののあいだで選択するだけでなく、そうしたものを実践的に考察されうる可能なものの宇宙のなかに含めるのである。[*9]

訳注

*1　ここで「欲求」と訳したのはドイツ語の Bedürfnis であり、英語の名詞 need におおよそ対応する。この語には「需要」や「(生活の) 必需品」という意味もあるため、そのことをはっきりさせるために「ニーズ」というルビを付した。

*2　フッサールは主に一九三〇年代に死を眠りと類比的に論じる試行錯誤的な草稿を残しており、それらは『フッサール全集』第四二巻にまとめられている (Hua XLII, S. 1-81)。こうした議論には、二つの文脈がある。一つは、眠りと目覚め——私たちが睡眠に中断されながら一つの生を生きるとはどういうことか——に関する現象学的分析に際して、その応用として (眠りになぞらえられる) 死と (目覚めになぞらえられる) 誕生を論じるというものである。もう一つは、世界と意識の相関というフッサールの超越論的

観念論の基本的な枠組みに由来する問題として死が論じられる文脈である。ここでの問いは、世界が無限の広がりをもつなら、それと相関する意識も無限のはずであり、この相関において世界内の出来事としての私の死（意識の「終わり」）はどう扱われるべきなのか、というふうにまとめることができる（この問いを扱う草稿には、一九一〇年代半ばに成立したと推定されるものもある）。本文での死に関する議論は、無限のものと有限の人間の関わりを扱う点で、後者の文脈における議論と関連すると言える。その一方で、フッサールは本文で死というトピックを生の意味という倫理学的な問題のうちに特徴づけてもいる。同様の方向性にある草稿として、一九二三年の「生の価値、世界の価値」（Hua XLII, S. 297-333）がある。

＊3　自己保存については、第三論文の訳注＊16を参照。

＊4　「能力」と訳した原文の das Vermögen を des Vermögens に読み替えた。フッサール自身の速記では、この名詞は1格の das Vermögen として綴られている。しかし、フッサールは das Vermögen の直前に位置する1格の名詞 die Vernunft（理性）の前に die Idee und das Ideensystem（理念と、その理念のシステム）をあとから挿入している。そのため、『フッサール全集』の編者たちは die Vernunft を2格の der Vernunft に読み替えた。ところで、挿入がなされる前の原文における die Vernunft とその直後の das Vermögen は、言い換えの関係にあると解釈できる。これが訳者たちの解釈である。そして、この解釈を採用するなら、die Vernunft と同様に das Vermögen も2格として読み替える必要がある（以上を確認するにあたって、ルーヴァンのフッサール文庫のアーキヴィストであるトーマス・フォンゲーア博士の協力を得た。記して感謝する）。

＊5　この箇所を訳すにあたっては、フランス語訳の読み方を参考にした。

＊6　本書では、Entwicklung は文脈に応じて「発展」もしくは「発達」と訳し分けているが、この箇所は有機的自然の「発達」の意味と文化における人間の生の「発展」の意味が重ねられているため、「発

展・発達」と訳す。

＊7　「個体発生は系統発生を繰り返す」というスローガンで知られるエルンスト・ヘッケル（一八三四―一九一九年）の反復説が念頭に置かれている。なお、フッサールは「厳密な学としての哲学」で、認識的・美的・実践的な理想を自然科学によって基礎づけようとする自然主義者を批判し、その代表者としてヴィルヘルム・オストヴァルト（一八五三―一九三二年）と並んでヘッケルの名を挙げている（Hua XXV, S. 10／「厳密な学としての哲学」小池稔訳、細谷恒夫責任編集『ブレンターノ　フッサール』（『世界の名著』51）、中央公論社、一九七〇年、一一二―一一三頁）。

＊8　ここで「顕在的なもの」と呼ばれているのは、直前にある「衝迫」、「刺激」、「衝動の刺激」のこと。フッサールは「顕在的（aktuell）」という語を今まさに意識に生じていることを指すために用い、ときにそれを「潜在的（potentiell）」と対比する。

＊9　フッサールは、『イデーンII』第六〇節aにおいて、「私が決定できるのは実践的な可能性のあいだだけであり、実践的な可能性だけが〔…〕私の意志のテーマになりうる」と述べており、実践的可能性が行為の選択を制約する、という発想を展開している（Hua IV, S. 258）。この点については、第三論文の訳注＊9を参照。

附論Ⅳ　伝説や詩的な創作物がもつ宗教的な効果（一九二二／二三年）

福音書を読むとき、私は奇跡にはまったく感動しない。しかし、キリストの姿は（パウロの個人としてはっきりした姿とは対照的に）きわめて未規定的な伝説のままであり、さまざまな言行やたとえ話を通してその倫理上の基本的な筋道を告げ、完全な善意から成る領域を私のなかに呼び覚ましてくれるほどである。この種の（ここで求められているような）行いは純粋に善いものであり、そうでありうるということが浄福であろうし、それはそのまま私のなかに愛を、しかも最も純粋な愛を呼び起こすに違いない――こうしたことについて、私は明証をもつ。そして、キリスト自身が、私の目の前に、そのように求める者として立ち現れるだけではない。キリスト自身は、私の目の前に、完全に善なる者として、純粋な善意を見て、純粋な愛のうちで、すべての人に――ありうる純粋な善いものが芽生える場所としてのすべての人に――向き合う者として、すべてを理解する者、すべてを赦す者としてさえ立ち現れるのである。私にはキリストを人間の純粋な善意を体現する者としてしか、つまり理想的な人間としてしか考えられないとさえ言える。私は福音書を小説のように、伝説のように読み、そのなかに入り込む。私は経験を超えたこの人物への、純粋な理念のこの体現者への無限の愛で満たされ、さらには、この無限なる人が生きて私にも関係しているのを知るという浄福で満たされることになる――そして、この力はこの理想の人物から発せられるので、私にとってすでに現実味《リアリティ》をもち、私はこの伝説のなかに個体化した理念を信じ、それが私の人生において力となるのである。そして、そのとき私は、あの理想の人物を見て取る信者のことを理解する。この理想の人物は恒常的な伝統によってただちに与えられており、その信者はそうした伝統を疑うことがありえず、イエスという歴史上の個人を信じ、イエスの復活や彼自身が証言した神との関係などについて福音書の最初の伝統が言うことなどをすべて信じているのである。またその信者は、同様に、福音書を記す者が彼ら自身の経験について報告することを信じ、さらには聖人たちが彼らの信仰の浄福から報告することなどを信じている。個人のなかで形成された理念への愛が、その個人と関係する伝統――この伝統は今述べた理念とともに継承される――と結びつくことで、私たちは歴史的な信仰や、事実上の真理であると同時に救いの真理でもある宗教的真理への信仰に対して敏感になる。私が実際に経験し、理念から発している救いの力は、歴史的な宗教に力を与える。私が事実として手にする内容は、伝説の起源である一人のユダヤ人の存在だけでなく、（私があらかじめ神の存在を信じていたわけではなく、ここで神への信仰として要求されていることと一致するような意味でそれを信じていたわけではないなら）神の存在であり、父と子の関係などである。キリストについて、私は「神人」の原型的な理念を手にしている。また、パウロについて私が手にしている理念は、神に満ちた最も高貴な説教者、苦闘し、葛藤する人間、自分自身と他のキリストの信者を明晰さや純粋な生活へと導き、日々の具体的な要求において適切な規範を見出すために努力する探究者などといったものである。

キリスト自身ももがき苦しむ人間であり、純粋な理念の姿を見て取って、それを自分のうちに実現するためにもがき通すという使命を自分のなかに感じ取り、人間が収めうる最上の成功を収めたのだと考えたところで、私にとって大した違いはなく、効果が損なわれることはない。[*1] そのようにキリストを人間とみなしたとしても、キリストが俗人をはるかに超えた者であり、先述のような愛（理想化された愛）を呼び覚ましたこと、彼のうちに理念の絶対的実現がただちに見て取られ、経験されたこと、そして単なる人間的な要素をも取り込んだ（それでいて人間の純粋な善から少しも逸脱することのない）信仰が今や芽生えたことを考えるなら、これこそが（それを奇跡として解釈するなら）奇跡である、等々。キリストが小説の登場人物だったとしても、同じような効果を私に与えることができただろう（そのためには、もちろん作者自身がキリストに近づかなければならなかっただろうが）。

信仰は、たとえ偶然の事柄がつきまとっていたとしても、理念的な真理をもつことができ、人に対してとてつもなく大きな効力をもつことができるし、それどころか最高の理念的な真理をもつこともできる。しかし、こうした偶然の事柄は、世界についての理解を決定する。神への信仰において、キリストはユダヤの一神教の神に遡って関係づけられる。この神は、キリストに至るまで理念として形成されてきた神、詩篇の作者ダビデや預言者たちの神なのである。[*2] 歴史のなかで生成したものには、しばしば隠れた合理性がある。この合理性は、宗教的な（あるいは芸術的な）志向の充実を求め、救いの直観を求め、救済をもたらしうるもの、希望と支えを与えうるものを求める情熱的な闘いのなかで充実される。この充実は相対的なものにすぎず、やがて新しくより深い充実を求めるのだが、それでも真の充実の機会を運んでくることができる。そのため、人間集団のさまざまな発展段階で形成されるような民族《フォルク》に根差した倫理は、純粋に合理的な倫理学ではないとはいえ、それにはいつでも核心があり、その核心は真正で、上方へと導いてくれるのである。

もしも尊敬に値する人間たち、純粋に善い人間たちを見て取ることができなかったら、人間はどうなってしまうのだろう。善い人間たちを見て、彼らを手本にして、それによって自分を高めることによってのみ、善い人間になることができる。人間は美化する愛によってのみ善くなることができるのであり、その愛はそこで愛された者を理想へと作り替え、その者の善だけを見ようとする。常に他人の善いところを見つけて、できるだけ善いところを見て取ることは、それ自体で事情をより善くしてくれる。しかも、そうすることは純粋な人間愛を目覚めさせるのであり、この人間愛はそれ自体でまたより善くなることへの道である。愛に基づく行いにおける純粋な喜びによって、そうなるのである。

倫理的な経験は、他人の欠点を際立たせる批判によってなされるものではなく、相手の善いところを愛するという具体的な直観によってなされるものである。そして、相手の善いところは、（たとえ相手を理想化する志向だったとしても）価値志向としての愛の志向を純粋に充実させる明証のうちに告知される。

もちろん、創造的な空想を通じても、あるいは高貴な芸術家たちが創造的な空想によって形成したものに直観的に入り込むことによっても、さまざまな経験がなされる。こうしたことは倫理学の素材となる経験なのである。それはちょうど、美学の素材となる経験が芸術の形成物一般に直観的に入り込むことによって与えられたり、論理学の素材となる経験が学問の形成物に「直観的」に入り込むことだったりするのと同様である。[*3]「純粋な」神学の素材となる経験は、どのように与えられるのだろうか。また、神についての真の理論と宗教についての真の理論は、事実とどのように関係づけられているのか。ところで、もし私が倫理的観点や美的観点から世界の事実的状態を判定し、事実としての芸術と倫理的文化の状態を判定しようとするなら、一方では規範が必要である。そして、他方では、事実的なものがその規範にどれだけ近づいているかを判定し、善い契機と悪い契機に等しく注意を払うような冷静な批判が必要である。

私には直観が必要であり、根源的な「宗教経験」が必要であり、純粋で完全に充実された、その上もっぱら直観的な仕方で保持されるべきものを把握する理念化が必要である。しかし、私たちの直観の領域はあまりにも狭く、しかもそれらの直観はあまりにも不鮮明で不完全なものかもしれない。そのため、純粋なものを形成しようとする試みは、すべて失敗してしまう。なぜなら、宗教的直観の前提には、絶対的に与えられたものを最も全般的に直観することがあるからである。そうした普遍的直観を得るためには、おそらく全般的な現象学的世界考察と世界直観が必要であり、あらゆる目隠しからの解放、つまりこの現象学的態度における全般的な自然直観と全般的な歴史直観が必要なのである。さらに、そのためには、おそらく学問一般が発展する必要があり、学問それ自体が「直観的」状態へともたらされ、それによって記号的・習慣的な知から脱して洞察的な仕方でなされる知へと導かれなければならない。[*4] 人間には二重の意味で宗教を作り出さなければならないという課題が課されているのかもしれない。一つは、先に進んでいく神話としての宗教であり、宗教的理想を一面的に[*5]ではあるが真正な仕方で直観することとしての宗教である。こうした宗教は予感の地平に囲まれてはいるが、誰しもその無限の広がりに入り込むことはなく、不可解なものの前に頭を下げている。もう一つは、宗教的形而上学としての宗教、つまり全般的に理解する学問の最終結論としての宗教である。この宗教は、直観に基づくすべての神話的象徴のための規範として、そしてそれを空想によって作り上げたり作り替えたりするための規範として働くことになる。

全般的で絶対的な学問は全般的で内的連関をもった絶対的な生を目指しており、この生は必然的にそれ自身において全面的な調和に至ろうとしているし、そうしなければならない。そして、その絶対的生のなかで絡み合っている各々の個別的な自我は救いを求めなければならないし、この学問が洞察によって救いを見出すように自我を導かなければならない。このとき洞察されるのは、世界のすべてが統一を目指して向上しようと努めており、何らかの仕方で救いを求めているということ、そして救いを見出すことは自由な者の行いであること、すると結局のところ全世界は無限の「調和」、すなわち万物が自由に至るための無限の道であり、そのなかで各自が各自の役割と地位をもつということである。

訳注

＊1　歴史上実在したイエス（史的イエス）がどのような人物だったのかは信仰にとって必ずしも重要ではないという、ここでフッサールが述べている見解は、ルドルフ・カール・ブルトマン（一八八四―一九七六年）が『共観福音書伝承史』（一九二一年）で表明した見解に類似しており、興味深い。だが、フッサールは、おそらくブルトマンから影響を受けてはいない。フッサールがどのようにしてこうした見解をもつようになったのかは、部分的には、ハレ大学の神学教授でフッサールと親交のあったルター派神学者マルティン・ケーラー（一八三五―一九一二年）からの影響によって説明できる。ケーラーは、史的イエス（historischer Jesus）と物語的イエス（geschichtlicher Jesus）（あるいは「聖書のイエス」）を区別し、自由主義神学者の聖書批判に対抗する立場をとっていた。ケーラーとの関係を含め、福音書の歴史性に関するフッサールの見解については、Peter Varga, "Edmund Husserl on the Historicity of the Gospels", *Husserl Studies*, 38, 2022, pp. 37-54 を参照。

＊2　旧約聖書の神ヤハウェのこと。

＊3　ここで「芸術の形成物」および「学問の形成物」と訳したのは、ドイツ語の Kunstgestalten と Wissenschaftsgestalten である。そして、この草稿における「(登場）人物」の原語は Gestalt である。つまり、フッサールの原文では、芸術や学問が作り出したものや虚構の登場人物が私たちの手本になるという見解が用語上の明確な関連とともに語られている。

＊4　ここで語られているような宗教哲学の構想に、フッサールは一九一一年七月五／六日付のディルタイ宛書簡の下書きでも触れている（Hua Dok III/6, S. 47-51／『ディルタイ全集』第一一巻、伊藤直樹・大石学・的場哲朗・三浦國泰編集／校閲、法政大学出版局、二〇二三年、八六三―八六七頁）。そこでの記述によれば、現象学は最終的に精神科学を形而上学として仕上げ、そのなかには宗教論も含まれることに

なる。この書簡については、第一論文の訳注＊25も参照。

＊5　この箇所の「一面的（einseitig）」については、フランス語訳の訳注で「洞察的（einsichtig）」の誤植ではないかという疑義がはさまれている。しかし、すぐあとの「全般的に理解する学問の最終結論としての宗教」との対比を考えると、原著どおりに読むほうが適切と思われる。

附論V ［教会とキリスト教的学問］（一九二二／二三年）

したがって、真正な回心あるいは真正かつ根源的なまねび[*1]としての信仰は、自由な行いである。そして、真正な信徒の集団でこのように自由が革新されることは、原始キリスト教における説教の主題である。同じことは根源的に創設されたどんな宗教にもあてはまる。こうした宗教は、創設されずに自然に発生した神話的宗教の神話と対比される。それゆえ、本来的な宗教は自由への突破口であり、その歩む途上には教会がある。そして、もし本来的な宗教が普遍的な人類宗教であろうとしているなら、それは自由に生み出される文化へと、つまり革新された真正な文化へと意識的に進もうとする傾向への突破口である。あるいは、本来的な宗教とは、文化やその文化において活動する人間のうちに、意識的に形成されたエンテレキーを出現させることである。このエンテレキーは、個人としてのであれ、共同体としてのであれ、新しい人間に向けられており、全般的かつ新たに形成されるべき共同体秩序の体系、つまり個人や共同体を形成することすべてに関する規範——新たな人間のあり方を目指して行う自己教育の規範と、いわば人間集団が新たな人間集団を目指して行う自己教育の規範——の体系に向けられている。キリスト教的な学問は、誰かに信仰を引き起こす機能をもってはおらず、さしあたりは護教の手段であり、成り立つのではないかと反論される対立、すなわち「自然理性」と啓示（啓示される内容）との対立を解消し、啓示される内容を「理性」の目の前で正当化するために奉仕することになっている。このとき自然理性は、啓示の前に啓示と並ぶ形で与えられる理論的な真理である。とはいえ、キリストが登場するのは、世界のなか、つまり（ギリシアやその他の文化の時代、ギリシア的学問などの時代において）経験が蓄積されてきた世界のなかである。こうした世界は、事実であって、「信仰」から独立して認識されうる。また、哲学はすでに存在していたのであって、そこでは世界の目的、人間の生の意味、正義と不正義、人間のよい目標と愚かな目標などを学問的に突きとめたり、神の存在を目的論的に証明したり、魂の不死を証明したりすることなどが試みられていた。[*2]こうした自然的な学問は信仰と和解させられなければならない。その際には、信仰の内容そのものが理論的判断の主題になる。[*3]とはいえ、そこでの理論的判断は、信仰に追随するのであって、信仰を根拠づけるわけではない。このとき、信仰は自然な理論的経験のような役割を演じる。ただし経験は、場合によっては新たな経験によって訂正されることもあれば、思考によって間接的に訂正されることもある。[*4]だが、信仰はどうだろうか。確かに、根源的な信仰は、そのように訂正されうるという点で経験に似ているかもしれない。最初の信徒たちは、信仰経験を交換し合ったり、[*5]さらに元をたどれば、キリストと直接出会って信仰経験を重ねたりする。その際には、場合によっては根源的な信仰が豊かになったり、訂正されたりするのである。しかし、共同体のなかでは、やがて信仰の規範として、教義化《ドグマ》された信仰が成立する。すると信仰は伝統的になり、伝統を通じて獲得されるようになり、根源的・自発的に把握されることがなくなる。[*6] そのため、のちの時代に登場する根源的な信仰や、それに根拠づけられた理性的な熟慮は、どれも教義《ドグマ》、つまり伝統の要求との緊張関係に立つことになる。しかし、伝統の要求は、信仰の要求として信仰そのものに付け加えられる。そして、その要求に対応する形で、さらなる第二の啓示、あるいは持続的な啓示が主張される。そして、これが主要な葛藤なのである。ここにあるのは、二重の伝統である。一方の伝統は、福音書のなかで描き出されるキリスト自身の姿、彼の言葉、伝説、寓話や、まだ根源的な直観に由来している使徒の手紙などに通じている。つまり、それは直観的に追理解される信仰を呼び覚まし、根源的な信仰経験を手に入れさせてくれるような根源的な伝統なのである。もう一方は、教会の伝統である。こちらは非直観的な仕方で教義《ドグマ》を作り出す。そうした教義《ドグマ》を信じている人も、そこに根源的な経験性格があるかどうかを疑わしく思うことがあるかもしれない（そのような教義《ドグマ》に加えて、聖人伝における信仰経験も疑いの対象になりうる）。

宗教改革のプロテスタンティズムは、態度の新たな自由、より詳しく言えば、教会の信仰伝統に対する態度の新たな自由への突破口である。それはまた、原本である聖書が証言している信仰内容を自由に承認すること、あるいは最初期の信徒の根源的な信仰経験を追遂行することである。そして、それは新しい啓示を立脚点として、教義《ドグマ》の伝統主義とその起源を拒否することなのである。

中世は、伝統主義とそれに縛られた学問のうちを生きる。そうした学問は、本質的に神学であろうとしており、とうに護教論ではなくなった。人々は、まさしく神的な事柄や、神との関わりにおける人間についても学問をもとうとしている。そして、人々は、信仰において経験される物事について、概念的にも把握し、理論的に認識し、理論的な帰結を引き出そうとしている。そして、その際、古代人を、とりわけアリストテレスを範として、普遍的な哲学体系、すなわち普遍的な学問を作り上げようとしている。そのような学問は、まさに（神・人間・自然をひとまとめにした）絶対的現実についての普遍的な理論を与える。[*7] そして、この学問は、学問の立場から、事実であるかぎりでの実在的な事実の総体だけでなく、それらの事実を支配している普遍的な目的論と、個人あるいは共同体の正しい生の普遍的規範を提供し、同時に真の人間と人間共同体自身のための普遍的規範をも提供する——ただし、これらすべては啓示と教義《ドグマ》を基礎として行われる。真のキリスト教的世界は理論的に根拠づけられ、そこにおいては教義《ドグマ》もまた（可能な範囲内で）根拠づけられているはずである。他方で、その世界は、信仰のうちで前もって与えられているかぎりにおいて、同時に根拠づけの規範である。例えば、厳密に事象に即した自然科学の始まりが中世にあり、認識論上の諸理論などの始まりも中世にあるということは、もちろんそれ自体では、このことに矛盾しているわけではない。伝統主義は、教会による教義《ドグマ》制定の原理と、教会の至上権《インペリウム》の形式のもとで成り立っていた。教会の至上権《インペリウム》は、認識の規範を定めるのではなく、認識にとって外在的な規範を学問的妥当に対してさえ定めていた。さらに、この至上権《インペリウム》は、あとに続くすべての時代に対して絶対的な尊重を要求し、こうしたことを全体にわたって貫徹していた。

後代の人々は、さらに広範に伝統主義を促進し、現実の信仰の権威には関わらないところでさえ、権威に拘束されることを進んで受け入れた。

後代の支配的理念である神の国という理念は、中世を支配する指導理念でもある。この指導理念において、神の国という理念は、現実の人間文化のなかで、つまり普遍的で統一的な人間文化一般のなかで次第に実現されていく（神秘主義）。また、この指導理念において、神の国という理念は、特別な（神秘主義運動と鋭く対立するものの、やはり教会の権力を通じて支配するという）形をとることもある。キリスト教神学を中核としている普遍的学問は、まさにその普遍性ゆえに、拡張された神学として把握されなければならない。そして、この学問が使命としている機能は、教会の至上権《インペリウム》のもとで共同体をなしている人間のために真の文化を創造し、共同体になった神の子たちという地位に人間を高めることである。これに関して、さらに次のことを注記しておこう。啓示され、教義《ドグマ》として制定された信仰内容は、広範囲にわたり、しかも次第に増え続けていく。そして、確かに、中世の学問の説明によれば、それらの信仰内容は学問的には把握できないとされる。しかし中世の学問は、これによって、概念的に把握できるものとできないものをみずから区別しているのである。そしてこの学問は、概念的に把握できないものを、それでもやはり概念のうちで捉え、そこから演繹される帰結を追うように教えている。したがって、この学問は、ここで普遍的な人間理性の実践のための規範をも与えているのである。

理念としての教会の世界支配、あるいは神の国という理念は——神の国という表現が表しているように——ある思想をみずからのうちに含んでいる。それはすなわち、神それ自身が神の民族《フォルク》、すなわち教会という神によって創設された支配形式によってキリスト教徒を支配している、という思想である。さらに言えば、神の支配は同時に精神的な浄化（神秘主義）を通じた支配圏の拡大をともなっている。すると、そのような拡大の結果として、ついには人類全体が実際に救済の恩寵に与《あずか》るとされている。言い換えれば、人類全体が自由に恩寵に向かう態度をとることができるようになるというのである。神学において、神は人間に理性という器官を授け、この救済への道の自己実現を通じて、みずからの理性に参与させる。ユダヤ民族《フォルク》は神の民族《フォルク》として組織されてもいて、ユダヤ民族《フォルク》の階級制国家《ステート》は神の国《ステート》でもある。しかし、そこで神は、理解されないまま盲従される法則を通じて、専制君主として支配している。これに対して、キリスト教的な神の国《ステート》は啓示と自然理性に依拠しており、神は啓蒙専制君主として支配している。

訳注

＊1　ここでの「まねび（Nachfolge）」という表現は、トマス・ア・ケンピスの『キリストのまねび（*De imitatione Christi*）』（『キリストにならいて』とも訳される。ドイツ語では *Nachfolge Christi*）（一四一八年）を踏まえたものと思われる。

＊2　ここでフッサールの念頭にあるのは、ソクラテス、プラトン、アリストテレスらによる、それぞれのトピックに関する議論だろう。

＊3　フッサールは「自然的（natürlich）」という語を、反省を経ておらず、素朴である、という意味で用

いることが多い。しかし、目下の箇所での「自然的な」という語は、素朴であるという意味ではなく、むしろ、啓示宗教に依存せずに自然理性だけを頼りにしている、という意味で用いられているようである。フッサールによれば、キリストの登場以前にギリシアなどで成立していた哲学は、そのような意味で「自然的な学問」であった。

＊4 フッサール現象学において、経験（Erfahrung）には思考あるいは判断に究極的な正当化を与える意識体験としての役割が与えられている。しかし、フッサールは、こうした正当化を不可謬なものとみなすわけではない。経験が思考によって間接的に訂正される余地を認めるこの箇所にも、経験と思考の関係についてのフッサールの発想が反映されている。

＊5 経験の「交換（Austausch）」については、第五論文の訳注＊21を参照。

＊6 フッサールは、発生的現象学の文脈において、何かを対象として把握する統覚が初めて成立することを「根源的獲得（ursprüngliche Erwerbung）」と呼ぶ。こうした獲得において既知のものを通じた対象の把握がなされることが重要な意味をもってくる（Hua XXXIX, S. 447）。ただし、本文で論じられているのは、根源的獲得というよりも、単に伝統を受け入れるだけの獲得である。

＊7 この箇所でフッサールが論じているのは、要するに神学、心理学（霊魂論）、宇宙論（世界論）という伝統的には特殊形而上学に分類されていた学科である。

附論VI　「絶対的正当化の理念について」（一九二二／二三年）

ヨーロッパ文化は、ギリシア哲学によってすでに植えつけられた根本性格を近代においてあらわにした。ヨーロッパ文化は、みずからの最も内奥の意味からして、自律的理性に基づく文化、しかももっぱら自律的理性だけに基づく文化であるか、あるいは、そのような文化であろうとしている。早くも一七世紀、とりわけ一八世紀には、新時代、つまり古代の自由な（理性に基づく自律的な）精神のあり方の再生《ルネサンス》の時代が、啓蒙の時代と呼ばれた。[*1] 今、人は一八世紀の大袈裟な自己評価を笑うかもしれない。当時のあらゆる文化領域における精神的生の合理化を、浅薄で偏狭なものと咎めるかもしれない。しかし、一九世紀も、一八世紀に劣らず「啓蒙的」で合理主義的だったことに疑いの余地はない。ただ、一九世紀のほうが、より深い意味で、つまり真正な合理化の困難をより自覚した上で合理主義的であり、かつそうあろうとしていた、というだけのことである。[*2] ヨーロッパの全歴史は最初から、目覚めた理性と歴史的現実の力とのあいだのこうした闘いに貫かれている。理性は確かに人間一般の本質的徴表を表す名称である。つまり、人間とは理性的動物なのである。したがって、理性をまったく欠いた人間の生というものはなく、理性的な考察と熟慮は人間にとってまったく無縁のものではありえない。あらゆる共同体の生と、そこで生じる文化形成体は、合理的活動が幾重にも積み重なってできた沈殿から生じてくる。しかし、歴史的なもの、歴史的伝統から生じて人間を常に悩ませる環境世界、人のあらゆる生と活動を、あらゆる計画的な生の活動を、それどころか各瞬間の決断さえ動機づけ、規定する文化世界、これらすべてを私たちは非合理な世界と呼ぶ。[*3] 自律に目覚めた人間は、そのような世界に反抗し、そのような世界を自分に示されるがままに、つまりそれが存在し、展開するとおりに成り立たせておくことはできないし、そうしようともしない。世界は、その部分をなす個々の偉大な形態だけを見れば、それどころかその発展における卓越した時期にあっては、その全体としての形態の主要な特徴においてさえ偉大さと美を有し、驚嘆の感情、恐ろしい崇高さ、愛などを呼び起こすかもしれない。この点で、世界は、ある新しい意味においてではあるが、かなりの程度「合理的」であるかもしれず、理性を前にして、あとづけでみずからを正当化するかもしれない。しかし、そうだとしても、世界そのものは、それ自体としては非合理である。宗教はこう語る。世界は原初のロゴスから創造されたのであり、理性的な世界である、と。これが意味するのは、世界は意識されざる盲目的なものから生じたものであり、それがあとづけで理性的な評価によって善い世界として認識されうる、ということではない。そうではなく、世界は理性そのものから生み出された世界であり、理性的な達成の結果として生じたものである。ここでは、宗教的な語りのなかに、人間および互いに結びついた人間集団と、人間の仕事のうちで——つまり人間の気遣い、努力、目標設定、理想に向けて何かを形作ることのうちで——構成される歴史的世界の領域とのあいだの新たな関係が投影されている。理性的存在者としての私は、私の世界や私自身を理性的に形作ろうとする。個人としての私や、他人と協同した私——私たち人間——は、可能なかぎり最善の世界を形作ろうと意志し、可能なかぎり最善の自己形成に向けて努力するなかで、可能性に関して互いを高め合う。私たちの前には、完全な人間集団と文化世界という理念が、完全な人間集団の生という理念が光り輝く。完全な人間集団の生とは、すべての個人が、単に生きているのではなく、理性の意識のうちで生きており、洞察的に行為し、自分のすべての行為を見通して、さらに社会的に結合された人間共同体と共同体化された行為という大きな文脈を見通し、共同体の理性という原理に従って行為を秩序づけているような生である。また、それは人間の満足と呼べるもののなかで最高の満足をすべての人が享受するような生である。この最高の満足は、最もよく統合され、相互の愛に根差している共同体のなかで可能なかぎり最善のものを生み出し、それゆえ真に善なるすべてのものへの愛に支えられているという自覚をともなっているような個人的達成によって得られるものである。それでは、はたして「啓蒙」は何を目指すのだろうか。つまり、人間集団の生の究極目標の解明、人間の実践的環境世界がもつ究極の意味の解明、あらかじめ与えられた世界の意味の解明、[*4]徹底的《ラディカル》な批判は何を目指すのだろうか。

訳注

＊1　通常、ルネサンスとは一四世紀のイタリアから始まり一六世紀まで続いた古典復興を指す（八、九世

紀の「カロリング朝ルネサンス」や「一二世紀ルネサンス」のように、より古い時代の古典復興をそう呼ぶこともある）。啓蒙主義の時代をルネサンスと呼ぶのは一般的ではないが、一七世紀後半から一八世紀の啓蒙思想にも、いわゆるルネサンスを引き継いでギリシア・ローマの古典を重視する傾向が見られるのは確かである。

＊2　一九世紀の合理主義ということでフッサールが何を念頭に置いているのかは定かでないが、一八世紀の啓蒙思想を批判しつつ別の形で精神的生の合理化を進めようとした運動ということで言えば、ドイツ観念論（特にヘーゲル）や、オーギュスト・コント（一七九八－一八五七年）の実証主義を挙げることができる。

＊3　フッサールがこの文脈で世界を「非合理な（irrational）」と呼ぶときに念頭に置いている事情は、二つあると考えられる。一つは、現実世界の偶然性に由来する非合理性、つまり、この世界が現にこのようなものであることには理由がない、という事情である。現実世界がこの意味で非合理的であることを、フッサールはすでに一九〇七年の『物と空間』講義の第八四節で論じている（Hua XVI, S. 289-290）。もう一つは、人の行為を（受動的に）動機づけ、自分で正当化を行う機会を奪い取ってしまうという意味での環境世界の非合理性である（本文のこの箇所では、「動機づけ」が動機づけられたものの正しさを含意しないような意味で用いられている。この点については、第一論文の訳注＊20を参照）。この第二の意味での世界の非合理性については、第四論文の訳注＊2で言及した草稿も参照。

＊4　ここで「あらかじめ与えられた世界の意味の解明」が課題として挙げられていることは、のちの「生活世界（Lebenswelt）」の主題化と関連づけることができるかもしれない。「あらかじめ与えられた世界（vorgegebene Welt）」という表現は、例えば『イデーンⅡ』第五三節に見られる。「しかし、自然主義的に考察されるこの世界は、やはり世界そのもの〔die Welt〕ではない。むしろ、あらかじめ与えられているのは、日常世界としての世界である」（Hua IV, S. 208. Vgl. Hua IV, S. 351-354）。フッサールが「生活

世界」を明確に術語として用い、考察の主題にするようになるのは、『改造』論文より少しあとの一九二五年前後である（Hua VII, S. 232; VIII, S. 259）。

附論VII　徹底的《ラディカル》な批判（一九二二／二三年）

世界のなかで美しいものと善いものが生まれ、しかもそれらが盲目的に、あるいは不完全で未熟で不明瞭な合理性のうちで生まれる——しかし、こうした合理性は、今述べたような盲目性と不明晰さにもかかわらず、悪いものだけでなく正しいものも含んでいる。こうした美しいものと善いもののすべてをともなった世界は、その正と不正、その善と悪、その美しさと醜さ、その価値と非価値をあらわにするに違いない。目的となるのは、ここで際立ってくる美しいもの、善いもの、正しいものを自分で活動してわがものにすること、そしてさらに批判によって、自分や洞察するすべての者のために、それらの善いものと正しいものに効力を与え、洞察する理性の権威を——しかも、このように明るみに出た理性のうちで——新たに形成すべき世界のための土台とすることである。しかしながら、非合理的なものは闘って滅ぼさなければならない。ここで、批判は非合理的なものに代わる合理的なものの形成を準備する機能をもつのである。歴史的世界は、過去の世界であると同時に、過去という沈殿物を現在が伝統として内包[*1]するかぎりで、現在の世界でもある。新しい生、新しい人間集団は、この生き生きした現在を、部分的にはその現在自体を批判することを通して、また部分的には過去の出来事そのものを批判することを通して、作り直すことを求めている。過去の出来事そのものは、今はもうもともとの形では効力を発揮しない過去という形式をとりながら、新たに目覚めさせられることを求める場合がある。そうした過去の出来事は、結局のところ、批判を介して所与のものを評価することで、実践的な行為のために、自己活動的な合理性における構想に従って形成し直されることを求める場合がある。それゆえ、自律的な人間は、みずからのためにこの新しい世界を形成しようとする。そして、こうした営みが行き着くところでは原理的批判が求められるのであり、そのためには究極的な原理についての究極的な省察が必要とされる。つまりは、批判を可能にし、その一方で真の理性的な生も可能にするような原理さえも対象とするような省察が必要とされるのである。すでに述べたことによれば、理性的な生とは、一般に可能であるというだけの理性的熟慮がたまたま外から入り込んできて正当化できるような生のことではない。理性的な生とは、むしろその生の主体が理性的だと自称する生そのものの理性を自分で正当化できるような生なのである。理性的な生は、自分の理性が絶対的理性そのものであると自我が絶対的に確信できるようになる生でなければならない。しかも、このような生は哲学的な生である。さらに、理性の主体は孤立した個別的自我ではありえない。というのも、個別的自我は孤立して存在しているわけではないし、そのように存在することはできないからだ。[*2] むしろ、理性の主体は共同体の主観性なのである。人間集団を自律的な人間集団へと徹底的に形成し直す場合には、いつでも徹底的な哲学が前提になる。それとともに、私たちは人間集団の解放の意味上の開始点に立つ。哲学によって、そしてその最初の先駆者の名前を挙げるなら、プラトンやプラトンが解釈したソクラテスによって。

訳注

＊1 「生き生きした現在（lebendige Gegenwart）」はフッサールの一九三〇年代の時間論におけるキーワードの一つだが、この箇所の議論はこうした後期時間論を先取りするものではない。むしろ、本文での「生き生きした現在」は、歴史上の「死んだ」過去との対比でそのように表現されていると思われる。これに近い意味での「生き生きした現在」の用法は、例えば一九二〇年代の『受動的綜合の分析』講義第三七節にも見られる（Hua XI, S. 178）。

＊2 個別的な自我は孤立しておらず、共同体のなかにいる、という見解は、第四論文でも表明されていた。すなわち、「人間はばらばらに生きているのではない」し、「どんな人間も人間の共同体に組み込まれている」のである（一〇二頁）。もちろん、共同体のなかで親密な人間関係を結ばず、一人ぼっちになることはありうる。しかし、他者と何らかの意味で関係している（あるいは関係することが可能である）という意味で、事実上は個別的な自我が完全に「孤立する（isoliert）」ことはありえない。ただし、フッサールは、哲学を始める際には、「私たち」という集団から身を引き離し、いわば方法論上の手続きとして、ただ一人の「私」に立ち返ることを勧めている（『デカルト的省察』第八節。Hua I, S. 58）。そのように哲学を始める「私」は、『デカルト的省察』の原形となったパリ講演（一九二九年）では、「抽象的に孤立した自我（das abstraktiv isolierte ego）」と呼ばれている（Hua I, S. 35）。

附論Ⅷ「実践理性に基づく文化としての近代文化」（一九二二／二三年）

これによって、私たちはヨーロッパ文化がルネサンスから生じた際にともなっていた意味を規定した。私たちがひたすら正確に理解しようとしてきたのは、こうして始まりつつある近代そのものがみずからの新しい意味として告げ知らせているものは何か、ということである。近代の新しい意味とは近代の価値論的な形式原理のことであって、それに沿って近代は新しい人間、新しい文化的生、新しい精神世界を創造しようとしている。この原理が採用すべき方法を特定して獲得するや否や、近代は現実に存在するようになり、生成し始める。近代は、哲学的・学問的な文化として、新しい哲学とともに、そしてあらゆる方面に展開される専門的な諸学問とともに始まる。近代は、これらの哲学や諸学問のうちで、みずからの特殊器官《オルガン》を作り出すことによって始まるのである。このとき常に念頭に置いておかなければならないのは、「哲学的・学問的な文化」は、私たちにとって、ここでは当該の文化の全般的な意味形態を表しているということである。したがって、それは哲学や学問という個別的な文化形態そのものを表しているわけではない。また、それは、このような特殊な文化形式をも含んでいるという規定を通じて、文化全体の単なる特徴を表しているわけでもない。この後者の意味では、スコラ文化もまた学問的である。しかし、スコラ文化にとって、学問は決して自律的な規範を意味してはいないし、妥当とされるあらゆることの批判も意味していない。スコラ文化の原理は「自由」ではなく「権威」であり、この文化にとっては学問ですら自由な学問、すなわち自律的理性に基づく学問ではないのである。

私たちは、近代ヨーロッパ文化（今、私たちが端的にヨーロッパ文化と呼ぶもの）の意味を、まさにこの文化のなかで、この文化それ自身が発展するために意識的に形成され、意識的に効力をもたせられてきた目的理念として解釈している。そして、この解釈については、さらなる解明が必要である。そこで、当然必要と思われる補足を行ってみよう。「ルネサンス」は、おのずから明らかなように、端的に新しい文化形態の誕生ではなく、古代の文化形態の再生である。ルネサンスは、自由、特に学問的理性に基づく自由という中世にはなかった新しい文化原理を手にしている。そして、この原理は、ルネサンス自身によって、賞賛に値する古代の文化原理を受け継いだものとみなされる。もちろん、それは正当なことである。プラトンは、自由な理性に基づいて形成されるべき文化の理念を哲学的・学問的な文化という含蓄ある形式で余すところなく仕上げ、その上、豊かな体系へと展開させようと考え抜いた。そのような含蓄によって、この理念は今や哲学者の書斎に影響を及ぼすだけでなく、文化の展開全般を動かす強い力をも得ている。(1) だからといって、ギリシア文化が、実際にすべての位相と階層において、この理性形式を——つまり文化の最良の担い手たちが、哲学的に思考するなかで、文化の理想的な形式および規範として描いてみせたような理性形式を——満たしたわけではない。ましてやヘレニズム文化は、なおさらそれを満たしてはいなかった。だが、さしあたりは、形式的な規範が影響を及ぼしていたということ、そしてとても間接的で表面的な形であるにせよ、形式的な規範が文化的生を規定していたということだけで十分である。もちろん、このようなギリシア文化の意志を再生するということは、単に軟弱な仕方でそれに乗っかったり追随したりするということではない。そのような再生は、意志の規範のもとで生じるのであり、その規範が、共同体の生と文化の生を合理化することによって、比類のないほど大きな活気を近代に与えるのである。私たちは、こうした意志の規範を、かつての古代のうちにも見て取ることができる。しかも、古代には、とりわけプラトンのような人物たちにおいては、何かをゼロから生み出すような独創性という抜きん出た長所が保たれていた。近代は、かつてないほど広範囲にわたって、諸学問の基礎づけと拡張を成し遂げた。それらの学問は、方法上の厳密さゆえに一般に評価され、この上なく称えられている。そのような学問として挙げられるのはまずもって自然科学である。自然科学の技術が途方もない成功を収めたために、それに結びついた二つの理念、すなわち学問の理念および学問を通じてなされるべき文化の合理化という理念は、同時に揺るぎない無条件の権威を得ている。その権威は多くの人々のあいだに行き渡っている。自然科学の技術の成功は、人間にとっての新しい時代についての全般的な信念を根拠づけている。その新しい時代とは、「啓蒙」の時代、あるいはこう言ってよければ、実践理性に基づく文化——つまり、活動することによってみずからの環境とともに自分自身を理性的に形成し、高め続けていく人間の文化——の時代である。そして、疑いようもなく妥当している理想に照らせば、この時代は、まさしく可能な真正の科学のすべてと、それらすべてに属する科学技術とを基礎づけることによってみずからを合理化していく人間の時代を意味している。

私たちは、こうした理想がすでにほとんど達成された、あるいはすぐに達成されうるのだという近代の大げさな自己評価はどれも退けよう。だが、その上で、私たちは近代を導く理念を信じることとそれ自体については妥当なままにしておこう。近代的な意味において、そのような文化の理念の絶対的妥当性を規範としてもち、それによってすべての真正な文化を測り、私たち自身の文化を形成できるようにしよう。また、たとえ無限の前進という形式においてでしかないとしても、そのような文化形成の実践的可能性を信じることも妥当なままにしておこう。さらには、その文化を実践的に現実化する私たちの無条件の義務を信じること、いわばこの「文化に関する定言命法」を信じることも妥当なままにしておこう。するとこの態度は、ヨーロッパ文化についての私たちの解釈を、その真の歴史哲学的な意味の解釈として正当化する（ここで私たちは、この態度それ自体の正しさについては、根拠づけるのではなく、前提している）。そのとき、自由な理性に基づく文化、突きつめれば、普遍的なものに向けて努力する自由な学問に基づく文化が何を指し示しているのかといえば、それは絶対的な目的理念、すなわち現実に働いている絶対的なエンテレキーである。そのようなエンテレキーが、発展統一体としてのヨーロッパ文化の理念を定義しており、その理念の評価が正当であるなら、合理的に定義しているのである。

原注

（1）⑴理性の文化という理念は、ギリシア人の意識のうちに入り込み、非実践的な理想として、いくらかの影響を及ぼした。⑵プラトンにとっては、それはポリスに関する実践的な理想だった。とはいえ、それは継続的に受容される実践的理想に本当になっていたわけではない。そのことは近代において初めて起こったのである。

訳注

＊1　フッサールは「厳密な（streng）」学問としての哲学ないし現象学を「精密な（exakt）」学問としての自然科学にしばしば対比する。しかし、この箇所の「厳密さ（Strenge）」は、そのような語法を踏まえたものではなく、「精密」と言い換えても差し支えない意味で用いられている。

附論Ⅸ 「根源的な文化と文明。近代科学は「浄福」をもたらしうるのか」(一九二二/二三年)

根源的に湧き起こる文化の生、根源的な創造的精神性は、根源的に見て取られた価値に向けられ、それらの価値を制作的な活動によって持続的な財へと形作る(客観化する)。

文明。二次的な文化の生、伝統という表層的になった文化の生。こうした伝統は、形成されたときの内的な意味を失ってしまっており、無価値な営みに堕落してしまい、代用文化、見せかけの文化、収縮する価値になってしまっている[*1]。

学問。どういう場合に、学問的な文化は根源的に湧き起こる文化であり、根本から真正であり、目的に関して真正であり、方法に関して真正であり、成果に関して真正であるのか。

私たちが人間集団の一つの精神的生という言い方をするとき、私たちの念頭にあるのは心的な生の全体ではない[*2]。つまり、それは単にぼんやりとした受動性における生ではない。それは、むしろ自由に活動する生という全般的な領分である。その生とは、相互理解を媒介にして人のような共同体のうちで互いに関係する人間たちの生のことである。つまり、それは目的をもって活動する、自分で立てた目的に向かう生であり、その成果はいつでも感性的に具現化された作品という形象のうちに客観化されるのである。

こうした客観化が、文化の対象領野を作り上げる。文化対象とは、社会的精神による形成体であるか、あるいは少なくとも社会的精神における形成体である。つまり、文化対象は個人の制作物であることもある。しかし、それは文化対象である以上、共同体の精神性のなかに入り込んで影響を及ぼす。そうした対象は、客観的に感性的な形態のおかげで、つまりその形態が精神内容を理解可能な形で表現するおかげで人によって作り替えられた共通財なのである。また、そうした対象は、人によって作り替えられたことで追理解できるものとして、そして新しい目的の設定や新しい価値の創造を動機づけることもできるものとして用意される。そして、翻ってそうした対象が作られるときのことを取り上げるなら、そこでも同様の仕方ではじめから社会的な動機づけが働いているのがふつうである。精神の活動はすべて、原的に働くもの、つまり、あらゆる局面やステップにおいて根源的な動機づけに支えられて、純粋な「直観」の枠組みのなかを動くものであるか、もしくは、二次的な活動、つまり受動的に生じた「伝統」——以前に根源的に生じた（あるいは生み出された）成果から伝統という形で派生したもの——を元手にやりくりするような活動であるかのいずれかである。伝統は、より前に生み出された精神的成果を単に追理解するだけで「受け取ること」全般として理解できる。この追理解は、完全に外面的で記号的な理解、つまり多かれ少なかれ空虚な、先走った理解でありうる。ここに欠けているのは、根源的に作り出されたときの過程をもう一度あとから作り出し、一歩ずつみずから活動して打ち立てるべき実際の理解である。人間本性の怠惰さゆえに、たいていの人間にとっては、記号的な理解——完全に空虚なものであれ、わずかな程度だけ直観的なもの（つまり、実際にあとから作り出すもの）であれ——だけで事足りてしまう。一般人にとっては、一つの作品の複製は、もっぱら大雑把な写しによってなされるものである。そして、その写しは、不完全な表現であるため、実際の理解を引き起こすことがはじめからできないのである。あるいはむしろ、そうした写しは原物を遡って示すが、この原物がその写しのなかで原的に与えられることはもはやない。しかし、作品が及ぼす真正でない影響には、写しによるものだけでなく、外面的な模倣によるものもある。そうした模倣の結果として、それらの作品は中途半端に、あるいはもっぱら空虚に、つまり表面的に理解され、意味形態がいくらか自由に変形される。想像の戯れのなかではふつう知覚に由来する感性的な形成体が影響を及ぼすが、それは経験された感性的な形成体が変容したものという形式しかもたない。それと同様に、自由な能動性に由来する根源的な形成体も「二次的な感性」へと移行し、他の感性的形成体と同様に、そこで影響を及ぼし続けるが、それらの形成体はこのとき人間の活動的な行為も規定するのである。さらに言えば、習慣的な行いにおける意味の空虚化。慣習的なもの。習俗など、真正でなく、ただ文明的なだけの文化。根元から真正で、意味が明瞭で、真正な目的をもつ文化を求める闘争。

ここで自然と考えが及ぶのは、文化と文明を区別するという、よくある試みである。実際のところ、ここに何らかの対比があると考えなければならないなら、「大衆現象」あるいはむしろ開かれた多数の主観から成る生の共同体のもとでの現象においてこそ、先に記述した区別がその本質的な役割を果たす。たとえただ一つの役割ではないとしても。民族《フォルク》は文化を

（単にもっていただけでなく）もっている。このことが成り立つための条件は、その民族《フォルク》が民族《フォルク》として根源的に創造的な精神性を働かせ、何かを作り出しながら精神性を物質的な表現のうちに具現化し、こうした創造的なエロス[*3]によって動かされつつ、精神的創造から新たな精神的創造へと前進することである。こうしたエロス、「美しいもの」へのこうした愛の衝動が、作品のなかで相対的に完全なものになり、しかも作品を通じてより高次の、それによって初めて可能となった目標と作品形成に向けて衝き動かされ続ける場合に、民族《フォルク》は生き生きとした文化をもつ。民族《フォルク》として、つまり共同体の生を貫いて（たとえその生が理性的な精神性とそのエロスの光が入り込むことのできない深部を有しているとしても）、共同体の高次の精神性が、つまり共同体の諸関係を通じて媒介され、結合された習慣性が進行している。そしてこの習慣性は、生き生きとした憧憬、能動的な衝動力、そして創造的な活動へと移行する準備が常にできている。また、この習慣性は、そのような心構えを源泉として生じたあらゆる作品によって刺激され、熱中し、活動的な追体験や実践的な継承に、そして精神的な目覚め、より高次の精神的な働きに向かう準備が常にできている。このようなことが一部の人々にしかできない場合には、つまり先に述べたような熱中が広く行き渡っていく流れにそれらの人々がもっていかれたり、持ち上げられたり、最初に示唆的に刺激されたりせず、そののちにも人としてもっている習慣性のなかの一般的な先行条件に基づいて能動性へと押し上げられることもなかった場合には、せいぜいのところ、それらの個々の人々が文化をもつだけであって、当の民族《フォルク》それ自身は文化をもたない。過去の文化が新たに目覚め、活性を新たに蘇生させること、つまり過去の文化を顕在的な文化に転換することもまた、そのように理解できる。しかし、文化は常に文明というみずからの環境をもち、生産的な活性は常に形骸化した活性というみずからの環境をもつ。形骸化した活性とは、沈み込んでしまい、「慣習的」で単に「伝統的な」、もはや理解されていないか、ほとんど理解されることがない精神性という環境のことである。そうした精神性は確かに表現されてはいるが、その精神的な内実がその根源的な動機づけをともなってあとから作り出されることはもはやありえない。こうした精神性の動機づけは、ひょっとすると沈み込んで完全に死んでしまっているかもしれない。こうした動機づけは、歴史的な博学によってのみ追理解できるとはいえ、それは生き生きとした態度という形で再活性化できるものとして理解されるわけではないし、新たに根拠づけられ、根源的に正当化され、形作られた心構えとして理解されるわけでもない。

だが、よく見てみよう。すると、私たちが個別の文化領域を直観的に思い描くことで、より具体的な議論をしようとするとき、そしてとりわけ私たちが――ここで私たちの関心をとりわけ惹く――学問の領域について考察するとき、特有の状況がはっきりする。しかも、これらの状況は、きわめて驚くべきものである。というのも、それらが一緒になって時代の運命を本質的に条件づけているからである。私たちにとっての学問を近代における学問の導き方に代表させ、論理的な追試に耐えない理論を抱えた、あの真正ではない学問をすべて除外しよう。また、私たちが近代として通用させるものを、その成果のなかに洞察的な方法と論理的な価値という特権を認めなければならないものに限ろう。誰も否定しないだろうが、近代科学は真正の文化の表れの一つである。しかも、当然ながら、そうした文化は学問的なものであり、「学　問《ヴィッセンシャフト》」という語がすでに暗示しているような一面性のなかにある。[*4] 何らかの新時代が、より偉大な学者たちを生み、そうした学者たちによって可能になった実践理性の成果を生み出し、究極的な観点からは、より偉大で、より合理的な技術を生み出したのだろうか。しかし、皆さんも知ってのとおり、[*5] 私たちの時代をある種の学問疲れが襲っているのかもしれない。学問に敵対的な気分と潮流が鬨《とき》の声をあげている。それはこのような声である。学問は私たちの賢さを高めたわけではない。それらの学問は私たちに真正の認識をまったく与えない。[*6] それらは私たちに自然の成り行きを計算させるが、自然の成り行きを理解させてはくれない。それらが与えてくれるのは現実の事実や可能な事実についての秩序立った知見や秩序の規則としての法則であり、それらが可能にしてくれるのは現実ないし可能な存在の領野のなかで私たちに見当識をつけることなのである。それらの学問は、物事を秩序づけ、概念的に規定する思考のための素晴らしい技術を、自然と精神の全領域において作り上げた。それらの学問は、以前はばらばらに仕事をしていた学者たちの共同の仕事を組織化した。すなわち、学問的労働、組織、（自己訓育も含めた）訓　育《ディシプリン》が組織化されたのである。こうして組織化された訓　育《ディシプリン》によって、各研究者はそれぞれ特定の学問領域に配属され、各自の問題と仕事場を割り当てられる。つまり、各研究者は巨大な世界組織の兵士となり、うまくいけば将校となる――これが近代科学の特徴だというわけである。こうした学問的組織は、誰か一人の独裁者によって作り出されたものでは、もちろんない。ふつうの意味での軍事的システムがそのようにして作り出されたわけではないのと同様である。各人が限定された仕事に専念し、学問の塔を建設するが、その塔から各人が見渡せるのは自分のささやかな持ち場だけである。そして、この建設作業は各人にとって精神的に手近なところから着手される。このような仕事のあり方が必然であることを、各人はみずから洞察するのである。全体的な洞察を手にしている者は誰もいない。今話題になっている洞察、つまり学問を外面的に秩序づけて固定することで得られた成果全体についての洞察に限っても、それを手にしている者は誰もいない。さらに悪いことに、そのような成果は、諸々の成果を終わりなく積み重ねていった結果として、つまり古い成果の沈殿の結果としてしか可能にならない。そうした古い成果は、記号という形で沈殿しており、そのもともとの意味を究極的に示して、より高次の成果のために役立てることを強いるものではない。学問研究者は、大きな一つの機構のもとで働く孤独な労働者になった。そうした研究者は、この機構があげる成果が自分や他の人を驚かせるかぎり、この機構を愛することができた——こうしたことは、とうの昔にもはや成り立たなくなったし、今はもう人は何事にも驚かなくなった。学問的な研究者は、この機構を完全に真剣に、そして高次の意味で愛することができない。というのも、そうした研究者の認識には、その認識のうちで、ある精神性を自分に示してくれるような、最も深い理解が欠けているからである。その精神性とは、精神の最も深い根拠に基づくある必然的な機能、つまり目的論による必然性をそなえた精神性である。ここでの目的論は、人間が人間として、ただ一つ究極的な関心を寄せることができるような究極のものへと遡及的につながっている。簡潔に言えば、この究極のものとは、人間の永遠の浄福のことにほかならない。私たちは、何千キロの彼方と無線通信で会話できるからといって、先人よりも浄福に恵まれているのだろうか。のちの世代の人々は、火星やシリウスの住民と語り合うことができるようになったとして、それによって私たちよりも浄福に恵まれることになるのだろうか。地上の言語のすべてが数万年前にまで遡って研究され尽くし、私たちが地上のすべての王の名前、すべての戦いの名前、すべての寺院都市の名前、すべての芸術家の名前などを記録して確定したとき、私たちはより浄福に恵まれるのだろうか。

人間の力を無限に巨大な力へと高めたとしよう。各々の力が成長して、誰もがどんな時代の学問をも、しかもすべての学問の総体を入念に研究できるほどに、それどころか、あらゆる命題について、その根拠をいつでも手に入れることができ、それまでに獲得されたどんな技術的成果も単独で、あるいは仲間と一緒に模倣できるほどになったとしよう。この点では、その者は私たちよりかなり優れている。だが、このことはその者を浄福にするのだろうか。

皆さんは、こう言うだろう。浄福とは個人的な事柄であり、恩寵なのだ、と。そうかもしれない。まったくもって確実なのは、浄福はもしそれが私にも分け与えられるなら神の恩寵である、ということだ。だが、こう自分に問いかける必要がないだろうか。どうやって私は浄福になるのか、どうやって私は浄福になれるのか、どうやって私は浄福でない状態から解放されるのだろうか、と。

原注

（1）　共同体意識

訳注

＊1　文化と文明を区別する「よくある試み」（二四六頁）の同時代の典型例は、シュペングラーに見られる。シュペングラーは文明を文化の頽落した形態、文化の「生に続く死」とみなしており（『西洋の没落』緒論、第一二節）、これはこの附論でのフッサールの見解と一致する。同様の区別の古典的でよく知られた例はカントにある。「私たちは芸術と学問によって高度な文化をもち、種々の社会的礼節や上品さにおいて煩わしいほど文明化されている。しかし、私たちがすでに道徳化されていると考えるためには、まだ非常に多くのものが欠けている。というのは、文化にはやはり道徳性の理念が属しているのに、この理念をもっぱら名誉欲や外面的上品さという疑似道徳に帰着するように用いるなら、この理念の用法は、ただ文明化ということしか意味しなくなるからである」（「世界市民的見地における普遍史の理念」第七命題／福田喜一郎訳、『カント全集』第一四巻、岩波書店、二〇〇〇年、一六頁）。

＊2　ここで「心的」と訳したseelischや、その由来であるSeele（心）という語を、フッサールはgeistig（精神的）やGeist（精神）と対比して用いる。例えば『イデーンⅡ』第六一節では、主体の感性的な低次の体験が「心」に属する一方で、理由に反応する（フッサールの言い方では、理性的に動機づけられた）態度の主体が「精神」と呼ばれる（Hua IV, S. 279-280）。本文でも、フッサールはこのような意味で「心」と「精神」を使っている。

＊3　エロスは、愛、特に性愛を意味するギリシア語であり、愛を司る神の名でもある。ここでフッサール

が念頭に置いているのは、プラトン『饗宴』に最も明確に表れているような、美しいものと善いものの（再）生産に向かう創造的な欲求・衝動としてのエロスである。

＊4　「学問」と訳したドイツ語の Wissenschaft の接尾辞 -schaft には、「名詞・形容詞につけて「組織・まとまり・領域」などを意味する」という用法がある（『独和大辞典』（第二版）、小学館、一九九七年）。この箇所の叙述は、この点を踏まえたものと推測される。すると、「学問」という語が示唆する一面性ということでフッサールの念頭にあったのは、知識（Wissen）が学問（Wissenschaft）へと組織化され、やがて高度な分業体制に至った、という事情のことだろう。これと同じことは、本文でも続く箇所で語られる。

＊5　この箇所や最終段落に「皆さん（Sie）」という呼びかけが登場することは、この草稿が講義や講演を念頭に置いて書かれたことを示唆するが、詳しい事情は不明である。

＊6　ここで述べられているのと似た見解を、フッサールはもっと早い時期から表明している。例えば、一八九八／九九年の講義では、経験科学としての自然科学はもっぱら観察可能な現象を十全に説明し、予測できる法則を発見することを目指しており、（科学的な）認識はいかにして自然を捉えているのかという認識論的な問題に答えを与えてくれない、という趣旨のことが論じられている（Hua Mat III, S. 241-244）。

附論X　「近代の文化と学問の発展における、ヨーロッパの人間の目的《テロス》を実現することの断念について。五つのテキスト」（一九二二／二三年）

1　哲学的な文化、「論理的」・学問的・「理論的」な理性に基づく文化としてのヨーロッパ文化の性格。完全な正当化の原理、原理論、究極の正当化すべての原理についての普遍的な学問。論理学「において」この正当化は以下のように展開される。つまり、原理的な正当化への意志によって、真なる認識一般および個別の領分における真なる認識の「方法」についての反省によって、認識を導くこと。同時に、普遍的(1)で絶対的に正当化された、あるいは絶対的に正当化されるべき学問への意志。普遍的な知識あるいは学知*1というものがあり、それは同時にある普遍的な数学を要求する。それは、ライプニッツにおいては、普遍数学という最初の明確に輪郭を与えられた理念を要求する。

さまざまな宇宙論《コスモロジー》的な始まりについての、俯瞰的ではあるがまだ体系的でも方法に関して論理的でもない世界考察*2。日常的な言葉が、日常的な概念もろとも、新たに形成された曖昧な思考に適合させられる。必要となったのは、自己活動的な思考のための概念を新たに形成すること、古い概念を形成し直すこと、他の人たちを確信させること、世界についての日常的な事柄から離れた判断を正当化し、根拠づけることである。「理性」と感性が対比される。概念の仕事はパラドクスに至り、根拠づけに向けられた関心の方向は論理的なものとそれにまつわる困難な事柄に至る。懐疑、反応、論理学。[3]

２　即座に成長したものは、幾何学、空間量および量一般に関する普遍性を追い求める数学、普遍性を追い求める精密自然科学である。しかし、普遍的な記述的自然科学（自然史）も即座に成長した。こうした記述的自然科学は、精密で説明的な数理科学にとっての予備段階とみなされるものであり、具体的でさしあたり記述されるべき自然の形態や自然の出来事の類型についての学問である。そうした自然の出来事のもつ類型的特徴が、それらの時空的な秩序や因果的な成り立ちに関して、精密かつ数学的に説明されるべきだとされる。自然科学はさしあたり物的自然についての学問であり、そこには物的に有機的なものも含まれる。しかし、すでに始まりから、心的な自然についての学問、自然の「なかの」心的なもの、物的な身体によって自然に組み込まれたものについての学問という課題が、ただちに立てられた。心的なもの、いわば身体のもとにある心のうちで一つになった複雑な心的な事実、心的な事実と物的な事実を一緒にまとめる規則（心理物理学）に関する精密科学という理念。（ロックの認識論によって規定された）内的な経験における心的なものの記述という理念、記述的心理学と心理生理学一般（心理学的人間学）の理念。[4]

［3］　しかし、このとき歴史的な精神科学、つまり社会的に歴史的な人間とその文化的成果についての学問も目覚める。[5] これらは記述的な学問である。心理学は、さまざまな理論の

変遷とともに、客観的で方法的に確実な学問という形式を手に入れようと奮闘している。それに対して、記述的な歴史的精神科学は確固たる成功を手にし、目に見えてますます大きな客観性を達成しながら突き進んでいる。それに加えて、哲学、学問的だと思い込まれている形而上学は、不明晰で矛盾し合うさまざまな体系のもとにある。[*6] 理性批判、超越論的哲学、そして超越論的観念論の諸体系。

4　実証主義的な自然主義、そしてそれと兄弟姉妹のように結びついた感覚主義。精密自然科学の模範性。精密自然科学はいかにして世界把握を自然主義として規定するか。世界は、一つの全般的な死んだ事実、つまり妥当する法則によって秩序づけられた事実の領分である。そうした法則は、現に存在するすべてのものについて、それが位置づけられた場所で現にとっているあり方を必然にする。学問によって支配された実践理性をともなう学問的な努力の意味と、学問によって解明されたと思い込まれている世界の意味とのあいだの内的矛盾。自由と必然性。心理学では、主観は心的な事実の複合として、つまり何らかの仕方で法則——しかも、まだ知られていない精密な法則——に従って規制された雑多な事実の寄せ集めとみなされる。つまり、それは意味を欠いた何か、理解できない何かになる。しかし、心理学は探し求められている「自然」法則性をここで発見することはできない。事実のうちにあり、実験によって発見される合法則的な事柄は、精密な心的自然への導きをどうやっても決して与えないのである。認識の欲求は満足されないままとどまるが、それがなぜかはわからない。しかし、自然科学もそうなのである。自然科学の方法は成果をあげている。しかし、自然科学には理解できないことがあって、その角度から見れば、自然科学にとっての自然全体には理解できないところがある。したがって、自然認識は現状のままでは絶対的な世界認識では決してありえない。自然認識は認識する主観性に相対的なものに見える。しかし、この相対性は何を意味するのか。そして、その主観性それ自身が自然の付属品に違いないだろう、という困難があるのではないか。形而上学は、主観性を絶対的に定立することを試みる。しかし、明晰さと学問性は、どうやっても決してやって来ない。それと関連して、精神科学の方法と領分についての不明晰さと、精神科学が自然科学や近代の自然主義的な心理学とどう関係するのかについての不明晰さがある。

＊

一九世紀の終わりになおも豊かな成果をあげつつ前進していた近代科学に対して人々が感じた不十分さの根拠は何だったのか。

1　科学的認識は、限りなく多くの個別科学のなかで専門化され、それらの個別科学が見渡せないほどたくさんの個別の認識を示した。それらの個別の認識はあまりにも広範囲にわたったため、専門的研究者が一人でそれらに精通することは、もはやほとんど不可能だった。科学を通じて理論的に賢くなる者は、もはや誰もいない。[*7]

2　専門的な個別科学に実り豊かな科学的技術が付け加えられ、そうした技術によって一般的に役立つ目的、とりわけ経済的な価値や人生の楽しみの向上が達成できたかぎりで、みんな個別科学に大いに満足していた。しかし、欲求がより多く満足させられるほど、ますます多くの欲求がかき立てられることになった。これによって人々がより満足したわけではない。

知識は力である。[*8] 何に対する力なのだろうか。世界に対する力である。そして、この世界には、この力の主体である人間たち自身が属している。それはどのような力で、それにどのような目的があるのだろうか。目的は人間の幸福である。その力は、運命に対する力、つまり人間が最も内的な根拠のもとで意志するとおりに活動し、生きることを邪魔する運命に対する力である。しかし、科学には終わりがなく、それは認識されるべき世界に終わりがないのと同じである。したがって、科学は実践的な知恵の手段としては役に立たない。

3　科学は、純粋に理論的な関心を促進したわけでも、理論的に浄福にしてくれたわけでもない。あらゆる分野の科学、とりわけ精密科学は、その基礎づけ、つまり原理的な方法論に関する不明晰さにひどく苦しんでいる。こうした原理的な方法論が、それらの科学による認識の仕事に指示を与え、最終的には、それらの科学に特有の個々の方法のもとで実行され、前進する認識の仕事に関して、その合理性を規定するのである。数学と数学的自然科学を新たに原理的に根拠づけるための苦労。相対性理論。[*9] 純粋幾何学の意味をめぐる論争。純粋幾何学が自然にあてはまることの必然性をめぐる論争。歴史の方法についての、自然科学と精神科学の関係についての論争。[*10] 方法についての究極的な問いはすべて、あらゆる科学の実践的基礎づけについての問いはすべて、認識論と論理学に至った。しかし、科学は自分で自分の基礎づけを達成できると信じていた。哲学と理性批判に対する軽視。そう、哲学はそれ自身、個別科学つまり自然科学や心理学に依存したものとされたのである。すべての科学の根源は哲学にある。努力が向かうのは、普遍的で世界を包摂する一つの認識、そして客観的に正当化されうる一つの認識、つまりどんな理性的な存在者をも洞察的な根拠づけによって確信させる一つの認識である。

＊

世界とは物的な事実の世界のことでもあるのだが、そうした世界を私たちは自然と呼ぶ。そうした世界は、動物の世界でも人間の世界でもある。ここでの人間とは、共同体という関係のなかで組み合わされ、その共同体の文化形態を自分自身に与える者である。理性的に生きるための一般的な方法としての古代の理論的考察の線上にあった認識は、そのような生が形式的な規範原理あるいはそのような生の最も一般的な形式についての省察を必要とするという認識だけではない。理性的な生は環境世界に依存しているのだから、この環境世界についての認識が行為者を規定すればするほど、理性的な生はよりいっそう価値ある仕方で形成される――こうしたことの認識も、ここにはあったのである。一般的な論理的反省によってもただちに明らかになったはずのことだが、認識の領分すべては互いに関連しており、いかなる学問も孤立しえず、学問はすべて一つの哲学のもとで関連しなければならない。同様に、実践への適用によって明らかになったはずのことだが、最終的にはすべての学問が何らかの可能な行為への実り豊かな関係を獲得できるとはいえ、それらの学問は、すべての学問がそれに奉仕することを使命としていた根源的な意味を見失ったのである。それらの学問はすべて、ただ一つの哲学、究極的に理解する洞察に基づくただ一つの普遍的な知恵にとっての機関だったはずなのに。実際の学問は、埋もれている莫大な事実と理論を根気強く集め、それによって多くのことを教えてくれる。[*11]とはいえ、ただ一つ、そうした学問が教えてくれないことがある。私たちが世界と自分自身を理性の精神のうちで自由に形成できるためには世界や現に存在する人間を理解することが必要だが、実際の学問はそうした理解を教えてくれないのである。しかし、これこそがただ一つの「必要なこと」である。[*12]自分の力について盲信的に思い込み、学者として学問を一つにまとめてたくさんのことができ、常に新しい「成果」を生み出す力があるのだと意識することは、「必要なこと」ではない。私たちの時代における成果への欲は、所有欲よりもはるかに非難すべきであり、それは利己主義の一形式にすぎない。こうした形式の利己主義は、学問化された形で人類の不幸を計り知れないほど増やしただけだった。現象学は最も冷静に省察する学問であり、その対象はみずからを自分で徹底的《ラディカル》に理解する理性の源泉、そして、いかなる目隠しによっても邪魔されておらず、あらゆる非合理的な認識の制限を突破する普遍的な理性の解明[*13]のための方法である。こうした理性の解明は、すでに成果をあげている学問すべてを、それどころか、いまだに打ち立てられていない学問をも究極の洞察的な源泉から照らし出し、それによって世界それ自身の意味を照らし出す。世界の意味は、私たちの自由の領分として私たちに委ねられているのである。

＊

ギリシアの数学、プラトンのイデア論の精神のもとにある数学は、今日の私たちの意味での学問、つまり厳密で「精密な」概念と客観的な法則真理のもとにあり、論理的な方法のなかで根拠づけられた最初の「論理的な」学問の最初の完全な突破口である。この数学は、原理を目指し、原理によって根拠づける最初の学問であり、意識的に哲学的な最初の学問である。数学は哲学のさらなる発展を導き、その洞察は「合理的な」洞察、つまり学問のより高度な意味での洞察の原型になる。数学によって、ガリレオ以来の哲学の発展が導かれる。厳密な概念のもとで、そして究極の原理に基づく厳密な方法のなかで正当化されうる合理性のもとでの普遍的世界認識が、新しい（プラトン的な傾向を再び革新する）合理主義の理想となる。経験主義的な懐疑がどれほど激しく数学的な学問の理想を攻撃し、世界に関する合理主義的な学問としての哲学と戦うのだとしても、そうした経験主義者でさえ、一般に純粋な否定主義者であろうとするのでない以上、根拠づける方法としての学問という理念に、そして最高の形では原理によって根拠づける方法に基づく学問という理念に導かれている。[*14]発展によって成果に富んだ個別科学が生まれる一方で、もともとの狙い、つまり世界に関する一つの普遍的な学問、学問的な合理性に支えられた一つの世界認識という狙いがどれほど期待外れに終わるのかということは、よく知られている。個別科学には技術的な学科が何重にも結びついており、それらの技術的学科はありとあらゆる可能な仕方で学問的・政治的な実践の役に立つ。しかし、学問的な理性文化、純粋な学問を通じた「啓蒙」という真正の時代は来ていない。学問的な理性が理性文化の支配者になっているわけではない。怠惰な大衆は、利己主義的な（個人的および国民的《ナショナル》な利己主義に基づく）利害に向けて彼らを急《せ》き立てる指導者《フューラー》の餌食になる。賢明な人道主義者たちは無力である。というのも、経験、つまり経験的な直観から生じた知恵は、客観的に根拠づけるための権威をもたないし、証明済みの確定した原理――あるいは必当然的な仕方で洞察的な、論理的に厳密な原理――への違反や不条理を論理的・学問的にやり込める力をもたないからである。政治的な、ナショナリスティックな、社交辞令的な言葉遣いや論証が、最も人道主義的な知恵に基づく論証と同じか、それ以上に力をもつ。個別の学問は、ばらばらには栄えている。それらの学問に究極の統一を与えることを使命としていた哲学は軽蔑されている。独立した諸学問は、哲学が必要だとは思っていない。実践的な人間は日々の生活に没頭しており、学問を、それが自分を技術的に助けるときに、たまたま実践的な目的となった事柄のための手段として利用する。その他の点では、以前に何世紀ものあいだ支配的だった考え、つまり新たに形成されるべき人間集団と理性の理念から原理的に形成されるべき理性文化という考えは、力を失ってしまった。みんなこうしたことを現実的な政治家《レアルポリティカー》として乗り越え、過日のイデオロギーを笑いものにしている。すべてを支配する理性への信仰――人間集団の哲学的な奮闘のなかで常により純粋な自己意識へと至り、人間集団を神の子たる人間集団に変え、人間集団を取り巻く環境世界を地上における神の国に変えることができるはずの信仰——が機能しなくなり、力を失ってしまったら、人間は利己主義に身を委ね、そして政治的には力の理念という怪物[*15]（とりわけナショナリスティックな形態のそれ）に身を委ね、自分が崇拝する邪神を理想主義的な言葉遣いで飾り立てるようになる。だが、こうした理想主義的な言葉遣いは、その根源的な意味源泉に関して言えば、永遠の理念をつなぎ合わせる溶接室に由来するのであり、この理念は、混じりけのない形をしているなら、ありとあらゆる形の利己心と完全に対立するのである。専門家によるまがいものの哲学では、懐疑が、実証主義や虚構主義（かのようにの哲学）や超人の哲学という表題のもとで、哲学のふりや積極的な真理のふりをしている（こうした懐疑は、それにとって原理的な意味や前提やテーゼに従って、積極的な真理の可能性を否定するというのに）[*16]。それと同様に、政治的・経済的な力をもつ人間による「現実政治《レアルポリティーク》」という実践的な懐疑が、みずからの目的や手段や仕事を理性的で賞賛に値するものだと称する——こうした懐疑は、あらゆる理性と、理性に起源をもつあらゆる定言命法を面と向かって侮蔑するというのに。

＊

ヨーロッパの人間集団は、その生まれもった目的《テロス》から逸脱してしまった。彼らは、この目的《テロス》を意識した（知恵の樹の実を味わった）が、それを最も完全な意識へと高めず、また、それを自分たちの生の実践的意味としてあくまでも一貫させることもなく、むしろその意味に背を向けてしまった。この点で、彼らは罪深い退化に落ち込んだのである。

私たちは、革新のための尺度と目標をすでに起こった過去の文化形成に求めるような悪しき保守主義を擁護しているわけではない。

一人一人の人間は、自分の生まれもった目的《テロス》——その人に元来そなわっている無限の理念、つまりその人の「真の」自我と真の生の理念——を手にしている。この目的《テロス》は、いつかその人のなかで——さしあたり不明瞭にではあれ——目覚め、その後の人生の定言命法になり、確固とした心構えにおいて人生に新たな形態を与えるだろう。それは、正当化されたあるべき人生という形態、あるいはまた定言的理念の実現——しかも、一貫した意志（定言命法の理念を中心に据える意志）による実現——という形式における、人生という形態である。これと同様のことが、人間集団にも、すなわち共同体の生と文化の生の流れる統一のなかで活動する人間集団にもあてはまる。人間集団は、元来、真正の人間集団という理念を、つまり真正の共同体の生という理念をみずからのうちに抱いている。この理念は、いつか共同体の意識にのぼり、共同体の定言命法になる。個々の主体にとっての理念と共同体の主観性にとっての理念は、明らかに密接な関係にある。なぜなら、一方では、個々の主体は共同体のなかでしか生きられず、また個々の主体の定言命法には、それらの主体が正しい仕方で共同体のメンバーであることが含まれているからである。また、他方では、個人が共同体の細胞であり、個人の生が共同体の生の部分である以上、共同体の命法は個人の命法を包含しているからである。[*17]

自由な理性に基づく文化、そしてその最高段階である自由な普遍的学問に基づく文化は、絶対的な目的理念であると同時に、ヨーロッパ文化のなかですでに働いて効果を及ぼしている理念でもある。ヨーロッパ文化は、確かにまだ理性的文化ではないが、そうなろうと自由に――つまり自由な理性に基づいて――自己規定した文化である。ヨーロッパ文化をそのような文化にしたのは、まさにこの理念である。いや、これと相関する別の表現のほうがいいかもしれない。この理念はヨーロッパの人間集団の目的理念であり、その人間集団を自律的理性のうちで自由に自己規定する人間集団にしたのだ、と。しかも人間集団のこの形態は、人間集団の発展という観点から言えば、価値において最高の発展形態である。だが、これは本来は正確な表現ではない。倫理学者が正しいとすれば、定言命法の生の形式は、単に他のどの生の形式よりも善いというだけでなく、絶対的に要求されている。そして、一般に他のあらゆる生の形式が価値をもちうるのは、その形式が定言的形式を、人間の生のうちで可能であり、許容されるすべての価値の形式として受け入れた場合に限られる。このことの根底に何があるのかといえば、それは人間のいかなる価値も定言的形式に組み込まれうるということ、そしてこの形式（これは、その価値を「実質的に」別の価値にするわけではない）に組み込まれた場合に限り、そうした価値は現実の価値でありうるということである。私たちの倫理的・実践的評価はいつでも仮言的なのであって、それが絶対的評価として扱われる場合には、その評価を定言命法の形式に組み込むことができ、また組み込まなければならないことは自明であるという前提が働いているのである。[*18]

人間は、人間の生は、理性的であることはできず、理性的になることしかできない。しかも、人間の生が理性的になるための仕方には、定言命法を意識して、それに従って、あるいはそのもとで理性的になるというものしかありえないのである。このようにして、人間の生はより高い発展の形式をもっており、この発展形式それ自身が定言的に要求される。このようなことは、すべて「大きな人間」にもあてはまる。この発展形態に先立つ自然で素朴な人間の生は、さまざまな価値を含み、そのため例えば美しい生であることができるのだから、それ自体で何らかの価値をもつ。しかし、このように評価するとき、私たちは実践的ではない別の評価様式のもとに立っているのである。この様式のもとでは、素朴な文化がある種の「高さ」を、つまり価値をもち、さらにその価値は定言的形式の文化よりも高いかもしれない。すなわち、そうした文化の価値は、実践以外の観点から見たその文化内容に関しては、そして定言的な形式を捨象して見たすべての内容に関しては、より高いかもしれない。しかし、倫理的な人間は、たとえ文化がなかったとしても、やはり倫理的な人間として、より高い地位にある。そうした人は、最高の価値段階にある形式をそなえており、「善き意志」をもち、その点において絶対的な価値をもっている。これに対して、それ以外のあらゆる点で最高のものは、絶対的価値をいささかも含んでいない。ただし、もしもそれが絶対的なものの形式をそなえていたり、その形式をとることができたりする場合には、ただちにはるかに大きな価値をもつことになるだろう。しかしながら、当然のこととして、善き意志をもつすべての人間は、倫理的にどれも等しいのではないだろうか。同じ人間としての尊厳をもっていないだろうか。確かにそうである。このような形式の人間は皆、絶対的価値の世界に属している。しかも、「絶対的」というのは、二つのことを意味している。まず、それは仮言的な価値ではない。さらに、それは単に相対的な価値ではなく、「精神の作品」のように主体に対して相対的な価値ではない。

人間が倫理的な意識を、つまり定言命法の意識をすでにもっているなら、そのときから人間は自分のなかに目的理念を、自律的な理性による自己形成という形式で自分が発展するための原理として抱える。それはエンテレキーであり、実際、最も本来的な意味でのエンテレキーであって、有機的に盲目的なエンテレキーとはまったく異なっている。[*19] 後者は、有機的なものがみずからの類型に従って、それに向けて成長するような自然の究極類型にすぎない。これと同じように、共同体も共同体意識をそなえた人間集団の形式であるばかりでなく、この意識において同時にすでにみずからの真のエンテレキーを自分のなかに抱えている（あるいは、絶対的な形式の共同体意識にすでに目覚めている）ような人間集団の形式でもある。盲目的な生成、すなわち成長は、（例えば美しい芸術が共同体の価値の領域として次第に高い形態へと成長していくかぎりで）価値ある形態に向かうことがあるかもしれない。しかし、今問題になっている場面では、人間集団はもはやそのような成長の文化のうちに生きているのではない。むしろ、人間集団はある意志の統一に向けて組織されており、その統一は絶対的理念としての真の人間性に向けられていて、この方向において、絶対的に価値をもつ人間集団の発展という形式を受け取っている。(2)

人間集団がこの発展のなかで共同体とし

て生き、その真理に従って上昇的に自己を実現するかぎり、人間集団はみずからの絶対的価値を維持する。人間集団がそのエンテレキーを失うなら、つまり人間集団のなかでエンテレキーが働きかける理念の力を失って、それが全般的には意識されなくなり、効果を発揮する目的であることをやめるなら、ただちにこの人間集団は完全な有罪状態に陥ってしまう。みずからのエンテレキーを意識している人間集団の評価は、個々の倫理的な人間の評価と類比的に、発現された効果、つまり実現という尺度に従って定まる。しかし、ここでの状況は、より複雑である。というのも、ここではすでに、人間集団や文化はいつみずからのうちにエンテレキーをもつのか、という問いがあるからである。いわば、共同体のものとしてのこのエンテレキーが、個人のなかだけでなく、共同体のなかで目覚めたのは、いつなのだろうか。このエンテレキーは、個人のなかでしか目覚めないが、しかしまさに共同の所有物や共同の財であるような理念として目覚める。それは常にそのようなものとして承認され、必然的に意志のなかに、少なくとも要求として組み込まれることによって効果を発揮することになる。そして、このエンテレキーは、それ自身要求されたものとして、この理念との関係で、関心、愛、意志の共同体としての共同体を創設する。今や定言命法の範囲内に含まれることだが、どのような絶対的な価値も尊重され、愛され、それゆえ決して損なわれることなく、どのような発展の価値も可能なかぎり促進されるべきである。同様にまた、どのような存在も、どのような対象も、それ自身のうちに絶対的価値への、あるいは絶対的価値の無限の発展への「素質」をもっているなら、そして無限の発展的価値という理念をもっているなら、そうしたものとして愛され、促進され、育《はぐく》まれ、等々のことがなされるべきである。したがって、例えば子供や、まだ目覚めていない自然人や、素朴な「人間集団」、つまり「自然状態」で生きている民族《フォルク》も愛され、促進され、育まれ、等々のことがなされるべきである。

自由へと覚醒した者は誰でも、誰であれ他の者を人間として尊敬する。そうすることによって——このことは先述の理性の命法にも属するのだが——誰もが、誰であれ他の者を、達成された価値の高さに応じて評価し、この点に関して自分より上に置いたり、場合によってはこの点に関して手を差し伸べたりしなければならない。だが、このとき依然として問題なのは、定言的な形式において捉えられた場合、どの価値が最高であるのかということ、あるいは人間一般の本質に鑑みて、そして所与の状況における所与の人間たちに鑑みて、何が最善であるのかということである。それは「利己主義的な」価値だろうか。自分の真の価値を享受することのうちには、無価値なものや無価値化するものが含まれるのだろうか。しかし、他者の価値を享受することには、そのようなものが含まれないのだろうか。自分の価値と無価値を認識することは、進歩のために不可欠である。自己満足は、どれもみな非倫理的なのだろうか。もし価値が自己吟味において認識されたのだとすれば、自己満足はそこにアプリオリに存在しているのではないか[*20]。悪徳としての自己満足が意味するのは、何か別のこと、すなわち他の者に対して自分を誇示することと結びついて、自分の価値を誤って究極化し、絶対化することなのではないか。このとき、人々は自分を無限性という鏡に映して見つめておらず、したがって要求されてはいるが実現されてはいない価値の無限性――それに比べれば、達成された有限のものはごくわずかである――を視野に入れてはいないのである。しかも、このとき人々は、価値を世界のうちに置くことではなく、無限に向けて善く生きるために善くあることが課題であることを理解していない。

善い人間は誰でも、その者自身は価値としては私有財産ではなく共有財産である。そして、当の善い人間にとっても、その者自身は、精神的価値と同じように「共同の財」である。そして、当の善い人間に対してもってよい喜びは、みんながその者についてもつことのできる喜びだけである（それはちょうど、その者にやってほしいとみんなが願っているに違いないことを、その者が常にやらなければならないのと同様である。しかも、このやらなければならないことは、まさにその者の絶対的価値に属している）。

しかし、そうすると、これから述べるような難題が生じる。この共同体が包括的になり、その結果として当該の文化的人間集団全体（国民《ネーション》あるいはヨーロッパの人間集団）がみずからのエンテレキーを意識し、それをまさにそうしたものとして、つまりみずからの定言命法として意識したのは、いつのことだったのか。それとも、それは単なるものの言い方にすぎないのだろうか。啓蒙の時代には、自律的な理性の精神が「支配していた」。しかし、エンテレキーについて何も知らない人間や、こうした新しい精神に逆らうきわめて閉鎖的な階層および共同体（教会のなかの最も伝統主義的な人間）は、やはりたくさん存在していた。だが結局のところ、私たち自身は、一八世紀のことを考えるときには、自分たちがこの理性共同体の一員だと判断する。あるいは、私たちは（たとえ仮説的なものだとしても）この評価の地盤の上に身を置き、それから次のことを見出す。すなわち、この理念は急速にますます多くの集団を捉えるようになり、継承されて、ますます多くの文化の領分を形作り、それとともに進歩的な展開が生じて、このことによって人間集団とその文化はますます理性文化という性格を、したがって定言命法の精神によって担われた文化という性格をもつようになった、ということである。それから私たちは、一九世紀にこの進歩が停止し、理念がその力を失って懐疑によって廃棄されることに気づく。そして、さらに私たちは進歩しているつもりで後退していることに気づくのである。そのとき形成されるのは、他の理念、すなわち国民的《ナショナル》理念である。これは、普遍的な文化理念としてではなく、支配的で各々の国民《ネーション》の内部に浸透する理念として形成される。利己主義的な権力の理念としての、そして自国民《ネーション》の自己価値の向上という利己主義的な理念としての国民的《ナショナル》理念。この理念は、それが発揮する効果を伝染させつつあるが、絶対的な価値の理念ではない。確かに、自国民〔ネーション〕の絶対的価値を、しかもそれを（母親の愛や子の愛の場合のように）あらゆる他国民《ネーション》よりも優先して要求することは、絶対的な価値の理念である。しかし、それは利己主義的な理念ではないし、ナショナリズムの理念でもない。自分の絶対的価値を要求することを、他の者による絶対的価値の追求をそもそも不可能にするような仕方で、つまり他の者を奴隷化するような仕方で行うのは犯罪である。[*21] こうした要求は、定言命法によって絶対に価値あるもの［として］要求されるようなものではない。利己主義的な理念もまた継承されうる。ただし、そのような継承は、伝染という仕方で起こるのであって、絶対的価値の継承という仕方で起こるのではない。絶対的価値は同一性を保って継承されるが、模倣されることはありえないのである。私が倫理的人間として他の者の倫理的価値を手本にしてそれを模倣する場合でさえ、私はそれによってその者の倫理的価値を理念として獲得して所有する。そして、この価値は、その者がみずからのうちで実現している価値と同一なのである。このとき、私にできるのは、その者の価値を私の価値と同じように欲するということにほかならない。ただし、私はその価値を実現しているのだから、私自身の隣人であるとはいえ、やはり場合によっては、はるかに高いものとして認識された他人の価値のために自分を犠牲にするかもしれない。私が他の者の価値を自分の価値と同じくらい高く承認すると、その結果として、危険な状況下にいるその者を救うために、成功する蓋然性が低いとしても、その者の生命の代わりに自分の生命を賭けることになる。

こうして、利己主義は誤って絶対的な価値と称される国民的《ナショナル》な利己主義という形で支配的な理念となり、利己主義は一般的にそれと一体化してしまった。絶対的な理念価値は、いつも利己主義的に飾り立てられて無価値化されることで利己主義的な理念価値と絡み合っている。国民《ネーション》の「福祉」は経済成長を要求し、こうした経済成長は技術や学問、そしてそれ以外の精神的で絶対的な価値のどんな成長にとっても前提になっている。したがって、そうした福祉は他所の国民《ネーション》を代償にしてでも求められなければならないし、世界は、その物質的な有用性に関して、国民《ネーション》の専有物として要求されたり容赦なく追求されたりする。同様に、学問も価値あるものであり、それによって学問的な技術と産業が可能になる。さらに、こうした学問的な技術と産業にも価値がある。なぜなら、それらは大衆を養うことや有用な仕事に就かせることなどができるからである。しかし、目下の場面では、あらゆることが倫理的な絶対的限界についての問いを抜きにして野放図に急《せ》き立てられ、絶対化されている。というより、むしろ、あらゆることが国民的《ナショナル》な関心事、つまり国民的《ナショナル》な利己主義の関心事にされており、こうした傾向が際限なく強まっているのである。あらゆること――学問や技術、何であれ精神的な善いものとして絶対的にみなされうるもの――が国民《ネーション》の賛美の対象となる。国家《ネーション》の市場における商品、国家《ネーション》権力の商品、国家《ネーション》権力の手段となっている。

倫理的な精神、絶対的な理性に基づく文化意志の精神は、個々人に効果を及ぼすのをやめてはいないが、勝ち進んでいく代わりに防衛戦を戦っている。したがって、私たちが理性の時代と特徴づけることがおそらくできるのは、理性的な人間集団という理念の実効性が進歩を遂げる（そして、そうした実効性が、普遍的な文化領域と、総体的な共同体の内部でますます大きくなるさまざまな共同体とを新たに形成する）時代である。そのとき、この理念は発展の全体を支配し、規定する理念であり、それが時代の精神を代表する。理性の時代をより高次の形式で特徴づけるなら、それはこの精神がすでに党派的な共同体のすべてのうちに根を張って発展するときになったような時代だということになるだろう。理想的には、この精神は個々人のなかに生きなければならないだろう。あるいは、この精神は、普遍的な意識のもとで、規範にかなって《ノーマル》[*22]正常な個人に自明な仕方で属するものとみなされなければならないだろう。

原注

（1）普遍的かつ体系的

（2）芸術家がみずからの理念へと方向づけられるように、人間集団はみずからの理念へと方向づけられる。この理念は、常に完成形態というさまで規定される。

訳注

＊1　ここで「知識」および「学知」と訳したのは、それぞれ sapientia と scientia というラテン語の表現である。

＊2　「宇宙論的な始まりについての〔…〕世界考察」ということでフッサールの念頭に何があるのかは定かではない。この文脈で近代哲学が問題になっていることを踏まえると、カントが『純粋理性批判』でアンチノミー（二律背反）に陥ると論じたような類いの議論のことが考えられているのかもしれない。

＊3　ここで「懐疑、反応、論理学」と訳した箇所は、原文では „Skepsis Reaktion Logik" となっている。これらの名詞の羅列が何を意味するのかは定かではない。

＊4　フッサールは、ここでブレンターノによる記述的心理学と発生的心理学の区別を念頭に置いていると思われる。ブレンターノによれば、さまざまな心的現象の生成消滅を法則的に説明する発生的心理学（生理的心理学は、その一種とみなせる）は、それらの心的現象がそもそもどのような構造をしているのかを内的知覚に則して分析する記述的心理学を予備学として必要とする（Cf. Franz Brentano, *Deskriptive Psychologie*, aus dem Nachlaß herausgegeben und eingeleitet von Roderick M. Chisholm und Wilhelm Baumgartner, Hamburg: Felix Meiner, 1982, S. 1-10）。フッサールは、『論理学研究』第二巻

への附論のなかで、ブレンターノの記述的心理学で鍵を握る内的知覚と外的知覚の対比を取り上げ、それをロックによる反省（reflection）と感覚（sensation）の区別とも関連づけながら批判的に論じている（Hua XIX/2, S. 751-775)。

＊5　精神科学については、第一論文の訳注＊18を参照。ここで「歴史的な精神科学」と呼ばれている学問の内実については定かではないが、一つの推測として、フッサール自身もしばしば引用するディルタイの「精神科学における歴史的世界の構成」（一九一〇年）との関連が考えられる。そこにおいてディルタイは、精神科学の確立者として、文献学の立場から個々の国民についての歴史的認識を促したフンボルトとヴォルフ、法の分野で歴史学派を創設したアイヒホルンとサヴィニー、独自の歴史哲学を展開したシュライアマハーとヘーゲルなどに言及している（Wilhelm Dilthey, *Gesammelte Schriften*, Bd. 7, Stuttgart: B. G. Teubner, 1958, S. 93-101／『ディルタイ全集』第四巻、長井和雄・竹田純郎・西谷敬編集／校閲、法政大学出版局、二〇一〇年、一〇三―一一一頁）。

＊6　哲学が矛盾し合うさまざまな体系のもとにある、という評価は、哲学の進展はある体系が別の体系に取って代わられることで生じる、というフッサールの哲学史観を反映していると思われる。この哲学史観については、第五論文の訳注＊43を参照。

＊7　この段落と同様の見解は、附論IXでも表明されていた。

＊8　「知識は力である（Scientia est potentia）」は、フランシス・ベーコン（一五六一―一六二六年）の発想に基づく格言として伝えられており、「知は力なり」とも訳される。ベーコンは、主著『ノヴム・オルガヌム』（一六二〇年）第一巻「警句」で「人間の知識と力は一致する」と述べており、この発想が敷衍されて伝えられたものである。フッサールは、『第一哲学』第二部でも（Hua VIII, S. 19）、このモットーに近代の実証科学が依拠する原理として言及している。

＊9　フッサールは、一九二二／二三年の講義のなかで、アインシュタインの相対性理論について、その成

立のきっかけとなったのは物理学の基礎的な概念に関する哲学的な反省である、という所見を述べている（Hua XXXV, S. 297-298）。なお、この箇所では、ヤン・ブラウワーの直観主義数学も、同様に数学の基礎概念への哲学的な反省をきっかけにして成立したものとみなされている（第二論文の訳註＊12も参照）。

＊10　自然科学と精神科学がそれぞれ何であるかについては、第一論文の訳注＊18を参照。目下の箇所では、両者の関係をめぐる「論争」への言及がなされているが、ここで具体的にどのような論争が念頭に置かれているのかは定かではない。しかし、フッサールが精神科学を自然科学に依存しないものとみなすことは間違いないだろう。例えば、『イデーンⅡ』第三篇第三章においては精神が完全に「自然化」できるかどうかが話題となっており、これに対してフッサールは否定的な回答を与えている（Hua IV, S. 297）。

＊11　この文を訳出するにあたっては、フランス語訳（p. 141）に従い、底本の校訂注も参照した（Hua XXVII, S. 288）。

＊12　この「必要なこと（was nottut）」を、フッサールは第五論文に登場していた新約聖書由来のフレーズ「唯一の必要なもの（unum necessarium）」を踏まえて用いていると考えられる（第五論文の訳注＊26も参照）。

＊13　「理性の解明」と訳した Vernunftklärung は、理性による解明も、理性についての解明も意味しうる。当該箇所の文脈から読みを確定することは困難なので、この語の曖昧さを保存した「理性の解明」という訳語を採用した。

＊14　ここで述べられたような経験主義批判は、『論理学研究』第一巻第二六節への補遺にも見られる（Hua XVIII, S. 94）。また、一九一一年の論文「厳密な学としての哲学」でも、同様の議論が自然主義全般に対する批判として展開されている（Hua XXV, S. 8-10／「厳密な学としての哲学」小池稔訳、細谷恒夫責任編集『ブレンターノ　フッサール』（『世界の名著』51）、中央公論社、一九七〇年、一一一―一一二頁）。

＊15　「怪物」と訳したMolochは、ユダヤ教以前から古代の中東で信仰されていた神モレクを指す。旧約聖書ではモレクに子供を捧げる儀式が行われていたとされており、現代でもしばしば（悪しき）権力の象徴として用いられる。

＊16　「かのようにの哲学（Philosophie des Als-Ob）」ということでフッサールの念頭にあるのは、ドイツの哲学者・カント研究者のハンス・ファイヒンガー（一八五二―一九三三年）の著作『かのようにの哲学（*Die Philosophie des Als Ob*）』（一九一一年）だろう（フッサールはファイヒンガーと書簡を交わす仲だった）。ファイヒンガーは、同書で、人間は決して世界の現実を知ることはできないので、あたかも世界が人間の作ったモデルに適合する「かのように」ふるまっている、と主張した。また、超人の哲学ということでフッサールの念頭にあるのは、ニーチェだろう。フッサールは、一九〇三年頃のメモで「現代の倫理的な懐疑論」としてシュティルナーとニーチェの名前を挙げており、その克服を課題としている（Hua XXVIII, S. xxiii）。なお、この文脈で「実証主義」が何を指すのかは判然としない。

＊17　ここで「個人の命法」と「共同体の命法」と呼ばれているものは、第四論文で言及された「個人と全体にとっての定言命法」に相当すると考えられる（一一一頁）。また、「共同体の命法は個人の命法を包含している」という主張は、同じく第四論文における「具体的な共同体が〔…〕真正の人間共同体でありうるのは、その共同体が個別の真正の人間たち（定言命法によって表される形式をもつ人間たち）によって担われているときに限られる」という箇所に関連しているだろう（一〇七頁）。

＊18　「そして、一般に……」から段落終わりまでの議論には補足説明が必要だろう。「定言命法の生の形式」だけが絶対的に価値のある生の形式であって、他の生の形式が価値をもつのはその形式が定言的形式に組み込まれた場合に限られる、ということが述べられている。定言命法は「可能なかぎり理性的に生きよ」と表現される。これに基づくなら、可能なかぎり理性的に生きるという生の形式だけが絶対的に価値をもつ。ところで、例えば誠実に生きることは価値があるとされる。しかし、「誠実に生きよ」という要

求は、厳密には仮言的であって、「可能なかぎり理性的に生きようとするなら、誠実に生きよ」という形式をもつ。この要求は、「可能なかぎり理性的に生きようとするなら」という条件からして、明らかに定言命法の生の形式に組み込むことができる。そのかぎりにおいて「誠実に生きよ」という要求を私たちは定言的要求として扱うことができ、誠実な生を絶対的に価値をもつかのように扱うことができるのである。

＊19 「エンテレキー」の基本的な意味については、第五論文の訳注＊2を参照。目下の箇所では、⑴生物個体としての有機体が本能的に到達するエンテレキー（有機的に盲目的なエンテレキー）、⑵倫理的な個人が自己形成の到達点として意識しているエンテレキー、⑶倫理的な共同体が自己形成の到達点として意識しているエンテレキーが区別されている。ここでフッサールは、倫理的主体の意識的なエンテレキーこそが「本来的な意味での」エンテレキーだと考えている。そのため、本文の続く箇所で、いかにして共同体がエンテレキーについての「共同体意識」をもちうるかが一つの論点になるのである。

＊20 フッサールは、理性と結びつく感情を言い表すために、カントが『実践理性批判』（第二篇第二章第二節）で「知性的な満足」と特徴づけた「自足・自己満足（Selbstfriedenheit）」という表現を用いている可能性がある。この語は、日本語のニュアンスにあるような利己的な欲望の充足ではなく、理性の欲望の充足を意味している。

＊21 ここで述べられている自分の価値と他人の価値の絡み合いという論点は、例えば同時期の草稿の以下の箇所にも見られる。「私の生は単独では何ものでもない。それは他人の生と一体になっており、共同体の生の統一のなかの一断片であり、さらに共同体を超えて、人類の生につながっている。私は自分の生と絡み合った他人の生を評価することなしには、自分の生を評価することはできない」（Hua XLII, S. 302）。

＊22 ここでの normal も、明らかに「規範（Norm）に従っている」という意味を含んでいるため、「規

範にかなって正常な」と訳す。第四論文の訳注＊19、第五論文の同じ趣旨の訳注＊38を参照。

附論XI　バーナード・ショーと西洋の生の力①

「西洋の没落」[*1]という最近出てきたこの弱気な哲学的懐疑論の学説は、今日どうしてそんなに私たちを心配させられるというのだろうか。というのも、バーナード・ショーの喜劇が至る所で人々の胸を高鳴らせ、それが植えつけたあの信念が、あらゆる真正な学問と真正な生を支え、あらゆる懐疑論を霧散させているからだ[*2]。そう、下降しているにせよ、上昇しているにせよ、「西洋」は——私たちが望んでいるとおりに——ほかでもない私たちのなかで生きているのである。神は私たちを見放したとでもいうのだろうか。神の力は生きており、ほかでもない私たちのうちで、つまり私たちの根っこから、真正な意志のうちで成就される。生ける神が働くのは、ほかでもない私たちの生において、私たちの純粋な、根の先まで誠実な意志においてのみである。この意志とは、捨ててしまったら私たちの生を無意味なものとして放棄せざるをえないようなものだけを求める意志にほかならない。

最も内なる生の意志を変容させる確信が育《はぐく》まれ、ヨーロッパ文明に革命を起こす力に変わろうとする、そのような変化は、バーナード・ショーだけに起こったわけではない。だが、彼に匹敵するほど広範囲に強い影響を及ぼした人はいない。これは彼の方法のおかげである。真正な人間性を封殺し、人としての自己責任に基づく生を封殺した自然主義に対して、彼は情熱をもって抵抗し、またこの自然主義の随伴現象である耽美主義者たちの芸術、専門家向けの学問、慣習化した教会の宗教などにも抵抗する。そうした彼の抵抗は、芸術的に作り上げられた言葉によってなされる。彼の芸術は、前代未聞の重みをもって、観客の生の現実とその模像である登場人物のあいだの柵を打ち破る。ショーの手のなかで、彼の芸術は生そのものの力になり、生を社会倫理的および宗教的に革新する力になる。絶えず繰り返される「お前自身のことが語られているのだ」[*3]によって、ショーの芸術は私たちの心を、それも単に私的な人間としてではなく、社会的環境世界の一員としての私たちの心を撃ち抜く。ショーは社会的良心を呼び起こす人として比類ない。そして、「私たちにとって存在する世界は、決して単に存在するのではなく、私たち自身が力もしくは弱さによって、良心なき利己主義もしくは真の自由の力によって、なるがままにさせたり作り出したりする世界なのだ」という信念を呼び起こすことにおいても比類ない。一言で言えば、ショーという芸術家は、現代ヨーロッパの最も影響力ある説教者であり、最も徹底して批判的な訓練士である。彼は飽くことなく、あらゆる不誠実を暴き、善意による真正でないふるまいを暴き、考えうるかぎりあらゆる偽装のもとで現れる知的および実践的な先入見を暴く。しかも、あらゆる憎しみを溶かす純粋な人間愛と、自分自身にも仮借なく向けられる純粋な誠実さにおいて、彼を凌ぐ人はいない。彼の芸術の真正に哲学的な特徴は、その社会心理学的分析と創作された例がもつ普遍性にある。彼の分析と例示は、このように普遍性をもっているので、単に個々の人間と運命を描くという中途半端なものにとどまることはなく、人間と運命をそれらの社会的な場である社会文化全体という具体的で統一性をもった文脈に置き、それらが普遍的な意義と動機づけの力をもって生き生きと働くようにさせる。ショーが自然主義に対抗して綴る呪文は、そこで描かれている運命のうちに「私がいる《イッヒ・ビン》」と語りかける。まさにこの「私がいる《イッヒ・ビン》」という言葉が——学問的主題として——生の革新のまったく別の方法を示す。それは生に奉仕する真正な芸術という道ではなく、生に奉仕する真正な学問という道を進む方法である。もちろん、私が考えているのは「現象学的哲学」という道である。この哲学の作業場は、到達しがたい孤独な場所、あらゆる認識の「母たち」の場所にある。[*4]というのも、目指されているのは、生の——「私は生きている」と「共同体のなかに私たちは生きている」の——うちにある学問の源泉に向けられる最も徹底的な自己省察に基づいて学問を革新することだからである。言い換えれば、目指されているのは、学問それ自体が生まれる、しかも真正な生に奉仕する役割を担うものとして生まれる場である生そのものの徹底的な自己解釈に基づいて学問を革新することである。もはや打ち砕かれることのないもの、原理的に信じるしかないもの、万物の根源を獲得する[*5]ためには、考えうるかぎり究極の不信の限界にたどりつくまで、先入見を可能なかぎり取り除いていくという道を通じて、それ自身を突きつめて理解し、正当化するような学問を打ち立てなければならない。そして、示されるべきは、学問の唯一の真正な意味は普遍的な生のために明晰な精神の目を作り上げることにあるということだ。こうした精神の目で、普遍的な生は自己自身とみずからの目的意味を理解し、バーナード・ショーが彼なりの仕方で憧れ、追い求めた姿へと実践的に変わることができるようになる。このように、ショーと私は究極の目標をともにしている。ただし、私のほうは、彼の芸術から活力と教えと強さを受け取ることができるという幸運に恵まれている。だからこそ、この世事に疎《うと》い哲学者には、ここで心から感謝の言葉を言い添えることが認められるべきだろう。

編者注

（1）このテキストは、一九二〇年代頃のものと思われる。テキストの成立に関する巻末の章を参照〔ここで指示されている注記は訳出していない。その代わりに、このテキストの成立については、「訳者解説」を参照〕。

訳注

＊1　ここでフッサールは、シュペングラーの著作のことをほのめかしている。この点については、第一論文の訳注＊6、附論IXの訳注＊1を参照。

＊2　ジョージ・バーナード・ショー（一八五六―一九五〇年）は、アイルランド出身の劇作家・評論家。映画化もされた代表作『ピグマリオン』をはじめ多数の戯曲を著し、一九二五年にはノーベル文学賞を受賞した。

＊3　「お前自身のことが語られている（de te fabula narratur）」は、ホラティウス『風刺詩』（前三五年頃）に由来する表現。一般的には「他人事ではない」という意味で使われる。

＊4　ゲーテ『ファウスト』第二部第一幕で、ファウストはトロイア戦争の原因となった美女ヘレネと王子パリスを追い求めて「母たち（Mütter）の国」へ「下りていく」。「母たち」とは原初の女神たちであ

り、空間も時間もない「非場所」に住み、そのまわりにはあらゆる被造物の原型が漂っているという。フッサールは、このイメージに現象学が扱う超越論的主観性の領野を重ね、しばしばそれを「(認識の)母たち」と呼んでいる(Hua IX, S. 193; XI, S. 233)。

*5 エンペドクレス(前四九〇頃―前四三〇年頃)は、世界を構成する究極の要素(アルケー)は火、水、土、風の四元素だと考え、これらを「万物の根源(ῥιζώματα πάντων)」と呼んだ。しかし、フッサールがここでそう呼んでいるのは、もちろん物質的な根源ではなく、少し前の「認識の母たち」と同じく、生の自己解釈によって解明されるべき世界構成の源泉としての超越論的主観性である。

フィヒテの人間の理想［三つの講演(1)］

［I　事行という絶対的自我］

宗教改革からゲーテの死に至るあたりまでのドイツの精神的生は、私たちに対して一種独特の光景を呈している。[*1] 荒涼たる平地が取るに足りない起伏をともないつつ広がっているところに、巨大な独立峰が、つまり孤高の偉大なる精神が聳《そび》え立っている——コペルニクス、ケプラー、そして長い間隔を置いてライプニッツが。そのあと突然、大いなる精神たちが、全体として山脈をなしつつ、高々と並び立つ。[*2] そこに見出されるのは、レッシング、ヘルダー、ヴィンケルマン、ヴィルヘルム・フォン・フンボルト、そして文学のなかに突出した頂をなしているゲーテとシラー、それから哲学においては天才カントと、彼によって喚起されたドイツ観念論の哲学である。[*3] このドイツ観念論は、それ自体で巨大な山並みをなしており、そこには多くの近づきがたい山頂がある。特に有名な人物だけに限っても、フィヒテ、シェリング、ヘーゲル、シュライアマハー、ショーペンハウアーなどの名前が挙げられるだろう。[*4] 私たちは、これらの偉大な人物たちから発している豊かな文化的価値を、すでに汲みすでに私たちのうちで、彼らの精神的生は、そして、尽くすことができているのだろうか。それは存分に影響を及ぼしているのだろうか。これに関して重要な事実を指摘しておこう。それはすなわち、これらの（特にここで注目しているドイツ観念論を含む）偉大な精神たちの内実は永遠であるにもかかわらず、その主な部分はすでに私たちの精神的生のうちでは影響を失ってしまい、急にそれらの精神の内実がまったく影響を及ぼさなくなってしまった、ということである。それはあたかも、かつては光り輝いていた氷の頂の上に突如として深い霧が垂れ込め、それを現代の人間の目から隠してしまったかのようである。偉大な観念論者たちを生み出した精神的生の活気は、世界全体に広まりつつ、世界文化の転換を意味しているように見えた。しかし、そうした活気は、すでに一九世紀半ばには急に弱まってしまう。観念論哲学が精神に及ぼした支配は、新しい精密科学とそれによって規定された技術文化の支配に取って代わられた。関心の方向は全面的に大きく転換し、それをきっかけとして、物事をよく理解した上で評価する能力も大きく変化した。そのため、ドイツ観念論は、私たち自身の民族《フォルク》に由来するもの、しかも、たかだか一〇〇年ほど前のものであるにもかかわらず、私たちドイツ人、現代の人間には理解しがたいもののように思われる。歴史書の頁を過去数千年分めくってたどり直したり、遠く離れた文化圏まで調べ尽くしたりしてみても、これほどまでに理解しがたいものは見つからないだろう。

少なくとも最近までは、誇張なしにそのように語ることができた。というのも、すでに今世紀の境目までには現在の精神的関心の変化が目につくようになっており、それとの関連で、より小規模な諸々のグループのなかでドイツ観念論に対する新たな態度が、つまりドイツ観念論が熱心に取り組む試みや、その問題と考え方についての新たな理解が目につくようになっているからだ。そして、今や到来しているのは、この戦争、つまり私たちドイツ国民《ネーション》にとっての、いかにしても理解しがたいほど難しく大きなこの運命である。何という現象であることか！　ほとんど地球全体に及ぶ諸民族《フォルク》の組織が史上初めて現れているが、それはいったい何を目的にしているのか。[*5] ほかでもない、ドイツの力を無に帰すこと、ドイツ民族《フォルク》の実り豊かな生、活動、創作を奪うことという目的である。全歴史を通じて、一つの民族《フォルク》にこれより大きな運命が、そしてこれより厳しい試練が降りかかってきたことが、かつてあっただろうか。しかし、そのような時代は、優れた心構えをもつ芯の強い人すべてにとっては内側へと立ち戻る時代なのであって、それ以外ではありえない。理念の力の源は、かつて私たち自身の民族《フォルク》のうちでその内奥の心根から開かれて、かねてよりすでに、それが救いの力であることが示された。その理念の力の源を革新すべきときが来ているのだ。すでに一世紀前から、私たちドイツ民族《フォルク》は存続のために闘ってきた。ドイツが勝利したのは、ドイツ観念論とその当時の主導者であるフィヒテがドイツのうちに呼び覚ました新たな精神の力によってでなければ、いったい何によってであるというのか。イエナでプロイセンとともに辱《はずかし》められたドイツは、立ち上がって勝利した。結局のところは国民《ネーション》のうちで芽生えた理想と、最高度に宗教的・倫理的である理念への内向が、すべての心《ハート》を同時に内的に純化し、強める力、弱く臆病な人間を英雄にする力を呼び覚ましたのである。たやすく理解できることだが、同様の傾向は私たちの時代においても欠けていない。理念と理想は再び進軍を始めており、それらは再び開かれた心《ハート》にたどりつく。自然主義[*6]の一面的な考え方や感じ方は力を失う。苦境と死こそが今日の教師である。死は例外的な出来事として、こまごまとした格式ばった慣習によって、うずたかく積まれた花輪の下に隠され、その真剣な厳粛さがまがいものになってしまう。しかしここ数年来、死はもはやそのような例外的な出来事ではなくなっているのではないか。死はもともとの神聖な権利を取り戻した。死は再び、時間のなかにあって永遠を思い起こさせる偉大なものになった。すると、ドイツ観念論を見る目も、再び私たちに育ってきた。そして、特に私たちは、この哲学の担い手たちのうちのある人物を、私たちの今日の苦境においてこの上ない慰めと励ましのために語ってくれる者として、その崇高な偉大さにおいて評価することができるようになった。解放戦争の哲学者J・G・フィヒテこそ、その者である。[*7]彼について、彼が真正な人間の理想を自身の哲学の最深の源から新たに形作ったことについて、この場で語ることにしたい。

いかにフィヒテがドイツの思弁の歴史のなかで一時代を開いたとしても、彼が単なる理論的研究者や博学な教授でしかなかったというわけではない。彼の理論的思考を衝き動かしている情熱は、単なる知への渇望ではないし、純粋な理論的関心の情熱でもない。むしろ、フィヒテは徹頭徹尾、実践に向かう性分をもっていた。素質に関しても、生の主導的意志に関しても、彼は倫理的・宗教的な改革者であり、人間の教育者であり、預言者であり、予見者であった。私はあえてこれらすべての名称を用いたい。彼もそれらすべてを受け入れてくれるだろう。したがって、彼の哲学の活動全体は、この激しい実践的衝動のためにある。だとすれば、徹底して精力的で力強い人間だった彼がみずからの理論においてしばしば強引にふるまったことにも不思議はない。[8] それはひとえに、みずからの実践的関心を理論的な論証によって武装させるためだったのである。

フィヒテについていくのは、すでに彼の同時代人たちにとって難しいことだったし、後代の私たちにとってはなおさら難しいことである。理論家として厳密学の精神において教育を受けた者は、フィヒテの知識学の煩わしい技巧的思考の数々を耐えがたいと思うだろう。[9] 人々は耐えかねて理論家フィヒテを完全に放置して、よく知られた愛国的な演説者、道徳家、神の探究者フィヒテだけで満足したいと思うだろう。しかし、これはやはり適切ではない。というのも、フィヒテは単なる道徳の説教者や哲学がかった牧師ではないからである。倫理的・宗教的な直観は、彼の場合、すべて理論に根差しているのである。こうして、私たちは素通りしようとしたフィヒテの理論的構築物のほうに再び押し戻されることになる。やはり、今や私たちが確固として立ち、この比類ない人物のふるまい方の意味がいったん呼び覚まされさえすれば、フィヒテの世界観の偉大さや美しさを感じるための心《ハート》とそこから発する実践的衝動が開かれるだけでなく、彼が私たちに無理強いする論理的な強引さの背後にすら深い意味が、つまり偉大な——たとえ学問的にはまだ成熟していないとしても——真なる力をそなえた直観が満ちていることも分かるようになる。それはちょうど、例えばプラトンのような他の過去の偉大な哲学者たちの場合とまったく同様である。哲学は、自然的な経験や思考からこの上なく隔たった最高度の問題を、厳密に学問的な認識の光によって照らし出そうとする。そのような哲学は、究極的に根拠づけられた学問の段階に至るために、弛《たゆ》みない思考の活動を、まさしくさらに長い道のりと時代にわたって続けていかなければならない。こうした観点からすれば、哲学は今日でもなお目標に達していないのである。だが、精密さを重んじる人々によるパリサイ派めいた独善的正義の、いかに不適切なことか[*10]。私たちの時代の厳密な自然科学において教育された人々が哲学について下す判断は、いかに不当であることか[*11]。そうした人々が見過ごしているのは、自然科学においてすら厳密な方法と理論が突然出てきたわけではなく、何か利口な自然研究者のような者たちによって案出されたわけでもない、ということである。つまり、そうした人々が見過ごしていることだが、それらの方法と理論は、むしろ天才的精神の持ち主たちが数千年にわたる懸命な取り組みの末にあげた成果なのである。彼らは、偉大な直観に導かれて次々と新しい試みを創造的に形にしながら、それらの直観を制御して将来の厳密学を準備してきたのであり、彼らが厳密学そのものを初めて可能にしたのである。

このように、哲学は確かに発展の段階という点で他の諸学問に大きく遅れをとっている。しかし、私たちは、だからといって素晴らしい予感と構想をもった偉大な天才たちが私たちに提供するものを不用意にも脇に押しのけてしまってよいのだろうか。哲学が取り組む諸問題は、どんな人々にとっても無関心ではいられないものである。なぜなら、それらの問題に対してどのような態度をとるかということが、真正な人間の尊厳にとって決定的だからである。それゆえ、私たちの理論的理想である明晰さと厳格さが欠けているのを嘆かわしく思ったとしても、やはり私たちは、偉大な哲学体系の直観的な精神内容を手に入れるために、愛をもって献身的に励まなければならない。つまり、私たちは喜びと誇りをもって最高の真理の生成と展開に参与し、予感を含んだ認識を増やしていけるように励まなければならない。そのような認識は人間である私たちにとってきわめて重要だからである。このことによって、フィヒテに対する私たちの態度も特徴づけられる。あるいは、フィヒテの著作を読む際に私から諸君に勧めたいと思っている態度が特徴づけられる、と言ってもよい。その際、私は、いずれ硬い殻が破られ、諸君がこの上なく気高い高揚感と爽快感をきっと覚えてくれるだろう、という確かな見通しをもっている。それらの高揚感と爽快感は、プラトンから発しているのとまったく同じように、フィヒテからも発している。なぜなら、まさしくフィヒテもまた偉大な予見者・予感者の一人であり、理論的な好奇心を満たしてくれるだけでなく、人格の奥底に入り込み、ただちに人格を作り変えもして、より高い精神的な尊厳と力へと引き上げるような認識を予見し、予感していたからである。今述べたような影響を及ぼすフィヒテの著作として挙げられるのは、『人間の使命』（一八〇〇年）、『現代の根本特徴』（一八〇六年）、『浄福なる生への導き』（一八〇六年）、『ドイツ国民に告ぐ』（一八〇八年）、エアランゲン講義『学者の本質について』（一八〇五年〔実際の出版年は一八〇六年〕）、ベルリンで五回にわたって行われた『学者の使命についての講義』（一八一一年）である。

＊

哲学の領分から発せられる純粋に理論的な問いの特徴は、それに対する応答の方針が生を規定するもの、そして人生の最高の目標を定める上で決定的な役割を果たすものでありうるし、またそうでなければならない、ということである。なぜ偉大な実践家だったフィヒテが、特定の理論的態度をとることに、かくも情熱をもって関与していたのか、そして、なぜ彼は人間の救済のすべてを、人間の向上と解放のすべてを、みずからの「観念論」に期待していたのか――これらの理由は、今述べたような脈絡から明らかになる。この観念論において彼が中心的に取り組んでいる理論的な問いとは、空間的・時間的な現実、つまり言葉の自然な意味における世界の存在や、その存在の仕方についての問いである。哲学になじんでいない素朴な者にとって、これほど奇妙な問いはないだろう。外界、すなわち物質的な物と有機的なものが属する世界は、単純にここにあるのではないか。独立して存在する物から成る世界があって、それらの物が空間を満たし、空間内を運動して、相互作用していることは、きわめて自明ではないか。自然科学は世界のなかにこの上なく確実な探究の土台を有しており、精密な予測を通じて、この世界の現実性を常に証明しているのではないか。驚嘆すべきことに、近代哲学の幕開けを告げるデカルトの『省察』によって、そのような自然な、見かけの上で自明であるにすぎない考え方を覆《くつがえ》す革命への傾向が生じる。突如として、第一のものは世界であり、そのなかに私たちがいる、というわけではないとされる。むしろ、第一のものは経験や思考をそなえた私たちであり、世界とは私たちにとっての世界、すなわち私たちによって経験され、私たちによって思考され、私たちの思考において私たち自身によって定立される世界なのである。[*12] そのようなものである以上、世界とは要するに、まずもって私たちの認識現象を通じて提示される世界である。だが、そうすると、あの自体存在は何を意味するのか。それは素朴に反省するかぎり、世界に認められるのではないだろうか。認識は、やはりいつでも、ある主観的な認識形態から別の主観的な認識形態に移行することにすぎない。だとすれば、そのような認識は、いかにして物自体の認識、つまり人間の認識現象を通じて認識されようがされまいが、そんなことはまったくどうでもいいような物の認識でありうるのか。[*13]

ここから「観念論」への道が始まる。この道は、フィヒテの前に、カントによって力強く作り上げられた。空間と時間は、現実のものとして与えられる自然の大枠をなしているが、カントによれば超越的・実在《レアル》的な意味をもっていない。それらは純粋に認識主観に由来するのであって、認識主観によって認識主観自身のうちに据えつけられた「直観形式」なのである。音や色などの感性的所与を単に感覚しているとき、主観は超越的な物自体によって触発されている。そのように感じられた感覚素材を、主観は自分自身の不変の、無意識に働いている合法則性に沿って空間的・時間的に押し広げる。[*14] 同様に、実体（物質）、実在《レアル》的性質、力、能力、原因、結果などの概念もまた、私たちが素朴に思い込んでいるように超越的な存在にそなわっているものを表現しているのではなく、むしろ私たちの精神的な固有のあり方に不可分に属している思考の基本形式である。そして、それらの形式には因果律のようなアプリオリな諸法則が属している。それらの法則が表現しているのも、やはりまた空間的・時間的に直観されたものを私たちの理論理性がすでに低次の段階で無意識に加工する際の必然的なやり方にほかならない。そのあとに経験の論理に従った思考によって自然科学が推し進められるが、この自然科学は、ひとえに上述の（意識的に定式化された）アプリオリな法則によって、つまり純粋に私たちの主観性から生じた原理によって導かれている。真の現実的な自然とは、自然科学によって認識される自然にほかならない。したがって、それは、すみずみまで純粋に内的な法則と規範に沿って感覚素材から導出された形成物にほかならず、私たちと同種のすべての主観性にとって必然的な妥当性を有している。悟性はみずからの法則を自然に対して従うべきものとして課しているのだから、自然は私たちの主観性の産物であり、単なる現象である。カントが示せると信じていたのは、この洞察によって初めて客観的に妥当する自然認識の可能性が理解できるようになるということであり、そして他方では、超越的な現実そのものの理論的認識というものはまったく考えられないということである。したがって、私たちは物自体を自分の感性的感覚がそこに由来するような触発してくるものとみなすが、そのような物自体について、私たちは理論的にはまったく証明も反証もできない。ましてや、神や、私たちの魂の超越的存在や、魂の不死性や自由についても、私たちは理論的にはまったく証明も反証もできないのである。

こうして、この観念論において、自然で素朴な思考法は逆説的な仕方でひっくり返る。

「健全な」人間の悟性にとっては、何と途方もない大胆な主張だろうか。主観性は、あらかじめ与えられた感覚素材からみずからの確固とした法則に沿って世界を形作ることで世界を創造しているとされる。また、それに劣らず目を引くのは、実践理性についてのカントの学説である。人間の衝動の生や意志の生は、経験の生や思考の生と同様に、アプリオリな法則に服している。理論理性の隣には実践理性がある。ここにおいて、私たちは崇高な道徳法則、義務の定言命法を意識している。それはすなわち、私たちの傾向性を顧慮せずに、しかもどんな帰結が生じるかも顧慮せずに私たちの義務を果たせ、という端的に無条件の要求なのである。この道徳法則は、それが絶対的な妥当性をもっているという点で、明らかに自然を構成する諸法則には属していない。しかし、この道徳法則は、私たちを服従させることによって、同時に私たちを道徳的人間の尊厳へと高め、私たちを道徳的世界の成員にする。そして、今やカントは、この上なく注目に値する、フィヒテに深い影響を及ぼした転回を成し遂げる。カントは、理論的には認識できないことを証明していた諸々の超越的存在を「純粋実践理性の要請」として演繹するのである。神、不死、自由について理論的には何も証明できないとしても、もし道徳法則が実践的意味を失うべきではないとすれば、やはりそのような超越のすべてがどうしても信じられ、真に存在するものとして想定されなければならないということを、私たちは認識しうる。例えば、自然のうちにはいかなる自由もなく、そこではすべてが厳密に因果的に決定されている。因果律は自然にとって構成的である。それゆえ、このことは自然の一員としての、つまり現象の連関のうちにある現象的存在としての人間にもあてはまる。しかし、無条件の当為をそなえている定言命法の義務の要求は、もし私がなすべきことをなしえないのだとしたら、考えられなくなってしまうだろう。要するに、なすべきなのだからなしうる、というわけである。したがって、人間は、みずからの現象としての存在の背後に超越的な存在を有し、そして超越論的な自由を有していなければならない。それは実践的な理性信仰であり、実践的要請である。この精神において、宗教に属する超越的なものは、必然的な要請として証明される。それとともに、道徳主義的な宗教哲学が、そして一般に形而上学が、学問として証明されるわけではないが、そのような要請によって根拠づけられる。*15

カントの成果はフィヒテの出発点である。フィヒテは、最初は弛《たゆ》みなくカントの圧倒的な偉大さを称えており、そして自分がカント主義者であることを認めていた。さしあたり彼はカントを越えて先に進みつつ、観念論をその徹底的な帰結に至らせる。フィヒテは、この点で先駆者がいなかったわけではないが*16、触発してくる物自体を抹消し、それを素朴な独断論の最後の残滓として説明する。彼が指摘しようとしているのは、物自体、本質的な意味で意識の対象ではない超越的存在、つまりそれ自体では主観性と無関係であって、偶然に主観性と関係するにすぎない物というのは何かまったく無意味なものにすぎない、ということである。カントによれば、私たちは受動的に感性的感覚を外から受け取るのであって、それは触発してくるまったく未知で認識不可能な物自体のおかげだとされる。そのような物自体が考えられないとすれば、多様な感性的なもの、つまり常に移り変わりつつ私たちにあらかじめ与えられており、自然の構成のための素材をなしているようなものは、どこから来るのだろうか。なぜ多様な感性的なものが到来し、しかもそれらはまさに秩序と性質のうちにあって、その結果として自然が形成されうるのだろうか。

今や、ここでフィヒテは、実践理性についてのカントの学説から刺激を受けつつ、とてつもなく大胆な発想をする。それによって、彼はまったく新しいタイプの世界解釈を根拠づけ、いまだにほとんど越えられていないような新たな仕方で自然な世界理解と対決したのである。カントによれば、客観性を産出する主観が活動できるのは、もっぱら前もって受動的に触発されたあとのことでしかないとされる。だが、意志と行為の人フィヒテは、それに満足しようとしない。触発は物自体の抹消によって退けられており、今や主観性のうちには（生気を欠いた残存物として）雑多な感覚素材が残っている。[*17]主観性のうちには、主観性が自分で生み出さなかった何かがありうるのだろうか。答えは否である。主観であるということは、徹底して行為者であるということにほかならない。そして、主観が行為の基体として、自分の活動の客体として常にみずからの手前に有しているものとは、主観に内在的なものである以上、すでにそれ自身が行為によって作られたものでなければならない。したがって、単に主観であることと行為者であることが合致しているだけでなく、主観にとっての客観であることと行為の産物であることも合致しているのである。私たちが起源に赴いたとしても、行為の手前には何もない。私たちがいわば主観の歴史を思い描くのであれば、始まりは事実ではなく「事行」であり、ここで私たちが考えなければならないのは「歴史」なのである。[*18]主観であることは、おのずから、歴史をもつということ、すなわち発展するということである。主観であることは、単に行為することではなく、必然的に行為から行為へ、行為の産物から新たな産物へと新たな行為において前進していくことである。目標に向けられているということが、行為することの本質をなしている。自我が行為するとき、もしそのつどの目標の達成が新たな目標を、そのつどの課題が新たな課題をおのずから無限に呼び込むのでないとしたら、自我は最初の目標を達成したところで死んでしまい、生きた自我ではなくなってしまうだろう。しかし、目標と目的と課題から成る無限の系列が互いに無関係だということはありえない。さもなければ、自我は自我ではないだろうし、何らかの目標達成、つまり最初の課題の完遂が新たな課題を次々と動機づけていくこともないだろう。各々の目標は目的《テロス》であり、しかもすべての目標は目的《テロス》の統一において、つまり目的論的統一において関連し合っていなければならない。――そして、そのような目的論的統一でありうるのは、最上の道徳的目的だけである。

［II　世界創造の原理としての道徳的世界秩序］

私たちは前回の講演の終わりに、フィヒテ的な自我の本質を説明することを試みた。その自我とは自己自身を定立する事行であり、そこから次々に新たな事行が生じて無限に継起していく。自我（フィヒテは、これを「知性」とも呼ぶ）は、次から次に新たな「制限」を定立し、それらの制限を絶えず克服し続けていかなければならない。自我のもとには次から次に新たな課題が生じなければならず、それを解決することがさらに新たな課題を呼び込む。課題の解決は余すところなく満足のいくものではありえないし、そうであってはならない。その理由は、まさに新たな目標設定を可能にするためであり、かつ、自我の無限の活動を押しとどめないようにするためである。こうした目標設定とその達成のすべてにおいては必然的に、統一された目的論が支配しており、無限の事行は有意味に統一されている――ここまでが前回の講演で話し終えたことである。

今回まず注意しておかなければならないのは、カント哲学の徒フィヒテが私たちに語っているように、やはりこの自我は何らかの個人としての人間自我ではありえない、ということである。人間の主観は、世界の一部分であり、観念論的な意味では、主観性において形成されたﾞ、はなはだ間接的なものにすぎない。フィヒテの言う自我、つまり純粋あるいは絶対的な自我とは、（事行の合法則的な働きに沿って）あらゆる人間自我を含んだ現象的世界が初めて生成してくる場であるような、この主観性にほかならない。したがって、自我、すなわち絶対的知性の歴史を書くことは、世界が現象的なものとして継続的に創造されていく場であるような必然的な目的論の歴史を書くことなのである。このとき創造がなされるのは、この絶対的知性のなかにおいてである。とすると、このような知性は、経験の対象ではなく、形而上学的な力《ポテンツ》である。ところで、私たちは、認識する人間としては、この絶対的自我がみずからのうちで分裂することで生じた複数の自我である。それゆえ、私たちは自我、すなわち主観性の純粋な本質に属するものを奥深くまで観取することによって目的論的プロセスの必然的な連なりを再構築できる。このプロセスによって世界全体が、そしてついには私たち自身が（私たちにとって無意識的に絶対的知性に支配されつつ）形成されてきたのであり、しかも目的論的に必然的な仕方で形成されてきたのだが、私たちはそれを再構築できるのである。私たち哲学者はこうした再構築に従事しており、哲学の唯一真正な課題はここにある。つまり、哲学の課題とは、世界を絶対的自我の目的論的産物として理解することであり、かつ、絶対的自我のうちでの世界創造を解明することで、こうした世界の究極的意味をはっきりと示すことなのである。フィヒテは、この課題を達成できると思っており、しかも実際にそれを達成したと思っている。彼の構築したものは、確かに往々にして大変恣意的で分かりづらい。しかし、彼は、そこにおいてあらゆる直観と思考の形式を、つまりカントによれば経験世界のアプリオリな骨組みをなすとされるすべての純粋悟性の根本法則を、目的論的な必然性に従って演繹したと信じている。絶対的自我は事行によってみずからのうちに感覚素材を定立し、それを空間的・時間的に押し広げ、そのように形成された直観を物質、力、因果法則性に置き換え、そうして物質的世界を、さらにそこに接ぎ木する形で、ついには社会的形式をそなえた人間世界を形成しなければならないとされるのだが、それはなぜなのか。あるいは同じことだが、それは何のためなのか。フィヒテは、そのような理由や目的を演繹したと信じている。私は「何のためなのか」という言い方をした。すると、さらに私たちは次のように問わなければならない。結局のところ、この世界創造の目的論に究極的な意味を与えるのは何なのか。そして、無限の事行とその成果の一連の類型とを強固な目的論によって方向づけているのは何なのか。これらの問いに対しては、無限の行為を通じて進行しているのは満足を切望する無限の衝動だ、と答えられる。では、この衝動はどこに向かって進んでいるのか。やはり、その行き先にあるのは、もっぱら純粋な満足を保証してくれる唯一のもの、それ自体で目的として存立しうる唯一のもの、絶対的価値をみずからのうちに担っている唯一のものである。それが何であるのかを、カントの倫理学は明らかにした。すなわち、ただ道徳的行為だけが絶対的な価値を有しており、それ以外にそのようなものは世界中どこにもない、というわけである。したがって、これこそが、知性のうちに事行の働きを発動させる究極の目的論的根拠なのである。言い換えれば、絶対的自我のうちでの世界の目的論的な産出は、そもそものはじめから、道徳的行為がふさわしい場所を得ることができるような世界の産出を目指しているということだ。したがって、目指されているのは、最終的には、人間世界、すなわち自由な精神たちの世界の産出である。それらの精神が相互に道徳的に関連し合い、崇高な義務の命令に導かれつつ、道徳的な世界秩序を実現するのである。こうした道徳的な世界秩序には、その目的論的な下層として、つまり必然的な前提として、物質的自然が属している。一つの自然が存在しなければならないのは、人間と人間共同体の存在を可能にするためである。そして、さらに人間と人間共同体が存在しなければならないのは、道徳的な人間と人間共同体の存在を可能にするためである。道徳的な世界秩序は、世界の絶対的価値と目的として考えられる唯一のものである。また、そうである以上、道徳的世界秩序は世界の現実性の根拠である。道徳的世界秩序そのものは、実在的《レアル》な現実性ではなく、永続的な存在すべきことである以上、規範的理念である。それは、やはり実在的《レアル》なもの以上の何かである。それは絶対的自我のうちにあるすべての世界形成にとっての指導的原理であり、したがって世界創造の原理なのである。自我が世界の創造者だというわけではない。確かに世界が構成されるのは、もっぱら自我のうちで、自我の事行においてである。しかし、その理由は、自我が理性の衝動、すなわちこの道徳的世界秩序という規範的理念の実現に向かう衝動によって常に支配されているからである。したがって、この理念がこの世界の目的論的原因なのである。言い換えれば、この理念は神である。というのも、神という語は、とにかくいつでも目的論的な世界創造の根拠を表しているからだ。すると、フィヒテにおいては、実際のところ、神は道徳的な世界秩序であって、それ以外のものではありえないとされる。だが他方で、この神はどこまでも絶対的自我に内在している。神は外的な実体ではないし、自我の外にあって自我に影響を及ぼすかもしれないような実在ではない。自我は、絶対的に自律的であり、己の事行を息づかせ、導いていく目的理念としての神を、つまり己自身の自律的理性の原理としての神をみずからのうちに担っているのである（確かに、ここで述べたことはいくらか自由な解釈になってしまっているかもしれないが、それによって分かりづらいフィヒテの意図を明らかにできるのではないか）。

いずれにせよ、諸君が見て取るように、フィヒテが純粋に目的論的で、同時に純粋に道徳主義的な世界観という意味での純粋観念論を貫徹したことには、驚くべき帰結がともなっている。もし自然が単純に所与として受け取られるなら、私たちは、それをもとにして自然の因果性を説明できるし、自然の出来事として経験されるどんなものについても、その由来を因果法則に求めることができる。だが、ここでは自然についてまったく別の説明がなされている。自然の意味を、しかもその全体の意味を解明すること、つまり物質的自然および人間世界の舞台としての全自然の現実の意味を解明することは、全自然を目的論的必然性として理解することによって達成される。それはすなわち、全自然が何のために現に存在しているのかを理解できるようにすることであり、全自然の存在根拠を究極目的《テロス》のうちで示すことである。ドイツ観念論が、そしてまずもってフィヒテの観念論が成し遂げようとしているのは、このことにほかならない。そして、フィヒテにおいては、プラトン的な世界解釈の、まだ未熟だとしても壮大な類型が華々しく復活している、と言うこともできる。というのも、プラトンにおいても、神は理念《イデア》、すなわち善の理念《イデア》だからである。[*19] 彼は、それを理念《イデア》界の太陽として、つまりすべての真正な価値が溢れ出す光源として描いている。そして、この理念《イデア》は、所与の感性界にとっての目的論的原因だとされる。彼にとっても、感性界は単なる現象の世界でしかない。

フィヒテは、その他の点でもプラトンに似ている。すでに述べたように、フィヒテはどこまでも理想主義的《イデアリスティック》な実践家である。[*20] そんな彼にしてみれば、理論的な世界解釈は、実践的に人間を向上させ、救済するための基礎として、つまり人間の内面の変革を、それによって生じる人間の目標を示すことによって成し遂げるための基礎として役立つ。あるところで、彼はこんなふうに述べている――「生以外の何ものも無制約的な価値と意義を有するものではない。自余のすべての思考、詩作、知識は、何らかの仕方で生に関係し、それから出発し、またそれへと還っていくことを目指すかぎりにおいてのみ、価値をもつのである」[2]。すでに彼の思想の始まりにおいて、熱烈にカント哲学に身を捧げていたときからそうだったように、彼はあることを望んでいる。彼は、願わくは自分がカントの哲学を、倫理的であることを求める形而上学に向かって観念論的に純化し、作り変えることによって、人間が完全に生まれ変わることを望んでいるのである。この新しい哲学は、ある完全に新しい人間の理想、それどころか唯一の真正な人間の理想を生み出す。その哲学のうちには、明らかに、あらゆる価値の完全な転換が含まれている。実際のところ、感性界を絶対的現実と確信している素朴な独断論者は、まさにこの確信ゆえに、実践の場面でも感性的人間になり、この地上の世界の奴隷になる。快楽と苦痛、欲望と享楽のなかで、独断論者は常に地上の世界に関係づけられ、それに依存している。そのような感性的人間として、独断論者は常に何かを欲しており、希望と恐怖のあいだで翻弄され、ずっと浄福に至らないままである。そんな人にとっての理想とは何なのか。独断論者が「幸福」と名づけているのは、享楽の総和をできるかぎり大きくする、という目標である。すると、ここからの帰結として、共同体にとっては、最大多数の最大幸福という目標が生じる。これらは、いずれも決して達成できないことであり、まるで価値はなく、いかなる点でも意味のない目標である。それらを目指す人は、まったく浄福でない状態に置かれるだろう。

しかし、今や、カントとフィヒテの哲学が登場して示すところによれば、驚嘆・欲望・恐怖の対象であるこの世界全体は、まったくの無であり、単に現象、単に主観性の産物にすぎない。彼らの哲学は、私たちの自律的な理性の内部から、義務にかなった行為という唯一の純粋で絶対的な価値を取り出して、あらわにする[*21]。そして、同時に彼らの哲学は、人間たちに対して、自分の精神的本性とそれに属する課題の最も内的な意味を明らかにする。彼らの哲学が人間たちに教えるのは、自分の人格の価値がただ純粋意志にのみ、純粋な心構えにのみ存しているということであり、行為の外的な成功や不成功にはまったく依存していないということである。このとき人間に示されるのは、自分は道徳的に行為する者であるかぎり自由であり、より詳しく言えば、自由を行使する使命をもった共同体における自由な市民であるということである。絶対的知性における世界創造の全体が人間のために成し遂げられていること、そして世界が存在しているのは、ひとえに自由に行為し、活動することを人間や人間に類するものにとって可能にするためだということ——カントとフィヒテの哲学がこうしたことを示しているのだとすれば、この哲学は人間の高貴な自己意識と人間の現存在の尊厳をどれほど高めてくれることか。今しがた述べたような可能性を与えることは世界の使命であり、ありとあらゆるものがその枠内でそれぞれ固有の使命をもつ。つまり、個々の人間は、道徳的人間であるかぎりで、みずからの使命を社会的関係のうちにもつのである。それに対して、諸々の特殊な義務は、個々の人間に対して、特殊な状況において、自分の純粋な道徳意識を通じてもたらされる。その上で、個々の人間は、これらの義務に沿ってみずからの生を自由に形作っていかなければならない。各人は、そのように生きることによって、超感性的な世界秩序、つまり道徳的な世界秩序の成員として存在しており、しかも自分がそうであることを知っている。各人自身が、そのつどの道徳的行為によって、道徳的な世界秩序の実現のために貢献するのである。そして、まさにこのことが各人に固有の価値と尊厳を与える。各々は、もはや決して自分のために生きているのではなく、純粋に理念のために、類のために生きている。「幸福」、かつて人間を騙していたこの偽の理念は完全に退けられ、人間は自分の実践理性から聞こえてくる声にみずから進んで服する――「汝の使命に従って行為せよ！」 倫理的な自由のうちでこのように生きることは、決して終わることがありえない。真の哲学が教えるように、この生は、無限の課題のなかで、無限に課題を解決する行為として展開していくのである。そして、真正な人間はここに自分の浄福を見出す。それは、あらゆる感性的な奴隷状態から解放された、道徳的自律の浄福である。超感性的な世界の市民となった者は、己の道をまっすぐに自由に進むのであって、神の目の前にあってさえ、まっすぐに立ち続ける。というのも、フィヒテによれば、私たちを拘束する道徳法則は神の存在をなすものですらあるからだ。[*22]「君たちが神を自分の心のうちに受け入れるなら、神は天の玉座から君たちのところに降りてくる」[3]。

こうして、新たな哲学は道を示す。その道だけが、真の道徳性という真正な人間の理想への上昇によって救済に通じているのである。この内的な生まれ変わりこそが英雄的な決断が関わる唯一の事柄であり、それとともにまったく新しい人間の類型が生じる。「存在の激情[*23]」を患い、さまざまな世俗的な事物や刺激に関する感性的な欲望に苦しめられたまま放置されているかぎり、まだ人間は、ちりぢりになった、いわば中身がこぼれて空っぽになった現存在を生きている。しかし、先に述べたような生まれ変わりによって、浄福でない感性的人間の置かれている散漫な状態は、新たな精神的人間という集中状態へと変化する。新たな精神的人間とは、自由な自己活動において自分自身を常に創造し続ける理想主義者《イデアリスト》のことである。

これまで述べてきたフィヒテ哲学の発展段階においては、倫理的人間は宗教的人間と余すところなく合致している。何か独自の宗教的理想があって、それがみずから理想的人間を新たに活気づけ、ふさわしい仕方で高めてくれるだろう、という話ではない。フィヒテ自身がこの時期に述べているように、「道徳と宗教はまったく一体である[4]」。神は道徳的な世界秩序の理念とただちに同一化する。神とは「秩序づける秩序[5]」であり、すべての存在はそこから目的論的に湧出する。したがって、理論的な世界理解の完全な転換は、それ自体で宗教的な世界理解の完全な転換を意味する。その際にフィヒテは、いつもそうしているように、自分の宗教的な世界理解を真正なキリスト教のそれと同一視する。同時代を厳しく批判するときに彼が言わんとしていたのは、この真のキリスト教が沈んで失われてしまった、ということである。フィヒテの時代は誤った独断論のうちを生きている。この独断論は、感性的な世界を物自体から成る絶対的な世界として実体化してしまい、神を真に信じることをも蝕《むしば》んでしまうのである。この独断論によれば、この世界を創造した神は、それ自身が空間的・時間的な存在者として考えられる。つまり、神は、有限な実体とは対置されるとはいえ、やはり一つの実体として考えられるのである。しかし、神を空間的・時間的な存在者として表象することは、端的に不可能である。もしそれが可能であるとすれば、神それ自身が物として、つまり感性的存在者として表象されることになってしまう――それは、まったくのナンセンスだ。真の宗教と哲学は、神が超感性的存在者であることを教える。つまり、神は、実体としても、実在的《レアル》なものとしても、それどころか人格をそなえたものとしても考えられないのである。そして、実体化は、たいていの場合、道徳的な観点からも神を貶《おとし》めることにならざるをえない。実体化された神は、あらゆる享楽を与える者になり、有限な存在者たちに、もっぱら感性的に考えられたかぎりでの「幸せ」と不幸せを配分する者になる。この神は徹底して惨めな神であり、この神の保証する天国は享楽に耽る者の保護施設になる。いわゆる「信者」はそのような神と契約を結んだのであって、その証文こそが聖書であるとされる。神への服従によって、信者は地上での享楽と彼岸での享楽を購《あがな》う。あたかも享楽が浄福を生み出し、原理的に、浄福に反するものを生み出さないかのようであるとすれば、何と惨めなことか。真に宗教的な者は、このような偶像とは無縁である。真に宗教的な者は、天国も彼岸の楽園も必要としておらず、すでに此岸での倫理的に自由な行為のうちに、考えられるかぎりすべての浄福を手に入れている。このとき、道徳的課題の無限性そのもののうちに不死性が含まれているのである。

一八〇〇年以降の一群の著作において、フィヒテの形而上学は根底から作り変えられ、宗教や神に関する彼の理論も、それと一体になっている彼の実践的な人間の理想も根底から作り変えられる。私が諸君に勧めてきた著作のほとんどすべては、こちらの一群に属している。そのはじめに位置しているのは、熱のこもった著作『人間の使命』である。そこではすでに神と道徳的な世界秩序の同一視は行われなくなり、それにともなって宗教と純粋道徳の同一視も行われなくなる。プラトンから新プラトン主義にかけてのギリシア哲学でなされたのと同様の進展が、この著作で準備され、あとに続くフィヒテの諸著作で成し遂げられる。つまり、それは内面的な宗教的神秘主義への進展である。フィヒテに対して投げかけられた無神論という非難は、彼を深く揺り動かし、宗教哲学の諸問題に新たに、より熱心に取り組ませることになった。そして、それに加えて彼を同じくらい深く揺り動かしたのは、一連の政治的出来事だった。それはすなわち、ナポレオン時代のドイツの諸人民《フォルク》や王侯貴族の尊厳を欠いたふるまい、イエナでの敗北である。広範にわたる人民《フォルク》の諸集団は、さしあたりはこの屈辱を無力に受けとめた。フィヒテの実践的な本性は、今やますます実践的な事柄へと引き寄せられる。それどころか、彼は改革者になるように召命されているのだと感じ、今やさらに高頻度かつ優先的に、幅広い集団への一般向けの講義に従事する。すでに以前から彼は同時代をかなり厳しく批判していたが、それがますます暗澹たる色合いで語られることになる。彼はこう述べている。「私には、今の時代が、あたかも亡霊のように見える。すなわち、あたかも、病気の軍勢によって追い出されたばかりの【自分の】遺骸〈なきがら〉の上に身をかがめて慟哭しながら立ち尽くし、今まで大いに愛情をかけてきた亡骸から目を離すことができずにいる亡霊のように見える」。

しかし、フィヒテの精力的なオプティミズムが怯《ひる》むことはない――そもそも、目的論的な理想主義《イデアリズム》というものは、どれも理論的にも実践的にもオプティミズムなのである。「新しい世界の曙光は、すでに射し始め、峰々の頂をすでに金色に染めて、来るべき昼を予示している」(7)。フィヒテの哲学には曙光が輝き出しているが、まさにこの比喩のとおりに、彼の哲学は絶え間ない変化のうちにあり、ますます純粋な光へと高まっていくことになる。先に述べたとおり、一八〇〇年の『人間の使命』では、確かに道徳的なモチーフがまだ高らかに響いているものの、すでに新しい固有の宗教的なモチーフが獲得されている。それゆえ、同書で述べられているように、神はもはや秩序づける秩序ではなく、この秩序を初めて生じさせる無限の意志だとされる。神は有限な理性のもとでは世界創造者である。まさに神の光を通して、私たちはあらゆる光とそのうちで現れるもののすべてを見る。私たちの生はすべて神の生であり、私たちは神のうちですべてを見て認識する。私たちの義務もまた、神のうちで見られ、認識される。世界のなかのありとあらゆるものは、神によって意志され、定められ、行われる。そして、可能なのは、ただ一つの世界、つまりすみずみまで善い世界なのである。――すると、今や宗教的生は道徳的生と合致しない。むしろ、道徳的生は基層をなしており、より高次の段階である宗教的生において初めて完成するのだとされる。宗教的生とは、神のうちでの生であり、そのようなものであるかぎりで、つまり単なる道徳性ではないものであるかぎりで、「浄福な」生である。さらに、フィヒテのその後の著作では、さらなる進展が成し遂げられる。それが元来のプラトン主義から神秘宗教的な新プラトン主義への進展に比せられることは、すでに述べたとおりである。絶対的自我やその事行に関するフィヒテのそれまでの思弁の成果は、放棄されたのではなく、ただ別の観点から見られるようになっただけである。新プラトン主義は、プラトンが神をあらゆる光の源である太陽に喩えたことを手がかりにして、流出論的な世界解釈を構想した。[*24] 神はヘン、一者あるいは善であり、永遠に光を放ちながら、存在するあらゆるものを自分のもとから生ぜしめる。その際に生じてくるものは、根源的な光から次第に離れていくのに応じて階層をなしており、最も下には神から完全に離れた物理的世界がある。そして、新プラトン主義は、この階層を神の自己反照、いわば自己自身のうちへの鏡映によって成立したものとして捉える。すると、プラトン的な一者《ヘン》は、フィヒテ的な絶対的自我に近いことが分かる。ところで、フィヒテ自身は、ここでは依然として絶対的自我を創造神とみなしてはいない。今や、彼にとって神とは永遠不変の一なる存在であり、それが自我のうちでみずからを啓示する。さらに言えば、この存在は事行の無限の継起のうちでみずからを啓示するのであり、その継起のうちで物理的・精神的世界が現象として構成されるのである。それがみずからを啓示するということは、言い換えれば、それが反照するということであり、それが自分に向けて模像を作るということである。このとき模像は意識という形式において作られるが、他方で神そのものから切り離されてはいない。しかし、このように反照つまり意識作用が継起していくなかで、神的存在は必然的に、いわば隠蔽されることになる。新プラトン主義では神からの分離の程度に応じた階層、すなわち光と闇の階層があるのと同じように、この隠蔽には度合いがある。そして、この隠蔽の度合いがどのように考えられているのかといえば、光と闇の階層がより高い段階にいくほど、意識のうちで神を覆い隠す影が次第に見透かされるようになり、最高の段階においては、神を観ることや神と一体化することが最も完全な仕方で成し遂げられるような具合になっているのである（これが神秘主義における還帰や神化である）。このことに対応して、人間の進展、つまり人間それ自身が理想に向けて昇っていく進展においては、上昇が連続的な段階を踏んで行われる。フィヒテによれば、その段階は五つの類型に分けられるという。フィヒテは、それを世界の見方の五つの段階として導入しており、それこそが人間が神性から離れたり、神性に近づいたりするときの五段階だとされる。最も下の段階は、もっぱら否定的に評価されるものなので、ここでは除外しておこう。すると、これらの段階に対応して、四つの理想的な人間の類型があるとされる。それらは、実践的観点から見ると、宗教的・倫理的な手段を通じて成し遂げられるべき上昇という形をとる。ここで言う上昇とは、人類が人間の最高の理想へと上昇していくことであり、つまり人間の精神的な眼に対して神性を隠蔽する覆いがすべて取り払われ、神との一体化という人間の使命が完全に達成される段階へと上昇していくことである。そして、先述の五段階は次のように名づけられている。⑴感性の立場、⑵道徳の立場、⑶高次の道徳の立場、⑷宗教・信仰の立場、⑸見ること・「学問」の立場。[*25]

[Ⅲ　人間の諸段階における神の自己啓示]

思想が成熟しきった時期にフィヒテがたどりついた新しい神と救済の教説は、『浄福なる生への導き』において最も純粋な仕方で表現される。そして、それとともに、彼の人間の理想も新たに形成し直される。私たちが前回の講演の終わりに行きあたったのは、この大きなテーマだった。――神、すなわちそれ自身のうちにあって生成することも変転することもない絶対的存在は、永遠に必然的な仕方で、純粋自我という形式のうちで、みずからを啓示する。神は、自己反照の無限の段階で姿を現す。意識の諸形態としてのそれらの段階において、神は自己自身のうちで自分の模像を作り、それは最初は曖昧な形をしているが、そのあと次第に純粋で覆いのない状態になり、そして最終的に神は純粋な自己意識に至る。こうした展開の進み行きのなかで、神は多くの有限な人間主観へと、いわば分裂する。そして、神の自由、すなわち絶対的な自己規定の自由は、それらの人間主観に受け継がれ、彼らが個々人としてもつ自由になるのである。その際には、これらの主観が特定の生を形作るときにありうる様式として、五つのものがアプリオリに描き出される。そのため、諸主観、つまり私たち人間は、それらの様式のあいだで自由に選択できる。まさにこれらの五様式を、私たちは前回の講演の終わりに挙げたのだった。したがって、自由な存在者としての私たちは、自分たちが今とらわれている別の段階の世界観にとどまることを強制されているわけではない。私たちは高次の段階へと自由に上昇することができる。そうした自由な上昇をするとき、私たちはそれによって、神自身の自己啓示を高次のものにするための一歩を、みずからのうちで踏み出すのである。この上なく純粋な意味において、私たちの自由は神の自由から発せられた光線であり、私たちの純粋意志は神の意志から発せられた光線である。高次の人類になるのを選択することは、神のために決断することである。さらに言えば、そのとき私たちのうちで神自身が決断するのであって、神から発せられた私たちの内なる光線は、より高い光に向かうのである。

しかし、この教説が意味しているのは、最も高次の生だけでなく、私たちの生のすべてが最深の根底では神の生であるということだ。このことは、私たちが今それを知っているか否かに関わりがない。すべての生は努力であり、満足を目指す衝動である。まだ不完全な満足はどれも皆、この衝動に貫かれている。それゆえ、理想的な目標は、常に純粋で完全な満足であり、一言で言えば浄福である[*26]。したがって、すべての生は、その本質からして、浄福な生であろうとしている。そのような生がもし実現したなら、私たちは心のなかで究極的に切望していたものを実際に所有し、それと一つになるだろう。そして、切望していたものと一つになることは、愛にほかならない。それゆえ、たとえ単に相対的であれ真正であるような満足のうちには、愛が少なくともいくぶんかは含まれている。あるいは、どんな真の本来的な生のうちにも少なくともいくぶんかの愛が含まれている、と言うこともできる。というのも、仮象の満足のうちでわれを忘れた生は、自分自身を失っており、仮象の生であり、自分自身を否定する空虚な生であるからだ。そして、生が真なるものになればなるほど、愛と浄福も増していく。しかし、すべての浄福のうちには、私たちが知っていようといまいと、神の浄福、神の愛が存している。生が完全であり、まったき純粋な浄福である場合には、この神の愛は完全である。そして、神の愛が完全であるのは、覆いのない状態で神に献身して神と一つになるという段階においてのみである。その段階において、神は私たちが見ることにおいて、もはや覆いを通してではなく、純粋な神的理念としてみずからを啓示する。そして、私たちは、私たちの生の切望の無限の対象である愛と浄福に与《あずか》るようになるのである。

　では、系列に沿って進んでいくとしよう。人間の心に神が啓示されるときの最も低い段階は、完全な隠蔽の段階である。ここでは、通常の感性が、私たちを神から切り離して暗闇を作る障壁として機能している。この段階の人間は感性的人間であり、その人はみずからの浄福を幸福のうちに探し求めている。感性的人間は思い違いをしており、その人が浄福と思い込んでいるものは実際にはあらゆる浄福を否定するものなのである。諸君もすでに聞いたことがあるだろうが、移ろいゆく感性的な仮象の世界にすべてが注ぎ出されているときには、いかなる満足もない。他に何もないのだとすれば、結局のところ、唯一の救済は墓だろう。しかし、人は、ただ葬り去られることだけによって浄福に至るというのだろうか。そうでないなら、真の生の始まりは、真正な愛が、移ろいゆくことのない永遠なるものへの愛が目覚めるとき、つまり感性による欺きが見破られているときになって、ようやく訪れるのである。それゆえ、真正な生の衝動あるいは浄福の衝動は「永遠なるものへの憧憬」として突き上げてくる。実を言えば、そのような衝動は、いつでも、最も低い段階においてすら存在している。神の声は浄福でない人においてすら語り出しており、それによってその人は現象を超えて現象を支えているものに、つまり現象のうちでみずからを啓示しようとしているものに向かうよう促される。しかし、この呼び声は、感性のせいで聞こえなくされ、理解されず、影響を及ぼさないままとどまっている。

人間の第二段階、つまり初めて真の生に向かう段階へと人間が昇っていくのは、この感性的な「存在の激情」が道徳的命令の激情によって克服されるときである。感性的な生が浄福でないことに気づくとき、人間はみずからの内面のうちに義務の命令の声を聞く。感性的なものへと注ぎ出されている無法則状態とは異なり、義務の命令は人間に、義務に基づいて行為するという厳密な法則性を要求する。そして、人間は自由にこの命令に服するのである。ここで生じる世界観は道徳主義的である。フィヒテは、かつては道徳主義を熱烈に賞賛し、みずから擁護していた。しかし、彼は今やもうそれを高く評価してはいない。とはいえ、彼はかつてカント哲学から汲み取り、みずから説いてもいた偉大で美しいもののすべてを断念してしまったわけではない。今や、彼はこの偉大で美しいものが形式的な義務の命令だけに由来することはそもそもありえない、という確信に至っている。彼は、ここでは批判的な区別が必要であることに気づいている。彼が行う区別とは、単なる道徳性、すなわち彼がストア主義の立場と想定するものと、高次の本来的な道徳性の立場の区別である。ストア主義者にとって、生の意志の原理は形式的な義務の要求、つまり無条件にあらゆる感性の刺激に抗してみずからの義務をなせ、という要求である。この形式的な道徳性の段階において、人間は確かにすでに尊厳を手に入れているが、決して最高の尊厳を手に入れるわけではない。人間は、あらゆる感性的なものと世俗的なものを超えて高められており、また自分が高められていると感じている。しかし、その人間は単なる消極性のうちにとどまっている。つまり、その人間は、それをすれば自分を軽蔑せざるをえなくなるようなことは何もしようと思わないだけなのである。このストア主義的なアパテイアの自由は依然として空虚な自由であり、ストア主義者を動かす愛はいかなる積極性ももっていない[*27]。それは、このような自由それ自体への単に形式的な愛である。それゆえ、その愛には内容が欠けている。こう言ってよければ、形式主義的な倫理学は、いつでも義務をなすという形式的普遍性への心酔ゆえに、積極的な絶対的価値の規定をいっさい欠いている。積極的な絶対的価値は、実践的目標として、努力する者を愛というあたたかい感動で満たし、それによってその人間の行為に積極的な浄福を、つまり内容をもった理想の実現という浄福を与えることができるだろう。同様に明らかなのは、ストア主義者が感性的な欲望に対して絶え間なく防衛しながら生きているために、まだそうした欲望に依存し、まだ内心ではそれに執着し、まだその威力を感じている、ということだ。しかし、より高次の立場がありうる。そこでは、そうした刺激との戦いはすべてやんでいる。なぜなら、感性的な刺激は完全に力を失って、いわば無に帰してしまっているからだ。だが、そのような立場を実現するのは、形式的に普遍的で空虚な義務の命令ではなく、義務にそのつど特定の内容を与えてくれるような永遠の価値への積極的な愛である。そのような価値が視野に収められ、熱烈な愛で心を満たすなら、義務の命令の出る幕はない。美しく善いことは、すでに選ばれ、なされているのである。こうした説明は十分な正確さに至っているわけではないが、ここでフィヒテは、実際のところ、カントおよびかつての自分自身の倫理学の根本的な欠陥に気づいている。そして、彼の行った区別は、今なお価値あるものであり続けている。

ここまで述べてきたことのすべてを踏まえればおのずから明らかなことだが、ストア主義の立場において成立した、当然の帰結として神と道徳的な世界秩序を同一視せざるをえなかったような宗教的な世界観（したがって、初期のフィヒテのものでもある世界観）もまた不完全であり、せいぜいのところ真の宗教という高みに昇るために通過する段階として価値をもつにすぎない。はじめのうちは、フィヒテはそれが必要な段階だと考えていた。しかし、のちには、そうした考えを正当にも放棄している。

さて、次に第三の世界観に移り、それとともに高次の人類の新しい類型に、つまり高次の本来的な道徳性という特徴に移ることにしよう。すると、これによって私たちは積極的な浄福の道へと足を踏み入れる。この道は、それ以外の世界観を支配しているあらゆる動機を根絶するよう、ただちに私たちに要求する。したがって、かつてのような感性的享楽への隷属はもはやない。しかし、だからといって、そのような状態と戦っているわけでも、形式的な義務の意志によってそれを克服して独善的に誇っているわけでももはやない。つまり、ストア主義的なアパテイアにおける、あの冷淡で空虚な自立状態はもはやないのである。ある意味では、こうした戦いや誇りや自立状態のうちにあるときには、私たちはまだ利己主義者である。道徳に関してストア派の賢人のような合法性と独善性のうちにあったとしても、そうなのである。より高次の道徳性、そしてついには最高の浄福へと至る道をとるということは、あらゆる意味で自分を放棄するということであり、自分のためにはまったく何も、自由すらも望まないということである。むしろ、私たちは、自分がどこまでも神の生の器官《オルガン》であり、その生によって意志された自己向上の器官であると感じて、ついには神のうちに没入しなければならない。しかし、このことは、高次の道徳性という目下の段階において、どのように起こるのだろうか。そもそも、神の意志は、この有限なもののうちに、どのように表されるのだろうか。答えはこうだ。私たちは純粋な愛のうちで何かをそれ自体のために愛することがある。つまり、私たちにとって何かが純粋にそれ自体のために気に入り、決して単なる手段としてではなく、他のどんな場合をも無限に凌駕するほど気に入ることがある。そうしたときにいつでも私たちが関わっていると確信するのは、神の直接的な本質が世界において現出しているということ——あるいはこう言ってもよければ、絶対的価値が現出しているということ——である。そのように与えられるものは、そのつどの状況下で、端的に完全なものである。神の本質は、各々の純粋な美しさのうちに現れる。さらに、神の本質は自然の完全な支配のうちにも現れ、それと同様に、完全な国家《ステート》のうちにも、そして最後に学のうちにも現れる。言い換えれば、神は、経験的なもののなかで理念が私たちに向かって輝くところでは、どこでもみずからを啓示するのである。それらの理念とは神の理念である。時を貫いて、時を美しく輝かせながら、永遠の光が私たちに射し込んでいる。すると、例えば美しさは、私たちが芸術作品と呼ぶ感性的な物にあてはまる述語ではない。芸術家とは、槌《つち》を打ち、筆を走らせるたびごとに、大理石や画布に理念を——みずからの念頭にある理念を、あるいはむしろ神の理念を——吹き込む者である。芸術家の創造的な意識のうちで、つまり芸術家の念頭にある理念が描き出されるときの純粋な自発性のうちで、まさに神性がみずからを啓示し、しかもこの理念という形をとってみずからを啓示する。芸術家の創造の浄福は、このことに由来する。それは、神の理念をみずからのうちで形作る活動をしながらそれを受け取るという浄福、みずからのうちで神の行いをなしているという浄福、神の器官としての効果を発揮しているという浄福である。芸術家の感情をたどりながら芸術作品を直観するときの筆舌に尽くしがたい喜びもまた、神性の自己啓示に由来する。そのような喜びにおいて、私たちは、まさに神の理念が感性的な形をとって生成してきた過程を追体験するのである。この美的な喜びと、美しいものを自分の内と外で形作りたいという情熱的な憧憬は、芸術家の支配的な情動であり、そのようなものとして芸術家の天才を特徴づけている。ここでは動因として定言命法はまったく必要ないし、自己尊敬への訴えも、気を逸らせる感性的な傾向性に対する戦いも必要ない。[*28] そう、ひたすら自分自身から、内側から衝き動かされるとき、真正な芸術家、つまり最高の意味において「道徳的な」この者が獲得しようと努め、そうすることができるのは、自分が何より愛している美しいものを繰り返し形作ることにほかならないのである。神の理念に向かうその芸術家の愛は、他の愛を、低い感性的なものへの愛を決して生じさせない。

さらに、高い道徳をそなえた者といえば、どのような真正な学問探究者も同様にそうである。その理由は芸術家の場合と似通っている。ただし、ここでは神の理念は別のもの、すなわち理論的あるいは実践的な真理という理念である。さらに高貴な技術者も同様であり、その者の愛が向かうのは、（決して低次の感性的な目的ではなく）人間に自然を支配させることである。そして最後に、高貴な政治家も同様であり、その者の浄福は、社会的共同体の秩序をその基準となる特定の理想に沿って維持し、形作ることのうちに見出される。高貴な政治家を導き、その者によって愛される理念とは、理想的な共同体の秩序としての理想国家《ステート》という理念である。この神の理念を実現すること、それが高貴な政治家の憧憬なのである。

このように、高い道徳をそなえた者の類型のなかには、理想的な人間の特殊な一連の諸類型が含まれている。それらの類型はどれも皆みずからのうちに正当性を有しており、一つの価値秩序のなかで上下関係に置かれることはない。そして、そこには形而上学的な理由がある。すなわち、各人は、知ってのとおり、神の存在を展開する光線であり、神が（みずからの理念の実現という形で）自分自身を啓示するために創造した器官の一つである。しかし、あらゆる理念に対して各々の人間がそれを現実に展開したり、展開できたりするための器官であるわけではない。むしろ、各々の人間において、神は個別的な仕方でみずからを啓示するのである。私たちの各々は、その者なりの仕方で神の存在に関与しており、それに応じてその者なりの理念をもつ。この理念は、実践的な見地においては、その人の高次の生の課題を、つまりその者の高次の使命をなしている。誰も自分の生の課題を他の者の生の課題と交換することはできない。各々の人間は自分の生の衝動をもち、その衝動がその者にあらかじめ目標を指し示す。確かに、人間の超感性的な存在をなしている神の理念は、その者が感性的なものに執着しているときには覆い隠されてしまうことがありうる。しかし、各々の人間は自由であり、神の声に耳を傾け、みずからの浄福を見出すことができる。それゆえ、私は自分がなすべきことを自分で考えて作り出す必要はない。むしろ、私は感性という隔壁を突破しさえすれば、自分がなすべきことを直接に見出す。私は自分にこう尋ねさえすればよいのだ。すなわち、「私にとって可能な、成し遂げることのできる活動の範囲内で、筆舌に尽くしがたいほどの純粋な喜びと完全に浄福な満足で私を満たしてくれることは何か」と。すると、例えばそれは絵を描くことや塑像を作ることかもしれない。そこで、私は芸術家という職業が自分の真の職業であることに気づく。あるいは、思いあたる活動が裁判官や他の法律家としての活動である場合には、今度はまさにそこに私の愛と私の生の目的がある。問われているのは、いつもただ一つのこと、つまり「いったい私は本当は心の底で何を意志しているのか」である。そして、高次の道徳性の立場をとるという決断が意味しているのは、今後ひたすら本当に心の底にあるものだけを意志し、別のものは決して意志しない、ということにほかならない。

そのように生き、愛し、活動するときの完全な自由と専心が、天才を特徴づける。天才とは、神の本質が私たちの個性のうちでとった純粋な形態にほかならない。

もう一段階、高みへと向かおう。先に述べたような高次の道徳性は、人間がその究極的な意味については何も知らなかったとしても、可能である。まさにそれゆえに容易に生じるだろうことだが、そうした道徳性にある種のきわめて自然な不純さがまとわりつくことがありうる。[*29] 高い道徳をそなえた者は、経験的世界のなかに理念を模造する者として、当然のことながら作品を作ろうとする。それがうまくいかないときには、たとえまったく当人のせいではないとしても、その人間が不幸になる、ということは理解できるだろう。しかし、それでは話が逆である。というのも、ここで示されているのは、その人間が作品に絶対的価値を置いているということであり、したがって、その人間が自分の本当に意志しているものについて、まだはっきり分かっていないということだからである。おそらく、この不幸は、それがこの人間を良心の問いに直面させることによって、ただちに教材となるだろう。いずれにせよ、その人間は、自己吟味を行うなら、やがて気づくだろう。外に表された作品は絶対的に価値のあるものでも自己目的でもなく、むしろその作品を意志し、創造した者としての自分自身が、もっぱら絶対的に価値のある自己目的なのだということに！　そして、ついにその人間は、はっきりと悟るかもしれない。自分が絶対的に価値のあるものとしていつでも本当に意志し、獲得しようと努めているのは、自分の個人としての人生と努力のなかで神の存在と生が展開していくことなのだ、と。いよいよそこまで進むと、その人間は第四の立場に、つまり宗教性の立場に上昇する。その人間は、高い道徳をそなえた者と同様に、神の理念の啓示と実現の媒体である。しかし、それだけではない。その人間は、自分がそのような者であることも知っているのである。つまり、その人間は自分が聖別された神性の器であることを知っており、その人間は今や初めて真に神性を認識し、それを無限の愛でもって包み込むのである。それまでと同様、その人間は外的な刺激に左右されることのない、弛《たゆ》みない熱心さで作品を作り続けるだろう。しかし、その人間は、そのつどの作品を無条件に獲得しようと努めるのではない。その人間は、作品を越えた高次の目的を、神を認識し、愛することのうちに、そしてみずからの努力のなかで神と合一するという浄福をもたらす意識のうちに有している。この崇高な立場に昇りつめた者は、世界全体を新しい目で眺める。そして、何よりもまず、人間の世界を新しい目で眺めるのである。その人間はまた、神が各々の人間のうちで、どれほど覆いによって隠されているとしても、特異な形態をとって生きているのを見る。したがって、その人間は、すべての隣人にみずからの愛を向ける。たとえ隣人たちに分かち与えられている神の光の放射から自分が隔てられ、切り離されていることをその人間が苦しく感じるのだとしても。隣人たちと合一しようとする悲痛な努力と憧憬が、その人間を満たしているのである。このようにして、純粋な人間愛は無限の神の愛から説明される。そして、この純粋な人間愛には自明な実践的帰結がある。道徳的・宗教的な者は、社会的共同体の内部で行為したり、衝き動かしたりするときには、いつでも自分の隣人を自分と同じように神の子として遇し、隣人たちのうちにある真正の神的なものの萌芽に常に目を向け、彼らの高貴な人間性をなしているものを促進するべく努めるのである。

　このようにして、個々の人間は、理想的な精神世界の成員、つまり地上における神の国の成員となった。それは、実際に私たち全員がこう祈り、願う国である。「御国が来ますように」。[*30]この国に各々の人間は属している——各自が神の理念の成果であり、神への愛のうちでそのことを意識するかぎりにおいて。そして、各々の人間は、自分の理想的な使命に生きることによって、神の御業を行い、それを実現するのである。

　宗教的な者は、神を直観する。いかにしてその者は神を見て取り、どこに神を見出すのか。フィヒテの答えはこうだ。「君は神を、彼が自己自身においてあるがままに、顔と顔を合わせて見たいと思うか。雲の彼方に彼を求めるな。君は君がいる至る所で彼を見出すことができる。彼に献身する者たちの生を注視せよ、そうすれば君は彼を注視しているのである。君自身を彼に捧げよ、そうすれば君は彼を君の胸のうちに見出す[8]」。

　しかし、私たちはまだ最高の立場へと足を踏み入れてはいない。それは先に述べた単に宗教的な神への気づきではなく、神についての知という段階である。これは完全な哲学的洞察に基づく宗教的意識の見地だと言うことができる。フィヒテは、この最高の立場を「学問の立場」と名づけている。宗教、すなわち心情の状態および生き生きとした事実は、この立場において学問の主題になる。神の生と人間の生の統一や連関、およびこの連関が究極的に成立する仕方は、絶対的に完成した学問において洞察へともたらされる。宗教的な者は、自分にこの連関が与えられているという事実に満足するが、学問はそこに説明を与える。——しかし、それによって単純な信仰は哲学的な認識に貫かれ、「見ること」へと高まる。なぜ、いかにしてそうなるかが最も深いところまで洞察されるなら、それによって、宗教的な意識、すなわち神との合一状態は、はるかに内面的な、学問的な明晰さの行き渡った合一状態になる。そして、神を見る宗教的な人間のうちで神自身がみずからを啓示する過程において、神が可能なかぎり最高の自己啓示の段階に到達するのである。この高次の段階は、本当に新しい色彩や、より親密なあたたかさを私たちの理想的な人間像のうちに運び入れることはできない。というのも、私たちはここでは間接的に予感することしかできないからである。神についての包括的な認識は世界についての包括的な認識を含むということ、そして学問的な哲学は神についての包括的な認識を成し遂げなければならないだろうし、その暁《あかつき》には私たちに溢れんばかりの喜びをもたらすに違いないだろうということ、この喜びは単なる理論的な関心の満足ではなく、宗教的な浄福をともなって流れのなかに溶け込んでいき、この浄福そのものを溢れんばかりに高めるに違いないだろうということ——こうしたことを私たちは間接的に予感することしかできないのである。

さて、私たちは主題を論じ終えた。ここからさらに続きうることや、大いに関心を払うに値するはずのことがもしあるとすれば、それは各々の理念に沿って諸々の個別の人間の理想を仕上げていくこと、それからさらにフィヒテがみずからの構想した理想を社会教育的な諸著作において実践的な実現に向けて導こうとしていくときの偉大なやり方である。その際には、『学者の本質』や『学者の使命』に関する諸講義に加えて、『ドイツ国民に告ぐ』が考察の範囲内に入ってくるだろう。フィヒテは、ドイツが最も深い屈辱を与えられていた時代に、崇高な国民理念《ナショナル》を高貴に仕上げられた形でドイツ民族《フォルク》の眼前に提示した。そして、彼は同時に、この国民理念《ナショナル》を真正の真なる民族《フォルク》の理想と一体化させた。そして、さらに彼は、もしドイツ民族《フォルク》が自由に高次の使命を果たすなら、それによって人類全体に対しても救いが訪れるに違いないだろう、という信念をドイツ民族《フォルク》のうちに呼び覚ました。何にもまして、こうしたやり方のうちに、フィヒテの個性《パーソナリティ》が立派に表れている。解放戦争の哲学者フィヒテの言葉は、私たちにも向けられているのである。

実際のところ、私たちの時代の苦境においては、ただ一つのことが私たちを支え、強め、さらにどんな苦悩のなかにあっても打ち負かされることがないほど私たちを「浄福」にすることができる。そのただ一つのこととは、理念の神的精神、諸々の純粋な理想への省察である。それらの理想を実現するために、私たちはここにいるのである。それらの理想は、私たちドイツ民族《フォルク》のうちに、それらの最も高貴で崇高な代表者を見出した。ドイツ民族《フォルク》は、そのような精神を幾人も生み出し、そうした人々のもとで、またそうした人々に導かれて、心を純粋にするために大いに努力し、そのぶんいっそう内面に神を探し求め、みずからが見た理想をいっそう崇高な形で具体化してきたのである——そのようなドイツ民族《フォルク》は、人類の希望であり、そうあり続けるに違いない。ドイツ民族《フォルク》が生き生きした真理においてそのようであることは、私たち皆にとっての無限の課題である。私たちは皆、偉大な私たちドイツ民族《フォルク》のうちで神の理念が啓示され続けるために、この戦争の勝利を目指している。ドイツ民族《フォルク》が真の偉大さに向けて発展し続け、みずからのうちでみずからを高め、みずからを通じて人類全体を高めるために。

編者注

(1) フライブルク大学から参戦した兵士のための講座の枠内で行われた。最初は一九一七年一一月八―一七日に、そして繰り返して一九一八年一月一四―一六日と同年一一月六、七、九日にも実施された。

(2) Johann Gottlieb Fichte, *Werke. Auswahl in sechs Bänden*, hrsg. u. eingel. von Fritz Medicus, Leipzig 1908ff., III. Band, S. 557f.〔「最近の哲学の本来的本質について広汎な公衆にあてた明白な報告」藤澤賢一郎・隅元忠敬訳、『フィヒテ全集』第一二巻、哲書房、二〇〇七年、三〇頁。フッサールの引用文に含まれる微妙な表現の違いを踏まえ、訳文を一部変更した〕

(3) A.a.O., S. 198〔「無神論的言明にかんして公衆に訴える」久保陽一訳、『フィヒテ全集』第一一巻、哲書房、二〇一〇年、九九―一〇〇頁〕.

(4) A.a.O., S. 169〔「無神論的言明にかんして公衆に訴える」六八頁〕.

(5) Vgl. a.a.O., S. 246〔「私的書簡から」久保陽一訳、『フィヒテ全集』第一一巻、哲書房、二〇一〇年、一三八頁〕.

(6) A.a.O.,V. Bd., S. 390〔「ドイツ国民に告ぐ」早瀬明訳、『フィヒテ全集』第一七巻、哲書房、二〇一四年、二六頁。フッサールの引用文に含まれる微妙な表現の違いを踏まえ、訳文を一部変更した〕.

（7）Ebd.〔「ドイツ国民に告ぐ」二七頁〕

（8）A.a.O., S. 184〔「幸いなる生への導き」量義治訳、『フィヒテ全集』第一五巻、哲書房、二〇〇五年、三四〇頁〕.

訳注

＊1　宗教改革の始まりは、ルターが「九五箇条の提題」を掲示した一五一七年とするのが一般的。ゲーテの没年は、一八三二年。つまり、この数行でフッサールは三〇〇年余にわたる期間のドイツ思想史を概観している。

＊2　ニコラウス・コペルニクス（一四七三―一五四三年）は、ポーランドの天文学者で、地動説の提唱者として知られる。ヨハネス・ケプラー（一五七一―一六三〇年）は、ドイツの天文学者で、惑星の運動に関する法則（ケプラーの法則）の発見者として知られる。ゴットフリート・ヴィルヘルム・ライプニッツ（一六四六―一七一六年）は、多岐にわたる仕事で知られるドイツの哲学者・数学者。なお、フッサールのようにコペルニクスをドイツ人とみなす考えは、現代では一般的とは言えないだろう。

＊3　ゴットホルト・エフライム・レッシング（一七二九―八一年）は、ドイツの劇作家・批評家で、代表作は『ラオコオン』、『賢者ナータン』など。ヨハン・ゴットフリート・ヘルダー（一七四四―一八〇三年）は、ドイツの哲学者・文学者で、代表作は『人類歴史哲学考』、『言語起源論』など。ヨハン・ヨアヒム・ヴィンケルマン（一七一七―六八年）は、ドイツの美術史家で、代表作は『ギリシア芸術模倣論』、『古代美術史』など。ヴィルヘルム・フォン・フンボルト（一七六七―一八三五年）は、ドイツの言語学者・政治家で、比較言語学の研究のほか、ベルリン大学（現在のフンボルト大学ベルリン）の創設でも知られる。ヨハン・ヴォルフガング・フォン・ゲーテ（一七四九―一八三二年）は、ドイツの詩人・小説家・劇作家で、代表作は『若きウェルテルの悩み』、『ファウスト』など。ヨハン・クリストフ・フリード

リヒ・フォン・シラー（一七五九—一八〇五年）は、ドイツの劇作家・詩人で、代表作は『群盗』、『ヴィルヘルム・テル』など。イマヌエル・カント（一七二四—一八〇四年）は、ドイツの哲学者で、『純粋理性批判』、『実践理性批判』、『判断力批判』などの著作で知られる。

＊4　ヨハン・ゴットリープ・フィヒテ（一七六二—一八一四年）、フリードリヒ・ヴィルヘルム・ヨーゼフ・フォン・シェリング（一七七五—一八五四年）、ゲオルク・ヴィルヘルム・フリードリヒ・ヘーゲル（一七七〇—一八三一年）、フリードリヒ・エルンスト・ダニエル・シュライアマハー（一七六八—一八三四年）、アルトゥール・ショーペンハウアー（一七八八—一八六〇年）は、いずれもドイツの哲学者。目下の箇所では彼ら全員が「ドイツ観念論」に属するとされているが、こうした分類が適切かどうかについては議論の余地がある。さらに近年では、いわゆる「ドイツ観念論」は当事者自身によって名づけられたものではなく、観念論を超える多様な内容を含んでいるので、そもそもこの呼称を用いるべきではない、という見解もある（大河内泰樹「「ドイツ観念論」とはなにか？——あるいは「ドイツ観念論」はなぜそう呼ばれるべきではないのか？」、『ニュクス』第二号、堀之内出版、二〇一五年、八—二四頁）。

＊5　ここで「ほとんど地球全体に及ぶ諸民族の組織」と呼ばれているのは、第一次世界大戦における連合国（協商国）のことだと考えられる。

＊6　「自然主義（Naturalismus）」に関する詳しい説明は、「厳密な学としての哲学」（一九一一年）に見出される。それによれば、自然主義とは「存在するものはすべて、それ自身物理的なものであって物理的自然の統一的な連関に属しているか、あるいは心理的なものではあっても、単に物理的なものに依存して変化するもの、せいぜい二次的な「並行的随伴事象」にすぎない」と主張する立場のことである（Hua XXV, S. 9／「厳密な学としての哲学」小池稔訳、細谷恒夫責任編集『ブレンターノ　フッサール』（『世界の名著』51）、中央公論社、一九七〇年、一一一頁）。フィヒテとフッサールは、少なくともこうした自然主義を批判するという点では、軌を一にしている。

＊7　フィヒテと解放戦争については、「訳者解説」を参照。

＊8　ここで「精力的で力強い」と訳した Kraft und Macht やそれに近いフレーズは、ドイツ語訳聖書の複数の箇所に登場する（『歴代誌 上』二〇・六および二九・一二、『ヨハネの黙示録』一七・一三、『ネヘミヤ記』一・一〇）。

＊9　フィヒテは、みずからの哲学を「知識学（Wissenschaftslehre）」と呼び、生涯にわたってその完成に努めた。知識学の初期構想を示した『全知識学の基礎』（一七九四年）では、自我（Ich）と非我（Nicht-Ich）に関する三つの根本命題をもとにして、理論哲学と実践哲学の体系が提示されている。知識学に対するフッサールの言及は、例えば一九一四年頃に執筆された、ある草稿にも見出される。そこにおいてフッサールは、フィヒテの知識学が経験を顧みていない点を指摘し、「知識学は、たとえ経験が存在しえなかったとしても、真になってしまうだろう」という否定的評価を述べている（Hua VII, S. 411-412）。

＊10　パリサイ（ファリサイ）派はイエス・キリストが生きた時代のユダヤ教主流派であり、共観福音書が描くイエスはパリサイ派の学者を詭弁的、形式主義的として、たびたび批判している。このことから、「パリサイ的（pharisäisch, pharisäerhaft）」という形容詞は、独善的、偽善的という意味で使われる。その意を汲んで、ここでは pharisäische Selbstgerechtigkeit を「パリサイ派めいた独善的正義」と訳した。

＊11　フッサールは、『イデーンⅠ』第七四節において、一定の公理からの演繹によって成立する学問のことを「精密な（exakt）」学問と呼んでいる（Hua III/1, S. 154-156）。精密な学問の代表例は数学であり、自然科学も数学が適用される範囲内では精密であるとされる。実際、『改造』論文でも「精密自然科学」という語が何度か登場していた（第一論文、第二論文）。その一方で、『イデーンⅠ』第七五節によれば、個別的な物事の記述を一般化することで成立する学問（例えば現象学など）は、精密ではないが、包括的

で学問的な記述を行うことによって「厳密な（streng）」学問でありうるとされる（Hua III/1, S. 157）。

＊12　通常捉えられているような世界と私たちの優先関係を転倒し、世界ではなく私たちこそが第一のものとみなす発想を、フッサールは『イデーンI』第五〇節で、自身の議論の成果として語っている（Hua III/1, S. 106）。ただし、フッサールは、自分と（自分の解釈する）デカルトがまったく同じ立場に立っているとは考えていないはずである。実際フッサールはのちの『デカルト的省察』第一〇節で、デカルトは結局のところ、この発想の意義を捉え損ねた、という趣旨の批判的な所見を述べることになる（Hua I, S. 63-64）。

＊13　ここで述べられるような問題を、フッサールは一九〇〇年代の半ば頃から「認識の謎」などと呼んで論じていた。例えば、一九〇七年の『現象学の理念』の、とりわけ講義二を参照（Hua II, S. 28-39）。

＊14　フッサールのこうしたカント解釈は、現代の研究水準から見れば、皮相と言わざるをえないだろう。イゾ・ケルンによれば、フッサールのカント理解のうち、物自体を実在論的に解釈する側面は、ハレ期に同僚だったアロイス・リールからの影響下にある（Iso Kern, *Husserl und Kant: eine Untersuchung über Husserls Verhältnis zu Kant und zum Neukantianismus*, Den Haag: M. Nijhoff, 1964, S. 120）。

＊15　フッサールは、一九二五年四月三日付のカッシーラー宛書簡で、カントにおける「実践理性の要請」を「カントの発見のなかでも最も偉大なこと」かもしれないと高く評価しており、「事実性そのものの問題、非合理性の問題は、カント的な要請を拡張した方法においてのみ扱うことができるように思われます」と、世界の非合理性のなかで生きる意味をめぐる問題を考察するための方法とみなしてもいる（Hua Dok III/5, S. 6）。

＊16　フィヒテは、カント哲学を再構成したカール・レオンハルト・ラインホルト（一七五八―一八二三年）を研究し、フリードリヒ・ハインリヒ・ヤコービ（一七四三―一八一九年）、ザロモン・マイモン（一七五三―一八〇〇年）、ゴットロープ・エルンスト・シュルツェ（一七六一―一八三三年）などのカン

ト批判を意識しながら、カントの批判哲学を改訂し、独自の立場を提唱した。

＊17　「雑多な感覚素材（Gewühl von Empfindungsmaterialien）」という表現は、カント『純粋理性批判』第一版における純粋悟性概念の演繹（A一一一）に登場する「雑多な現象（Gewühl der Erscheinungen）」という表現を踏まえたものと考えられる。

＊18　フィヒテにおいては、自己意識の根源的な統一は行為がその同じ行為の成果であることとして理解されうるが、このことが「事行（Tathandlung）」と呼ばれる。『全知識学の基礎』では、知識学は人間精神の「実際的歴史（eine pragmatische Geschichte）」であると述べられている（Johann Gottlieb Fichte, *Gesamtausgabe der Bayerischen Akademie der Wissenschaften*, Bd. I-2, herausgegeben von Reinhard Lauth und Hans Jacob, Stuttgart-Bad Cannstatt: F. Frommann, 1965, S. 365）。

＊19　ここでフッサールの念頭にあるのは、間違いなくプラトン『国家』第六―七巻における一連の議論だろう。知識と真理と善のイデアとの関係を、見ることと見られるものと太陽との関係に比する議論（いわゆる太陽の比喩）については、同書の第六巻第一八―一九章を参照。また、正しく美しいあらゆるものの源泉としての善のイデアという考えは、第七巻第三章で論じられている。ただし、プラトンは、これらの文脈で（少なくとも表立っては）善のイデアを神とみなしているわけではない。

＊20　ここで（「現実主義的」と対比させて）「理想主義的」と訳した idealistisch という言葉には、実在論に対立する立場を示す「観念論的」、プラトンの立場を示す「イデア論的」という意味もある。こうした多義性を示唆するため、この語には「イデアリスティック」とルビを振った。

＊21　カントは、行為が「義務にかなっている（pflichtmäßig）」ことと「義務から（aus Pflicht）」なされることを区別する。義務ではなく私益や感情のような傾向性を動機とする行為であっても、義務に適合しているという意味で正しい行為であることは可能である。しかし、義務に適合しているだけでは行為が道徳的であるためには不十分であり、もっぱら義務に動機づけられた行為だけが道徳的でありうる、とカン

トは主張する（『道徳形而上学の基礎づけ』第一章）。この区別を考慮に入れると、カント（とフィヒテ）が「義務にかなった行為という唯一の純粋で絶対的な価値」を示したというフッサールの言い方は不正確であり、代わりに「義務からの行為」という表現を使うべきだったと言えるだろう。

＊22 ここでフッサールは「私たちを拘束する道徳法則は神の存在をなすものですらある」というフィヒテの主張を紹介している。これに該当する文は、フィヒテの著作『無神論的言明にかんして公衆に訴える』（一七九九年）に見出される。そこでフィヒテは「君たちを縛る同じ法則が、君たちの意志をなすものであるとともに、神の存在をなすものである」と述べている（Johann Gottlieb Fichte, *Gesamtausgabe der Bayerischen Akademie der Wissenschaften*, Bd. I-5, herausgegeben von Hans Gliwitzky und Reinhard Lauth, Stuttgart-Bad Cannstatt: F. Frommann, 1977, S. 452／「無神論的言明にかんして公衆に訴える」久保陽一訳、『フィヒテ全集』第一一巻、哲書房、二〇一〇年、九九頁）。

＊23 ここでフッサールが用いている「存在の激情（Affekt des Seins）」という語句は、フィヒテの『浄福なる生への導き』第七講にも見出される。フィヒテによれば、「激情（Affekt）」とは「存在によって触発されていること（Afficirtseyn durch das Seyn）」にほかならない。そして、そのように存在によって触発されていること、すなわち「存在の激情（Affekt des Seyns）」こそが「愛」であるとされる（Johann Gottlieb Fichte, *Gesamtausgabe der Bayerischen Akademie der Wissenschaften*, Bd. I-9, herausgegeben von Hans Gliwitzky und Reinhard Lauth, Stuttgart-Bad Cannstatt: F. Frommann, 1995, S. 133-134／J・G・フィヒテ『浄福なる生への導き』高橋亘訳、堀井泰明改訂・補訳、平凡社（平凡社ライブラリー）、二〇〇〇年、一六二頁（同訳書では、Affekt は「熱情」と訳されている））。

＊24 新プラトン主義のプロティノス（二〇五頃―二七〇年）は、『エンネアデス』に収められた「善なるもの、一なるもの」において、すべてのものは一者としての善のイデアから「流れている」と主張する流出論を唱えている。次の文に登場する「ヘン」は、一者（一なるもの）を意味するギリシア語の ἕν を音

訳したもの。

＊25　人間の進展の五つの段階については、フィヒテ『浄福なる生への導き』の第五講で詳しく論じられており、目下の箇所でのフッサールの説明はその要約になっている。ただし、そこにおいてフィヒテは Sittlichkeit と Moralität を厳密に使い分けてはいないようである（Fichte, *Gesamtausgabe der Bayerischen Akademie der Wissenschaften*, Bd. I-9, S. 109-110）。

＊26　浄福については、第三論文の訳注＊15を参照。

＊27　「アパテイア（apatheia）」はパトス（受動、情念）に動かされない状態を意味し、ストア派はこれを賢者の生を特徴づける理想的な状態とみなした。

＊28　この箇所でフッサールは、カントの道徳哲学上の一連の論点を念頭に置いているものと考えられる。

＊29　ここでの「自然な」は「素朴な」と言い換えることもできるような用法。

＊30　このフレーズは「主の祈り」に由来する。

訳者解説

はじめに

本書は、エトムント・フッサール（一八五九―一九三八年）が一九二二年から二三年にかけて日本の総合誌『改造』の依頼を受けて執筆し、一九二三年と二四年にその一部が同誌に掲載された五つの連続論文――通称「『改造』論文」を、当時未刊行に終わった第四・第五論文、そして『フッサール全集』で同論文と関連づけられた一本の草稿も含めて全訳したものである。また、付録として、『改造』論文と内容上の関連が深い公開講演「フィヒテの人間の理想」（一九一七、一八年）も訳出した。底本は『フッサール全集（*Husserliana*）』第二七巻（『改造』論文と附論）および第二五巻（「フィヒテの人間の理想」）である。なお、全集版の『改造』論文は、フッサールの手元に残されていた原稿に基づく校訂版であり、『改造』に掲載するために日本に送られた原稿と同一の内容であるという保証はない。実際、両者のあいだにはいくらかの違いがあったと推測される（明確な異同のある箇所は訳注で指摘した）。

『改造』論文とその附論の翻訳にあたっては、『改造』誌に掲載された最初の日本語訳、英語のフッサール選集に収められた第一論文の英訳（Edmund Husserl, “Renewal: Its

Problem and Method", translated by Jeffner Allen, in *Husserl, Shorter Works*, edited by Peter McCormick and Frederick A. Elliston, Notre Dame: University of Notre Dame Press, 1981, pp. 326-331)、『改造』論文とその附論のフランス語訳（E. Husserl, *Cinq articles sur le renouveau*, traduits et présentés par Laurent Joumier, Paris: Vrin, 2005)、そしてルーヴァンのフッサール文庫の監修で現在準備中の同論文とその附論の英訳の草稿を参照した。「フィヒテの人間の理想」についても、英訳（Edmund Husserl, "Fichte's Ideal of Humanity [Three Lectures]", translation by James G. Hart, *Husserl Studies*, 12, 1995, pp. 111-133）を参照した。

まずは著者についてひととおりの紹介をしておこう[1]。エトムント・フッサール（Edmund Husserl）は、二〇世紀以降の哲学を代表する潮流の一つである現象学の創始者の一人として知られる哲学者である。一八五九年四月八日に当時はオーストリア帝国領（現在のチェコ領）だったモラビア地方の都市プロスチェヨフ（ドイツ語での呼称は「プロスニッツ」）に四人きょうだいの第二子として生まれたフッサールは、大学進学後の人生の大部分をドイツで過ごすことになる（一九〇五年一〇月二八日にドイツの市民権を手に入れている）。フッサール家はモラビアに何世代にもわたって居住するユダヤ系の家庭だったが、エトムントが生まれた頃には、すでにごく世俗的で宗教色は薄くなっていたという。そして、フッサール自身は、青年時代にプロテスタントに改宗している。

当初は数学者としてのキャリアを進んでいたフッサールを哲学に向かわせたのは、一八八〇年代にウィーンで受講したフランツ・ブレンターノの講義だった。そして、フッサールが同時代の哲学界で脚光を浴びることになったきっかけは、一九〇〇／〇一年の『論理学研究』だった。この大著はミュンヘン大学のテオドール・リップスのもとで学ぶ若き哲学者たちに大きな影響を与え、彼らの多くがちょうどフッサールが着任したばかりのゲッティンゲン大学に向かうことで、初期の現象学派（ミュンヘン・ゲッティンゲン学派）が形成された。しかし、フッサール自身は、程なく、自分のもとに集った現象学者たちの実在論的な傾向に背を向ける形で、観念論的な色彩の強い超越論的現象学を標榜するに至る。この「転回」を代表する著作が、一九一三年の『純粋現象学および現象学的哲学についての諸構想』第一巻、通称『イデーンI』である。

一九一六年、フッサールはフライブルク大学の正教授職に就く。このポストの前任者ハインリヒ・リッカートは、一九世紀末からドイツの哲学界で大きな存在感を示していた新カント派（西南ドイツ学派）を代表する哲学者の一人だった。このことを踏まえるなら、この後任人事は、現象学が新たな哲学的潮流として台頭する過程における象徴的な出来事の一つだったと言えるだろう。だがフッサールは、フライブルクへの異動後、一九一〇年代後半と二〇年代の大部分をほとんど何も出版せずに過ごすことになる。そして、この間に深められたフッサールのいわゆる後期思想が本格的に公になるのは、一九二八年にフライブルク大学を退職し、マルティン・ハイデガーに教授の座を譲って以降になる。とはいえ、その皮切りとなった『形式的論理学と超越論的論理学』（一九二九年）こそ完全な形で世に出たものの、の『デカルト的省察』（一九三一年）は当時はフランス語訳しか出版されず、そして生前最後の公刊著作となる『ヨーロッパ諸学の危機と超越論的現象学』は未完のまま一九三六年にベオグラードの雑誌『哲学（*Philosophia*）』に第二部までが掲載されるにとどまった。また、一九三三年のナチス政権樹立後のフッサールは、ユダヤ系の出自ゆえに、さまざまな社会的な困難に見舞われることになる。こうした状況のなか、一九三八年四月二七日にフッサールは七九年の生涯を終える。

遺品として残された約四万五〇〇〇頁に及ぶ草稿は、ベルギー人神父ヘルマン・ヴァン・ブレダの尽力によってその年のうちに救出され、この出来事をきっかけとしてベルギーのルーヴァンに設立されたフッサール文庫で保管・研究されることになった(2)。これらの草稿および公刊著作の校訂版出版を目的として全集の刊行が始まるのは、第二次世界大戦後の一九五〇年である。

ここまでの話から分かるように、『改造』論文は、フッサールがほとんど沈黙していた一九二〇年代に自分の責任で出版した（あるいは出版することを意図した）数少ないテキストの一つである。そして、分量的にも内容的にも、『改造』論文は一九二〇年代前半のフッサールの最も主要な著作である。以下、この解説では、『改造』論文をはじめとする本書所収のテキストの概要を、それらを読み解くための助けとなる背景情報や用語に関する注意とともに示す。

『改造』論文の成立事情

フッサールが『改造』論文を執筆した経緯は完全には明らかではない。同論文を収めた全集第二七巻の編者であるハンス・ライナー・ゼップとトーマス・ニーノンによれば、同論文が成立した外的なきっかけは、雑誌『改造』サイドからの依頼だった（Hua XXVII, S. X）。しかし、こうした執筆依頼がフッサールに届いた経緯について、全集版の序論には何の説明もない。

そんななか、謎を解くための手がかりとなる資料が（ドイツ語版では）二〇一七年に新たに公刊された。マルティン・ハイデガーとカール・レーヴィットの往復書簡集がそれである。この書簡集に収められた一九二二年一一月二二日付書簡のなかで、ハイデガーはレーヴィットに宛ててこう記している。

お年寄り〔＝フッサール〕は日本のある雑誌に載せる論文を何編か書いています。リッカートが夏にそれを取り決めました。表題は「革新」！　お年寄りが言うには、まったく「精神科学的で社会倫理学的」だそうです。ドイツでもそれを年報で公表したがっています。想像力をどんなに自由に働かせてもあなたには思いつけないような、すさまじい代物です。最悪の事態を避けるために、そういったものはドイツでは印刷できないだろう――あまりに初歩的だから、と夫人に言いました。（ハイデガー＋レーヴィット 二〇一九、一〇四―一〇五頁。訳語を一部変更した）

当時フッサールから信頼を得ていたハイデガーは、一九一三年の『イデーンI』以来、ほとんど出版物のなかったフッサールのその後の動向についてよく知っており、それをレーヴィットに（陰口の種として）伝えている。ハイデガーの口の悪さがどうしても目についてしまうが、その点はとりあえず脇に置こう（ハイデガーが『改造』論文の何を気に入らなかったのかについては、後述する）。今、重要なのは、フッサールがリッカートの仲介で『改造』への寄稿を決めた、という証言である。

この情報に関して、私たちはハイデガーを信頼していいだろう。そう考えることを許す事情が、少なくとも三つある。第一に、ハイデガーには、この場面で嘘をつく理由がありそうにない。虚実を綯い交ぜにした悪口など、三下に任せておけばよいことである。第二に、リッカートはフッサールと改造社を結びつけることができる立場にあった。すでに述べたようにリッカートはフッサールのフライブルクにおける前任者であり、また、二人のあいだにはそれ以前から交流があった。そして、リッカートは当時すでに『改造』誌にいくつかの論文を寄せていた（これらの寄稿はまとめられ、『リッケルト論文集』として改造文庫から一九二九年に出版されることになる）。この常連寄稿者に『改造』サイドが新しい書き手について助言を求めた結果、フッサールが推薦されたのではないか——このように推測することは、少なくとも何の根拠もない単なる想像ではないだろう。第三に、一九二二年の夏にリッカートの仲介でフッサールが『改造』への執筆を決めたのではないかという仮説は、同年の八月八日に改造社のベルリン駐在員・秋田忠義がフッサールに宛てた葉書——全集版の編者たちが序文で言及する依頼の便り——の内容ともうまく合致する。

ベルリン、一九二二年八月八日

あなたに自己紹介なしにお手紙をお送りすることについて、お詫び申し上げます。しかし、私が今こう述べれば、あなたはおそらくそれを理解してくださるでしょう。私は日本の東京の雑誌『改造』(Reconstruction)の代表者としてベルリンに在住しており、私たちの『改造』のために、あなたにご論考を寄せていただくことを心より望んでいる、と。

私たちは、このところ、リッカート教授やカウツキー氏、またベルンシュタイン氏の論考を公刊する名誉に与《あずか》っております。あなたからも『改造』のためのご論考を私たちにお送りいただけると幸いです。論考は三〇〇〇語まで書くことができます。お礼のしるしに、そうした論考のために私たちは二〇ポンドをお支払いさせていただきます。

あなたの尊重すべきお返事を心待ちにしながら記しました。

敬具

秋田忠義

Berlin-Wilmersdorf, Brandenburgischestr. 72 bei Thiele

(Hua Dok III/8, S. 273)

秋田の簡潔な依頼は、別の誰かがフッサールに執筆の概略についてすでに伝えたことを前提として書かれている。リッカートがその人だったのではないだろうか。こう想定すると、『改造』への他の寄稿者として秋田がまずもってリッカートの名前を挙げたことについても説明がつく。また、リッカートが寄稿した『改造』の一九二二年四月号と六月号をフッサールが所有していたということも、ここで言及するに値する (Hua Dok III/3, S. 44, Anm. 119)。

仲介者が誰であれ、改造社の依頼を引き受けたフッサールは、一九二二年の秋——先に引いたハイデガーのレーヴィット宛書簡が書かれた頃——から一九二三年初頭の冬にかけて、原稿を執筆することになる。

フッサールが『改造』のために執筆した動機は原稿料だった、と言われることもある (Hua XXVII, S. X)。こうした主張の根拠とされるのは、一九二二年一二月一三日付のウィンスロップ・ベル宛書簡である。カナダ人の元学生に送られたこの書簡は、フッサールの人柄が垣間見える点でも興味深い。そのため、少々長くなるが、該当箇所を引用しよう。

〔時間がないのは〕部分的には、私が別件に関わることになったからです。論文を日本の雑誌『改造』(B・ラッセルやリッカートなども寄稿しています) のために書くのです。あなたの身の毛もよだつでしょうか? なぜフッサールがそのような愚行に及んだのだ、とあなたは叫ぶでしょうか!?　そんなことはするべくもない彼が、お金のために?!　と。親愛なる友よ、そうです、これが新しいドイツなのです。そして、フッサールが二人の子供を結婚させ、そのためいろいろ支度を整えてやらなければならないとしたら、他にどうしろというのですか。確かに、私は年間一〇〇万を稼いでいます――一年あたり、ほぼ一五〇万くらいです――素晴らしい！　しかし、残念なことに、一ドルがだいたい八三〇〇マルクくらいなので、だいたい一六〇ドルくらい、この国の物価に従えば三〇〇ドルに満たないくらい、したがって私のかつての公務員としての給与の一〇分の一に満たないくらいなのです。そのため、論文一本あたり二〇ポンド支払われると言われたとき、私は「ノー」とは言えなかったのです。残念ながら、私の名前はフッサール〔Husserl〕であってラッセル〔Russell〕ではありませんし、私はささっと書いた論文を送りつけることはできません（そう、それは「日本人限定！」なのに）。どうにもこうにも、私はこういう者なので、『改造』のためにイオタ一つさえ〔＝小さい一文字さえ〕『年報』と違う仕方で書くことはできません。私が選んだ問題は「革新」（ヨーロッパ文化の革新――『改造』には英語で reconstruction という副題がついています）です。私は、これを倫理学の根本問題、それも個人倫理学と社会倫理学の根本問題と解しています（ある「人間集団」が倫理的な真正の人間集団にどうやってなるのか、その人間集団はどうやって「転回」、自己の新たな形成、再構築をするのか、等々）。あなたも抜き刷りを手に入れることができるはずで、その一般的な路線について興味をも

っていただけるのではないかと推察します。(Hua Dok III/3, S. 44-45)

第一次世界大戦後のドイツを襲ったハイパー・インフレーションとそれにともなう経済的困窮に、フッサール一家ももちろん直面していた――こうした事情は、第一論文冒頭の「道徳的な堕落を呼び込む経済的苦境」(一一頁)という表現の背景でもあったはずである。そのため、フッサールにとって、二〇英ポンドという外貨の謝金は無視できないものだったに違いない(「論文を一篇寄稿してほしい。原稿料は二〇ポンド支払う」という秋田の依頼をフッサールは「論文一篇あたり二〇ポンド支払う(複数篇書いてもらってもかまわない)」と誤解したように見えるが、それは脇に置こう)。恥じる素振りも見せつつ、お金のために文章を書くことをあっさり認めるフッサールは、引用の後半では、自分は金銭のための仕事で手を抜くような人間ではないということも――当時あちこちに寄稿していたラッセルを皮肉る言葉遊びをしながら――明言している。たとえ日本人のためだけであっても、自分が編集していた『哲学および現象学研究のための年報』に書くのとまったく同じように書くのだ、と。

フッサールが『改造』への寄稿を決めた背景には、自分のアイディアを同僚たちに伝える機会になる、という見込みもあったようである(Hua XXVII, S. X-XI)。右の引用の末尾でフッサールは、論文が出版されたら抜き刷りを送ることができるはずだ、とベルに伝えている。フッサールは自分の寄稿がドイツ語でも掲載されることを知っていたのだろう。当時は論文をそれほど簡単に複製して送ることができなかった時代だったことを思い出そう。戦後の物資不足もあって、一九二〇年代初頭のドイツで印刷物を作ることは、そう簡単ではなかったはずである。実際、フッサールは、一九二〇年二月一一日付のディートリヒ・マーンケ宛書簡で、自分が主宰する雑誌『哲学および現象学研究のための年報』の版元でもあるニーマイヤー社が紙不足に悩まされていると告げている（Hua Dok III/3, S. 424）。自分の論考の印刷を日本の出版社が肩代わりしてくれるのは、フッサールにとって恰好の機会だったに違いない。以上のこともまた、『改造』論文がフッサールの真剣な仕事だと考える根拠となる。日本向けに金銭目的のいい加減な仕事をする西洋の学者は、確かに今も昔もいるだろう。だが、フッサールをそうした人とみなすのは、あまりにも性急ではないだろうか。とはいえ、この点についての最終的な判断は、本書の読者それぞれに委ねたい。

原稿料と印刷版の論文というフッサールの望みは、残念ながらどちらも完全には実現しなかった。フッサールは、一九二三年七月二三日にアルベルト・シュヴァイツァーに宛てた書簡で、第一論文が掲載された『改造』の号（一九二三年四月号）を一冊も受け取っていないこと、残りの三つの論文はかれこれ六ヵ月も放置されていることを伝えている（Hua Dok III/7, S. 253）。同様のことを、フッサールは西田幾多郎に宛てた一九二三年九月一九日付の書簡――この書簡には同月一日に発生した関東大震災への見舞いの言葉も含まれている――でも述べている（下村 一九七八、一〇一頁）。フッサールは、一九二四年の六月頃までに、かつて日本から自分のもとに留学していた田辺元にも、こうした事情を伝えたようである。

『改造』論文に関するフッサールの問い合わせへの返信であることが文面から明らかな田辺の書簡が残っている（フッサール自身の該当する書簡は発見されていない）。一九二四年六月二三日付のその書簡で、田辺はみずから改造社に問い合わせて手に入れたという情報をフッサールに伝えている（Hua Dok III/4, S. 512）。それによれば、改造社はフッサールから受け取った三篇の原稿をすでに雑誌に掲載している（これは間違いなく事実である）。そして、原稿料について、改造社の秋田がすでに支払った第一論文のためのものを除いて、横浜正金銀行の小切手という形ですでにフッサールに送っているというのである（送金の件が本当の話だとすると、フッサールは田辺に、原稿料の不払いではなく、原稿料の額が最初の話と違う、という不満を伝えたのかもしれない）。そして、田辺はフッサールに、第二論文と第三論文は日本語のみでの掲載になったこと、その原因は関東大震災による欧文の活字不足であることも伝えている。現在ルーヴァンのフッサール文庫にはフッサールの論文が掲載された『改造』誌のうち一九二三年四月号と一九二四年四月特別号それぞれ一部ずつが残されているが、それらは田辺の手配によってフッサールのもとにようやく届いたものかもしれない。

ここまでに引いた一連の書簡は、『改造』論文の当時出版されなかった残りの部分について謎を残している。シュヴァイツァーや西田への書簡で、フッサールは合計四篇の論文を改造社に送ったと述べている。ところが、田辺の説明によれば、改造社が受け取り、すべて出版したという論文は、三篇である。そして、私たちが現在知る『改造』論文は五篇から成る。これはいったいどういうことなのだろうか。証拠が乏しいため、ほとんど想像に近い推測しかできないが、フッサール自身がどの書簡でも言及していない第五論文は、出版社には送らずに著者の手元に残り続けていたのかもしれない。同論文が箇条書きのメモのような名詞句の羅列とともに尻すぼみで終わることは、こうした推測に一定の理由を与えてくれる。それに対して、第四論文は、最初から最後まで論文として完結しているにもかかわらず、当時は公刊されなかった。フッサールが提出したというこの第四論文の原稿が改造社に届いていたのかどうか、真相は闇に包まれている。

『改造』論文のもう一つの謎は、『改造』に掲載された三篇の論文は誰が訳したのか、というものである。雑誌には訳者クレジットが記されていない（これはどうやら一般的なことだったようである）。全集版の編者たちは、田辺元が『改造』論文の翻訳を斡旋したか、あるいは自分自身で翻訳したのではないか、という推測を立てている（Hua XXVII, S. XI）。その証拠として彼らが挙げるのは、先に触れた書簡から分かるように田辺がフッサールと改造社を仲介する役割を果たしたこと、そしてそれに先立って田辺がフライブルクでフッサールに学んでいたことである。しかし、これらは状況証拠でしかない。

改造社および雑誌『改造』について

『改造』論文を読む上で絶対に必要とまでは言えないが知っておいて損はない情報として、フッサールが寄稿した雑誌『改造』と、その出版元である改造社について簡単に紹介しておこう。

改造社の創業と『改造』誌の創刊は、ともに一九一九年四月である。非常に精力的なジャーナリストであり、実業家であり、政治家でもあった山本実彦（一八八五―一九五二年）が同社を三四歳で創業・創刊した。(3) 国内外の社会問題などを扱った社説・論説のほかに著名な文人による小説や詩も掲載する『改造』誌は、先行して成功を収めていた『中央公論』や『太陽』によって確立された「総合雑誌」というジャンルに加わろうとするものだった。創刊当初は売れなかった同誌は、「労働問題・社会主義」を特集した第四号から大幅に売り上げを伸ばした。大正デモクラシーのさなか、社会問題への関心と現体制への不満をもつ都市部の中流階級が増加した時流にうまく乗ったのである。キリスト教社会運動家の賀川豊彦による自伝的小説『死線を越えて』は大ベストセラーとなったが、これは『改造』誌での連載を経て、一九二〇年に改造社初の単行本として刊行されたものだった。

こうした成功によって得られた資金を山本は大々的に消費していくのだが、その使い道の一つが、海外の著名な学者や文化人に『改造』誌への寄稿を依頼し、また講演のために日本に招聘することだった。一九二一年にはバートランド・ラッセル、一九二二年にはマーガレット・サンガーとアルバート・アインシュタインが相次いで改造社の招きで来日し、またエッセイを『改造』誌に寄稿した。特にラッセルとアインシュタインの来日はセンセーションを巻き起こし、有名人を一目見ようと多くの人が集まったという。一九二三年までに『改造』誌に寄稿した外国人には、秋田忠義がフッサールに宛てた手紙で言及しているカール・

カウツキーとエドゥアルト・ベルンシュタインのほか、ジョン・デューイ、レフ・トロツキー、ポール・クローデルらもいた（クリストファー・キヴァニー教授（立教大学）からの情報提供に基づく）。

フッサールの最初の寄稿論文が『改造』誌に掲載された一九二三年は、改造社の転換点となった。同年九月の関東大震災は同社の経営に危機をもたらし、それがもとで『改造』誌編集長の横関愛造や、ベルリンに派遣されてアインシュタインやフッサールとの交渉を担当した秋田忠義が同社を退職する。創業時からの重要メンバーが去ったことで、改造社は山本による完全なワンマン経営となった。フッサールが送ったとされる第四論文が雑誌に掲載されず、出版社に届いたかどうかも明らかでないことは先に述べたが、ことによるとこの時期の同社の混乱が関係しているのかもしれない。

上記のような成功を収め、日本の出版界に国際化をもたらした改造社だったが、同社と山本が引き起こした最大の革命とされているのは、一九二六年の『現代日本文学全集』に始まり、『マルクス・エンゲルス全集』、『経済学全集』、『日本地理大系』などに続く一冊一円の叢書、通称「円本」の刊行である。重厚な内容の本を大衆の手に届きやすい価格で売ろうという改造社の挑戦は見事に成功し、円本ブームをもたらしただけでなく、岩波文庫などのフォロワーを生み出し、現代まで影響を及ぼす大変革を日本の商業出版に引き起こした。

『改造』誌は、たびたび当局の検閲を受けながらも、『中央公論』と並ぶ代表的な総合雑誌として戦時中も存続した。戦況が困難になるなか、一九四四年には国の命令によって廃刊を余儀なくされたが、敗戦後の一九四六年には早くも復刊する。しかし、ワンマン経営の改造社は一九五二年に山本が死去すると急速に衰え、『改造』誌も一九五五年には再び廃刊となる。

ここまでの記述から明らかなように、『改造』誌の政治的スタンスは明確に社会主義的なものだった。だが、これは山本や他の編集スタッフの思想信条を反映したものというより、世相を反映したものと考えたほうがよい。少なくとも創刊当初、大正時代後半の日本では、労働問題や女性の権利などの社会問題に関して左寄りのスタンスをとる論説を多く掲載することが雑誌の売れ行きにつながったのである。山本自身は特に社会主義を信奉していたわけではなく、むしろ『改造』誌を右から左までの多様な意見を拾い上げるフォーラムにしたいと考えていた。

フッサール現象学における『改造』論文の位置づけ

『改造』論文は五篇の論文から成り、最初の三篇が実際に『改造』の誌面を飾った。ただし、独日両言語で掲載されたのは、一九二三年三月号の第一論文だけだった。また、日本語訳のみの第二論文と第三論文は、どういう事情からか、逆の順序で発表された（第三論文が一九二四年二月号、第二論文が一九二四年四月特別号）。そして、残りの二篇は出版されないまま終わった。そのため『改造』論文へのアクセスは、当時の世界の大部分の人にとって地理的にも言語的にも難しかった。こうした事情ゆえか、同論文が出版当時に熱心に読まれった形跡は見当たらない。フッサールの『改造』への寄稿は同時代的にはあまり成功しなかったとも言えるだろう。一九八九年に『フッサール全集（*Husserliana*）』第二七巻の一部として、その全体および関連草稿が出版されるまで、『改造』論文はごく限られた人にしか読むことのできない文献のままとどまり続けた。

『改造』論文は、フッサールの異色の著作に見えるかもしれない。同論文は、ハイデガーのレーヴィット宛書簡にあるように、「社会倫理学」に関わり、フッサール自身がベルに述べたように「ヨーロッパ文化の革新」を掲げている。だが、全集版の編者たちが指摘するように、同論文は、雑誌『ロゴス』に掲載された「厳密な学としての哲学」（一九一一年）と『ヨーロッパ諸学の危機と超越論的現象学』（一九三六年）のあいだに位置づけることができる（Hua XXVII, S. XVI）。「厳密な学としての哲学」の冒頭で述べられるように、フッサールによれば「そもそもの始まりから哲学は、厳密な学、それも最高の理論的欲求を満足させ、かつ倫理的‐宗教的な方面に関しては、純粋な理性規範によって規制された生活を要求してきた」（Hua XXV, S. 3）。現象学的方法によって実現される厳密な学としての哲学には、同時代を生きる人間の生の意味をめぐる問いに答えようとする側面がそなわっている。こうした哲学理解を踏まえれば、『改造』論文が倫理学を論じたのは、もはや意外なことではない。そして、同論文における社会変革的な倫理学に関する議論が最後の第五論文でヨーロッパの歴史とそれを貫く理念にまで及ぶ展開は、『ヨーロッパ諸学の危機と超越論的現象学』の議論を先取りするものでもある。この晩年の未完の著作でフッサールは、学問が生に対する意義を喪失したという危機に対峙し、みずからの超越論的現象学がそれへの処方箋となることを、ヨーロッパの歴史に仮託する形で論じるのである。同書の第一部を『改造』論文と並べて読めば、両者の連続性は比較的簡単に読み取れるはずである。

以上のように、フッサールは日本からの依頼で唐突に社会変革を扱う論文を執筆したわけではなく、その背景には一貫した関心があった。さらに指摘されるべきは、フッサールは現象学の方法に根差した倫理学について継続的に論じており、『改造』論文はそうした研究の成果をまとめ上げたものだという点である。

『改造』論文の理解のために、フッサール倫理学の概略も確認しておこう。フッサール倫理学は少なくとも二つの時期に分かれ、両者のあいだには第一次世界大戦とフッサールのゲッティンゲン大学からフライブルク大学への異動（一九一六年）が挟まる。

ゲッティンゲン期（戦前）の倫理学は、判断と意志および感情とを類比的に考察するブレンターノの強い影響下にある。この時期のフッサールは、行為あるいは意志の正しさを倫理学の中心的なテーマに据え、倫理学を論理学とのアナロジーによって成り立つものと考えていた。私たちが達成すべき最善の帰結は、価値や行為に関する形式的で客観的な法則によって定められる、というのである。こうした形式的倫理学的な法則を「加算の法則」や「吸収の法則」として定式化し、整理することが、フッサールのゲッティンゲン倫理学における大きな課題とされる。

これに対して、フライブルク期（戦後）の倫理学は、さまざまな道徳哲学との「対決」によって作り上げられている。この時期の倫理学に影響を与えたのは、ホッブズやヒュームをはじめとする英国の哲学者たち、マックス・シェーラーなどの現象学派の倫理学のほか、ブレンターノが厳しく批判したカント、フィヒテだった。フッサールのフライブルク倫理学の特徴は、まずもって、個別の行為や意志だけでなく、行為する「人（Person）」あるいは「人間（Mensch）」の倫理的な生き方に着目する点にある。このような焦点の移動にともなって、フッサールが倫理学として扱う事柄の範囲もゲッティンゲン期に比べて大きく広げられる。『改造』論文でも、フッサールは倫理学の主題として人間の生の全体を取り上げ、さらには人間たちから成る共同体の生までをも、それらを支える習慣や歴史などとともに視野に収めることになる（第三論文とそれ以降を参照）。

ただし、『改造』論文で、ゲッティンゲン期におけるフッサールの成果が否定されているわけではない。例えば第三論文では、先に述べた形式的倫理学の二つの法則にも重要な役割が与えられている。二つの時期の倫理学両方の要素を含むことは、『改造』論文の際立った特徴の一つと言っていいだろう。

フッサールの生涯における『改造』論文

『改造』論文を読解するにあたっては、フッサールの思想だけでなく、その生涯のより込み入った事情も踏まえるのが望ましい。社会変革を標榜した哲学者たちの例に漏れず、フッサールもまた、自分が生きた時代における社会と政治を念頭に置きつつ『改造』論文を執筆したのである。すると、まず気になるのは、同論文が執筆された一九二二年の秋から二三年の冬頃までのドイツをフッサールがどのように捉えていたのか、ということだろう。一九一四年夏の第一次世界大戦勃発、一八年一一月のドイツ革命と敗戦、そして相対的安定期に入る少し前の混乱に満ちたワイマール共和国は、フッサールの目にはどのように映っていたのか。この国でフッサールはどのように生きたのか。

まず確認しておきたいのは、少なくとも第一次世界大戦の終結直後まで、フッサールは（オーストリアではなく）ドイツ帝国およびプロイセンの愛国者としてふるまってきた、ということである。このことは、本書に併載した一九一七―一八年の講演「フィヒテの人間理想」の冒頭と末尾を眺めるだけでも明らかだろう（この講演については後述）。そして、フッサールは、みずからの愛国心を出版物で表明することにも躊躇しなかったようである。おそらく戦時中に執筆され、戦後の一九一九年に刊行された「ブレンターノの想い出」で、フッサールはプロイセンの歴史の偉大さを賞揚したうえで、プロイセンに反感をもっていた大ドイツ主義者のブレンターノとはこの点に関して分かり合えなかったことを打ち明けるのである（細井二〇一九、一六頁）。さらに、終戦直後の一九一八年一一月二八日付のアドルフ・ディィロフ宛書簡によれば、フッサールはドイツ皇帝ヴィルヘルム二世の退位に反対する趣旨のものと思われる署名にサインをしている（Hua Dok III/6, S. 67）。ただし、この頃のフッサールが帝政の維持にどれくらい望みをもっていたのかは定かではない。一二日前の一九一八年一一月一六日にポーランド人のロマン・インガルデンに宛てて書かれた書簡では、軍事的破滅と革命はドイツの歴史のより輝かしい新時代のための移行期でしかないが、だからといって旧体制が復活できるとは思えない、という趣旨のことが述べられている（Hua Dok III/3, S. 211／フッサール＋インガルデン 一九八二、二〇―二一頁）。

私たちが現在確認できる証拠に照らして考えるかぎり、戦後のフッサールのドイツに対する態度は、戦中や終戦直後のそれよりも複雑で陰影に富んでいる。インガルデン宛書簡からも分かるように、敗戦によってフッサールのドイツへの愛国心が消えたわけではない。だが、フッサールは戦後ドイツの共和制を、少なくとも積極的には支持していなかったようである。一九一九年九月二九日付のヘルマン・フォン・カイザーリンク伯爵宛書簡によれば、フッサールは政治的には常に君主制を支持するというのである（Hua Dok III/6, S. 223）。より確かなのは、フッサールが戦後のドイツや欧州各国における政治的な言説に大きな不満をもっていた、ということだろう。『改造』論文の第一論文で述べられるように、「あの懐疑的なペシミズムや、私たちの時代を決定的な形で支配する恥知らずでソフィストめいた政治的詭弁は、社会倫理的な議論を完全に堕落したナショナリズムにとっての自己中心的な目的のための口実としてしか用いていない」とフッサールは言うのである（一五頁）。

ただし、戦後のフッサールが嘆くのは、「堕落したナショナリズム」についてであって、ナショナリズムそのものについてではない。フッサールは、戦前も戦後も一貫してドイツ人としてのアイデンティティを保持し、またそのことを誇ってもいる。こうした態度は、例えば一九二一年一〇月一七日付のディートリヒ・マーンケ宛書簡で表明されている。

私は純粋なユダヤの生まれですが、宗派的な〔konfessionell〕あるいは「民族的な〔völkisch〕」ユダヤ的教育をまったく受けませんでした。私は自分をドイツ人以外とは感じませんし、感じることができません。私は子どものころから、ドイツ民族とその終わりなき輝かしい地平への無限の愛とともに育ってきたのです。私は学生のとき、（そのとき初めて知った）新約聖書が私の人生全体に与えた決定的な影響によって、プロテスタントに改宗しました。しかし、あらゆる試みも虚しく、教会と関わる生き方と関係することはできませんでした。私の人生全体は、実際のところ、すでに一八歳の頃からユダヤ教とあまりに完全に無関係であり、私は数十年のあいだ、つい最近まで自分が実際には人種的にユダヤ人であることを忘れていたほどでした。(Hua Dok III/3, S. 432)

フッサールのドイツ人としての自認はプロテスタントであることと切れ目なくつながっていたようである。

フッサールの信仰に関する伝記的な事柄も、宗教に関連する話題が少なからず登場する本書を読む際には念頭に置くべきだろう。一八八六年四月二六日、二七歳のときにウィーンでオーストリア福音主義教会アウクスブルク信仰告白派（オーストリアにおけるルター派）に改宗して以来、フッサールはプロテスタントの信仰を持ち続けた。加えて注目に値するのは、右の引用でフッサールが自分の信仰をユダヤ系としての意識の稀薄さにも結びつけている点である。実際のところ、フッサールと妻マルヴィーネ――彼女もまたユダヤ系であり、一八八七年八月六日にエトムントと結婚する約一ヵ月前の同年七月八日にプロテスタントに改宗した――には同化主義的な傾向が色濃くあり、自分たちの出自を積極的に明かそうとはしなかった。例えば、一九〇八年九月二一日に親友グスタフ・アルブレヒトに宛てた書簡によると、フッサール夫妻は、当時一六歳だった娘エリーザベトとその二人の弟ゲアハルトとヴォルフガング（それぞれ当時一四歳と一二歳）に、判断力が未熟であるという理由で、ユダヤ系の出自について教えていなかったのである（Hua Dok III/9, S. 42）。

先の引用でフッサールが自分でも「忘れていた」という出自にわざわざ触れていることには文脈がある。当時のドイツで高まりつつあった反ユダヤ主義的な風潮からフッサールも無縁でいることはできなかった。マーンケ宛の同じ書簡で、フッサールはオーストリア出身のハンス・ピヒラーを「哲学的な反ユダヤ主義の指導者の一人」として名指している（Hua Dok III/3, S. 431-432）。ちょうどこの年（一九二一年）にマーンケも在籍するグライフスヴァルト大学の正教授に就任したピヒラーは、フッサールによれば、最近の講演で「民族的〔völkish〕哲学」と「ユダヤ哲学」について論じ、そのなかで現象学にも（「ユダヤ哲学」として）言及したというのである（Hua Dok III/3, S. 433）。オーストリアのグラーツで行われたこの講演でピヒラーが実際に何を述べたのかは不明だが（Tilitzki 2002, Bd. 1, S. 106）、事の真相はともかく、フッサールはピヒラーの発言とされるものを深刻に受けとめたようである。くだんのマーンケ宛書簡には次のような一節がある。

「ドイツ・ナショナリズム的」転向は、今やドイツ民族〔Volk〕のほとんど全体を包み込んでいます。ドイツの歴史における最も恐ろしい苦境に、「よそ者〔Fremdling〕」である以上、参加してはならないということを私は受けとめなければなりません。(Hua Dok III/3, S. 433)

自分はドイツ人であるはずなのに、同胞がそれを許してくれない――一九二〇年代初頭のフッサールは、自分を取り巻く状況を、このように理解し始めていた[4]。こうした現状認識は、ナチス政権樹立後の一九三三年以降、より切迫した調子で語られることになる(例えば、一九三三年一〇月九日付のアドルフ・グリメー宛書簡を参照。Hua Dok III/3, S. 97-98)。

フッサールのアイデンティティと出自に由来する以上のような複雑な事情は、フィヒテ講演でドイツ文化が称揚されるのに対して、『改造』論文ではヨーロッパ文化が肯定的かつ熱心に論じられること、さらにこの主題が『ヨーロッパ諸学の危機と超越論的現象学』に引き継がれることの背景にもあったはずである。よかれあしかれ、フッサールにとってヨーロッパ中心主義的な見解は、ドイツ・ナショナリズムという、自分がもはや全面的には参与することのできない立場に代わるものと解釈することもできる。

戦後のフッサールとドイツとの複雑な関係の背景には、より個人的な出来事もあり、それらもまた本書を読む際に考慮に入れておいてもよい。一九一四年一〇月、第一次世界大戦の勃発から程なくして、フッサールはゲアハルトとヴォルフガングが志願兵として戦地に赴くのを見送った。また、エリーザベトも看護師として赤十字で働くことになる。つまり、フッサールの三人の子供たちは全員、この戦争に何らかの仕方で深く関わっていた。ここにもフッサール（家）の愛国的な傾向が示されていると言っていいだろう。こうした状況のなか、フッサールと妻マルヴィーネがフライブルクに転居する直前の一九一六年三月一六日、ヴォルフガングはフランスのヴェルダンにおける激戦で帰らぬ人となった。そして、翌一九一七年の春には、ヴォルフガングの兄で、のちに法哲学者となるゲアハルトも頭部に大怪我を負う。一九二〇年八月一一日付のベル宛書簡でフッサールがこの戦争を振り返り、それを「見渡せるかぎりの歴史全体における人類の最も全般的で最も深い堕罪〔Sündenfall〕」と呼んだことは、これら一連の個人的な出来事と無関係ではないだろう（Hua Dok III/3, S. 12）。そして、かつての積極的な戦争支持を最も明確に証しているフィヒテ講演（一九一七、一八年）がヴォルフガングの戦死後に行われていたということも指摘に値する。

『改造』論文の概要

では、フッサールは『改造』論文で、より具体的には何をどのように論じているのだろうか。ここでは細部には踏み込みすぎず、必ずしも分かりやすくない同論文の筋立てを大づかみに記しておこう（より細かい話については訳注でも解説を試みたので、そちらを参考にしていただきたい）。

第一論文のタイトルと書き出しを見るだけでも分かるように、『改造』論文の主題は「革新（Erneuerung）」である（そのため全集版の編者たちは、同論文に「革新に関する五論文」というタイトルを与えている）。しかし、革新とは何かについて、第一論文ではっきりしたことが述べられるわけではない。この問いへの答えは第三論文の結語（八六頁以下）に持ち越される。そこでの議論に従えば、革新とは、まずもって生の全体を「真正の人間」という理想によって導かれるようにする決意のことである。この理想は「倫理的な人間」の理想とも呼ばれ、それゆえ革新に基づいた生き方は倫理的な生き方ともみなされる。とはいえ、フッサールによれば、革新は一度行えばそれだけで事足りるような決意ではない。私たちは、この決意を「引きずり下ろす傾向」に抗って維持しなければならないのである（「連続的な革新」）。さらに、革新には、形骸化してしまったかつての決意をいわば再訪し、改めて活気づける（「再活性化」する）という様態も認められる。

では、こうした三つの様態をもつ革新によって特徴づけられる真正の人間あるいは倫理的な人間とは何か、それを理想とした倫理的な生き方はどうすれば可能になるのか。『改造』論文は、こうした問題を徐々に明らかにしていく、という叙述構成をもつ。

第一論文「革新――その問題と方法（Erneuerung. Ihr Problem und ihre Methode）」は、『改造』論文全体を貫く主題、個人と共同体の革新という問題を導入する。フッサールは、共同体の革新に焦点を置きながら、そうした革新が同時代の欧州で求められていること、そしてその可能性を論じる学問がいまだ存在していないことを指摘する。注目すべきは、ここでフッサールが自身の哲学の意義を同時代の社会状況に言及しながら説いている点だろう。「私たちは「西洋の没落」を運命として耐え忍ばなければならないのだろうか」（一二頁）と（修辞的に）問うとき、フッサールの念頭にオスヴァルト・シュペングラーの『西洋の没落』（一九一八年）がなかったとは考えにくい。そして、同書がベストセラーになった当時のドイツの状況を「懐疑的なペシミズム」や「ソフィストめいた政治的詭弁」がはびこるものと特徴づけたうえで、フッサールは厳密な学問によってそれらが不可能になると主張するのである（一五頁）。第一論文には「現象学」という語は一度も登場しないが（そして『改造』論文には「現象学（的）」という表現がそもそもあまり出現しないものの）、フッサールの念頭にある厳密な学問が現象学であることは間違いない。ただし、『改造』論文では、現象学的な哲学の特徴として、その本質研究としての側面が、より強調される。まずもって求められているのは、精神（Geist）、つまり個々の人間および人間たちの共同体の本質に関する探究だというのである。

こうした問題設定を受けて、第二論文「本質研究の方法（Die Methode der Wesensforschung）」では、本質研究の概略が示される。フッサールによれば、幾何学者が想像を用いつつ可能な形態一般について直観的に探究するのと同様に、自然や精神についても同様の探究が可能である。こうした発想は、第二論文終盤で示唆される超越論的哲学としての現象学との関連も含め、一九一三年の『イデーンI』でもすでに表明されていた。しかし、第二論文におけるフッサールの議論は、同書の単なる繰り返しではない。「想像による自由変更を通じた本質直観」という後期フッサールのアイディアが、この論文で初めて公にされるのである。そして、自由変更に関する第二論文の手短な叙述は、本質直観に関する誤解を予防するのにも役立つだろう。「本質直観」という用語は、身のまわりのものの知覚と類比的な、本質を一挙に「見る」ことを意味するという印象を与えるかもしれない。だが、第二論文に従うなら、本質直観は想像という直観的な体験を含みながらも、それだけに限られない複雑な手続きから成る知的なプロセスなのである。

　また、フッサールが第二論文で本質研究にどのような役割を与えているかということも見逃すわけにはいかない。フッサールによれば、本質研究は本質必然性に関する議論に限られない。つまり、ここで問題になるのは、何らかの種類の対象について、その種類の対象が必ずそなえている特徴を突きとめる議論だけではない。本質研究は本質可能性についても論じることができる、というのである。つまり、何らかの種類の対象について、それがその種類の対象として、どのようなあり方をすることができるのか、という問題も本質研究の課題に属する。そして、本質可能性に関わるこうした課題こそ、『改造』論文のフッサールにとって、とりわけ重要になるものである。というのも、ここでのフッサールの狙いは、人間や人間たちの共同体はどのような姿をとりうるのかを明らかにし、それによって倫理的な個人および共同体の可能性を示すことだからである。こうした議論の過程では、x個の眼をもつ人間（第一論文）や、すべての個別の国家を超えた一つの超国家（第四論文）という共同体も、単なる可能性として俎上に載せられる。

第三論文「個人倫理学の問題としての革新（Erneuerung als individualethisches Problem）」は、個人の生の革新はいかにして可能か、という問題を論じる。同論文の冒頭で明言されるように、この議論は共同体の革新という問題を論じるための前置きでもある。フッサールによれば、ある種の共同体も個人の生と類比的な生（「共同体の生」）をもつ。そのため、共同体は個人と同様に革新でき、また革新すべきだというのである。こうしてフッサールは、個人の生に関わる個人倫理学と共同体の生に関わる社会倫理学を区別する。

さて、第三論文の個人倫理学的な議論は、三つのステップに分かれる。最初のステップ（第I節AおよびB）では、生の全体を見渡して、それを自由に作り上げる可能性が人間の本質的な特徴として指摘され、そうした生の類型として、職業・使命（Beruf）に基づく生き方のいくつかが導入される（「職業・使命」という訳語については、第三論文の訳注＊17を参照）。フッサールによれば、これらの類型は、倫理的な生の類型ではないが、ある点でそれと似ている。なぜなら、職業・使命に基づく生もまた、まさにそうした職業・使命によって、その全体が形作られているからである。

こうした予備的な考察を踏まえて、第二のステップ（第II節AおよびB）では、倫理的な生の類型が素描される。フッサールによれば、倫理的な生とは、その生の全体を作り上げるあらゆる行為を正しくしようと決意し（「革新」）、どんな場合にも最善を尽くそうとする生き方である。この箇所は、いわゆる発生的現象学のアイディアをフッサールが初めて公にした箇所としても注目に値する。ここでは、倫理的な生き方が、それがどのように成り立つのかという観点（発生的な観点）から分析されるのである。

第三のステップ（第Ⅱ節C）では、こうして概略を与えられた倫理的な生の類型について、そのさらなる特徴を明らかにするためのさまざまな所見が述べられる。そのすべてをここで概観することはできないが、とりわけ重要になるのは、倫理的な生が正当化への不断の努力によって特徴づけられる点である。「楽園の人間」の生と倫理的な生の対比（七三―七五頁）や、「真の人間たれ」と定式化される倫理学の第一原理（「定言命法」）の定式化をめぐる議論（七六頁）も、この主張を念頭に置いて理解されるべきだろう。また、「正当化」は狭い意味での実践だけでなく理論的な活動にも関わるという観点から、認識もまた行為であり、完全な倫理学は論理学を包摂する、という主張が述べられている点も見逃せない（八三頁）。

第四論文「革新と学問（Erneuerung und Wissenschaft）」から、フッサールはいよいよ社会倫理学を本格的に論じ始める。第四論文の主題は共同体の生の類型であり、共同体の生が倫理的になるとはどういうことかが、「発展（Entwicklung）」をキーワードにして、発生的観点から論じられる。こうした議論の構成は、第三論文のそれを大まかに踏襲しているが、二つの論文には重要な違いもある。第四論文には、個人にはない共同体に特有の事情に根差した議論も含まれるのである。共同体は、それに属する個々人の生を超えて存続できる。しかし、フッサールによれば、共同体はそれでも「一つの」生をもち、このことは共同体が生み出す文化のおかげで成り立っている。この文脈での「文化（Kultur）」とは、ある共同体の成員が、まさにその共同体の成員として作り出す人工物のことである。ただし、フッサールが「作品（Werk）」とも呼ぶこうした人工物には、法律や制度のような抽象的なものも含まれる。ある共同体の作品としての文化は、それが作り出された時期に、その共同体が共有する意志をいわば固定し、世代を超えて残りうるものにすることができる。世代を超えて持続する共同体の生を論じるにあたって、フッサールが重要な役割を与える文化が、学問、とりわけ哲学である。第四論文の議論に従えば、倫理的な共同体は、哲学者たちによって構想され、そのアイディアが目的理念として共同体に伝播することで成り立つ。このとき、文化としての哲学には、アイディアの伝播にとって欠かせない役割が与えられる。哲学者たちが見て取った理念が文化としての哲学に銘記されることで、共同体はその理念を（たとえそれが形骸化したり忘却されたりしたとしても）引き受け直すことができるというのである。こうした一連の見解を背景にして、フッサールは現実世界における哲学の生まれ故郷であるギリシア、そしてヨーロッパに特権的な地位を与えることになる（こうした見解こそ、続く第五論文の歴史的な議論を背後で支えるものだと言っていいだろう）。

では、哲学者たちの階級と哲学的な文化をそなえた共同体として特徴づけられた倫理的な共同体について、フッサールはそれがどのような形態をもちうると考えているのだろうか。第四論文によれば、共同体の類型には、中央集権的に統一された意志に基づく「帝国主義」的な共同体と、そうした中央集権的な構造をもたない「共産主義」的な共同体の二つがある。これらの用語をフッサールはきわめて特殊な意味で用いている。フッサールの意味での帝国主義的な共同体は、覇権主義・拡張主義をとる必要はない（平和主義的な国家も、平和主義のもとで多かれ少なかれ中央集権化がなされているなら、フッサール的な意味では「帝国主義的」である）。フッサールの意味での共産主義的な共同体は、意志が集権的に統一されていない共同体のことである（例えば当時成立したばかりのソヴィエト連邦は、共産党による独裁という体制をもつため、フッサール的な意味では「帝国主義的」な国家である）。しかし、倫理的な共同体がこれらの類型のどちらにあてはまるのかについて、第四論文でのフッサールの立場ははっきりしない。フッサールは、倫理的な共同体が数学者たちの共産主義的な共同体とは異なると明言する一方で、それを帝国主義的な共同体と明示的にみなすわけではない。したがって、フッサールが思い描く倫理的な共同体は帝国主義的か共産主義的かという問題は、さらなる議論を必要とする解釈問題だということになるだろう。このことは、倫理的な共同体は（中央集権的な）国家という形式をとるのかということに関する逡巡が第四論文の末尾に見られることからも明らかだろう。

第五論文「人間集団の発展における文化の形式的諸類型（Formale Typen der Kultur in der Menschheitsentwicklung）」でも、引き続き社会倫理学が論じられる。第四論文と比較して目を引く同論文の特徴は、共同体の発展の類型が古代から近代に至るまでヨーロッパの歴史をなぞる形で論じられている点にある。宗教的な文化から学問的な文化へという筋立てで描かれるフッサールのストーリーは、ある意味では分かりやすい（そして、凡庸でさえある）。しかし、こうした歴史を呈示することでフッサールが何をしたいのかということは、それほど明らかではない。だが、第四論文の議論を踏まえることで、二つの狙いが浮かび上がってくる。

第一に、第五論文の議論は、フッサールの構想する倫理的な共同体とは何かということを明確化し、正当化する役割を果たす。すでに述べたように、フッサールにとっての倫理的な共同体とは、哲学者の階級をそなえ、哲学者たちが最初に構想した目的理念を目指す共同体のことである。こうした倫理的な共同体を宗教によって目的理念が定められた共同体と対比することで、フッサールは前者が理性と自由に基づいた共同体である、と論じる（理性と自由に高い価値があることはフッサールにとって自明の大前提であり、ここでもそれが疑われることはない）。

第二に、第五論文の議論は、倫理的な共同体を目指すことを個々人に動機づける役割をもつ。フッサールによれば、宗教的な共同体から学問的な共同体へ、という発展の類型をヨーロッパの現実の歴史がたどっている。もしそうであるならば、このことはヨーロッパの人々にとって重要な示唆をもつ。それは、倫理的な共同体への発展が単なる絵空事ではなく、歴史に根づいており、真剣に目指すに値する理想であるという示唆である。

注意すべきは、フッサールの議論が、少なくとも建前上は、ヨーロッパ的な歴史の類型、つまり可能性という水準にとどまっている点である。つまり、この類型は、現実のヨーロッパ以外にも例をもちうる発展形態である。その一方で、フッサールがこの類型を現実のヨーロッパの歴史（とフッサールが考えるもの）から取り出したことは間違いない。そうだとすると、ここにはヨーロッパの現実の歴史が倫理的な共同体に向かっているという評価が問われざる前提としてあらかじめ含まれていることにならないだろうか。この点も『改造』論文にまつわる重要な解釈問題の一つだろう。

いずれにせよ、第五論文の叙述は、第一論文がなぜあのような形で書かれたのかを明確にしてくれる。フッサールが第一論文で「革新」をヨーロッパ全般に広まった呼び声として語ったのは、第一次世界大戦後の現実のヨーロッパが倫理的な共同体という目的理念を見失っているという現状認識ゆえである。その上で、フッサールが日本国民を「ヨーロッパの文化作業に近年になって初めて加わった国民」とみなすのは、ここでの「ヨーロッパ」があくまでも発展の類型であり、特定の地域だけがその具体例になるものとみなされていないからである。

以上、『改造』論文全五篇におけるフッサールの議論は一貫している。この一貫した議論をどう評価すべきかについては、さまざまな見解があるだろう。

一一篇の附論について、ごく簡単に確認しておこう。これらのうち最初の一〇篇は、「Kaizo（改造）」と表書きされた一つの封筒のなかに収められた草稿束に由来するものである。そのため、これらの草稿は、フッサールが『改造』論文の原稿を執筆する際に下書きやアイディアの整理を目的として書いたものだと推定される（ただし、附論と『改造』論文本編の具体的な箇所との関連づけは、フッサールではなく全集版の編者たちの判断に基づいて行われている）。とはいえ、附論におけるフッサールの議論は、『改造』論文を補足するだけでなく、同論文では十分に展開されていない論点を掘り下げるものでもある。例えば、附論IXや附論Xで展開される近代科学論は、晩年の『ヨーロッパ諸学の危機と超越論的現象学』での議論の先駆けと言えるだろう。最後の附論XI「バーナード・ショーと西洋の生の力」は、フッサール自身によっては『改造』論文と関連づけられておらず、全集版の編者たちの判断で同論文の附論として採録されたものである。タイプライターによる清書として残されているこの短い文章は、出版を意図して作成されたと推定されるが、実際には公刊されておらず、成立の経緯などは不明である。全集版の編者たちは、一九二五年にショーがノーベル文学賞を受賞した際に書かれたものではないかと推定している（Hua XXVII, S. XVII）。

以上の概要を踏まえた上で、先に引いたハイデガーの陰口について、ごく簡単な所見を記しておこう。周知のように、この哲学者はただ口が汚いだけではない。また、ハイデガーとフッサールの関係については、これまで大きな関心が寄せられてきた。そのため、『改造』論文の何がハイデガーの気に入らなかったのかを考えることには、もちろん意義がある。直接的な手がかりが乏しいなかで推測することしかできないが、おそらく一つには、『改造』論文のトピックがハイデガーにとってもかなり重要なものだったために、彼は不満を覚えたのだろう。フッサールは、同論文で、人あるいは人間が他の人とともに歴史的・文化的な周囲世界のなかで生きることを正面から取り上げている。これは、まさに当時のハイデガーの最大の関心事だった。しかも、フッサールがそこで指摘しているのは、理論的認識の営みは人の実践的な生の一つの部分にすぎないこと、人は自分にできること（実践的可能性）の枠組みのなかを生きており、自分の生の全体を見渡すことで固有の生き方を見出しうること、固有の生き方への決断が世界にのめり込むことで失われうること、現代文化の革新が古代ギリシアに創設された哲学を取り戻すことでなされうることなどである。これらは多少なりとも『存在と時間』で展開される発想や概念に関係していると言えるだろう。

しかも、ハイデガーにしてみれば、フッサールはこうした事柄を近代哲学のデカルト主義的な前提を問い直すことなく考察してしまっている。一九二五年夏学期の講義『時間概念の歴史へのプロレゴメナ』（ハイデッガー 一九八八）では、ハイデガーは当時未刊行だったフッサールの『イデーンⅡ』を取り上げて、批判している。この批判によれば、フッサールは日常の周囲世界で生きる「人」を扱いながら、人の生に「自己内省（inspectio sui）」によってアクセスしており、人を「理性的動物（animal rationale）」と定義する伝統に依拠している。『存在と時間』第一〇節でも言及されるこうした論点は、ハイデガーの立場からすれば、『改造』論文にも該当するものということになるだろう。というのも、フッサールは同論文で人間を自己内省や理性的動物としても特徴づけているからである。もちろん、実際にこうした批判がどこまで有効なものなのかは、私たちがこれから慎重に検討すべき事柄だろう。いずれにせよ明らかなのは、ハイデガーがレーヴィットに宛てて書いたぼろかすの評価を額面どおりに受け取るわけにはいかない、ということである。

「フィヒテの人間の理想」の成立と概要について

本書は、『改造』論文やフライブルク倫理学の前史をなすものとして、フッサールが一九一七年と一八年にフライブルク大学で行った講演「フィヒテの人間の理想（Fichtes Menschheitsideal）」（以下、「フィヒテ講演」）も収録している。

一九一四年から始まった第一次世界大戦の影響は当時フッサールが勤務していたフライブルク大学にも及んでおり、学生のなかには戦地に赴く者もいた。フィヒテ講演はそうした出征学生を含む戦争参加者に向けて行われた全三回にわたる連続講演であり、同じ内容で一九一七年一一月八日〜一七日、一九一八年一月一四日〜一六日、一九一八年一一月六、七、九日（つまり終戦直前）に実施された。なお、フッサールは、この講演を担当した功績によって、一九一八年にプロイセン功労十字勲章を授与されている。こうした事情からも分かるように、この講演にはプロパガンダ的な側面がないとは言いきれない。だが、いずれにせよ、この講演がフッサールと第一次世界大戦の関係を考えるうえでの重要な史料であることは間違いない。

講演で取り上げられているヨハン・ゴットリープ・フィヒテ（一七六二―一八一四年）は、いわゆる「ドイツ観念論」あるいは、より当世風に言えば「ポスト・カント」哲学に属する哲学者として知られている。公刊著作のなかでフッサールがこの潮流に言及することはほとんどない（例えば『ヨーロッパ諸学の危機と超越論的現象学』でフッサールがみずからの現象学の歴史的背景を説明するために言及しているのは、主にデカルト、ロック、バークリ、ヒューム、カントだった）ので意外に思われるかもしれないが、実はフッサールはフィヒテに一定の共感を抱いていた。講演の冒頭で述べられているように、確かにフィヒテの理論はフッサールの目には煩瑣に映るものだった。しかし、フッサールは、フィヒテの哲学のなかに強い実践的関心があること、そしてそれを理論的に基礎づけようとする努力が見られることに敬意を示している。さらにフッサールはナポレオンによる占領下のベルリンでフィヒテが行った講演「ドイツ国民に告ぐ」と目下の時代状況を重ね合わせ、フィヒテ講演の末尾では「解放戦争の哲学者フィヒテの言葉は、私たちにも向けられている」と述べるに至っている。戦時中のフッサールのふるまいをどのように評価するにせよ、戦地に赴く若者に向けてこうした発言をしたことは、きわめて重い意味をもつだろう。

次に、各回の講演の内容を概観してみよう。第一回の講演で、フッサールは、フィヒテの哲学がすべての起源を主観の「行為」のうちに置いているという点を確認している。主観のなかに見出されるすべてのものが主観自身の行為の産物だとすれば、それがどこか主観の外から——例えばカントが想定したような「物自体」から——来ると考える必要はない。こうしてフィヒテは、一連の主観の行為によってすべてを説明しようとする徹底した観念論の立場をとることになる。

そして、第二回の講演では、一連の主観の行為が目的論的に統一されていること、そしてその目的が、少なくとも一八〇〇年以前のフィヒテにとっては道徳的な世界秩序であったことが示される。この時期のフィヒテは、感性的な快楽にとらわれた状態から、道徳的な世界秩序を目的とした生き方への「生まれ変わり」を重視している。いまだ実現されていない、そのような秩序に向けて努力するという意味で、フィヒテの観念論《イデアリズム》は、同時に理想主義《イデアリズム》でもある。

さらに第三回の講演では、一八〇〇年以降のフィヒテの思想の展開が説明される。ここでは人間の発展の類型として、主として『浄福なる生への導き』（一八〇六年）に依拠しつつ、⑴感性の立場、⑵道徳の立場、⑶高次の道徳の立場、⑷宗教・信仰の立場、⑸見ること・「学問」の立場、という五段階が示されている。そして、最後に、神についての学問的な認識を目指す生き方を「ドイツ民族」に向けて語ることが「人類全体」の救いにもつながる、というフィヒテの見解が示され、講演が締めくくられている。

これら一連の講演のなかでのフィヒテの紹介は、フッサール自身も述べているように「自由な解釈」によるものだった。それがフィヒテ解釈として適切かどうかを判定するためには、細部についての慎重な検討が必要だろう（煩雑になるため訳注などで記すことは控えたが、ここで指摘しておくと、フッサールによるフィヒテからの引用文は、当該箇所で編者があげた原著とは微妙に表現が異なっている）。また、フッサールのフィヒテ解釈がフッサール自身の哲学的見解とどれくらい一致するかについても、さまざまな解釈の余地がある。だが、ひとまず全体像を示すなら、本講演はフィヒテの実践哲学に重点を置きつつ、当時のドイツ民族が陥った苦境を脱するための力をそこから引き出すことを試みていると言えよう。そのような試みが「革新（Erneuerung）」という言葉で表現されていることは、『改造』論文との関連を考えるうえで見逃せない事実である（二八七頁）。

フィヒテ講演と『改造』論文は、さまざまな点で対照をなしつつも、基本的な問題意識に関しては軌を一にしている。第一次世界大戦に出征する学生に向けてフィヒテの哲学を紹介したフィヒテ講演と、第一次世界大戦後に日本の読者に向けてフッサール自身の現象学を提示した『改造』論文――二つの著作は、時代状況も、想定される聞き手（読み手）も、語られる内容も異なっている。にもかかわらず、人間の生とその発展の類型を記述するという方針や、自分や自分の属する集団の革新を求める姿勢、そして現象学の専門用語をなるべく排して進められる叙述は、両著作において一貫している。そうした相違点や共通点を念頭に置きつつ、ぜひこれらの著作を読み比べてほしい。また、両著作の媒介をなすテキストとして、戦後のフライブルク大学における「塹壕の世代」の若者たちの様子を描き出した『改造』論文の附論Iも参照してほしい。

翻訳の方針と訳語について

本訳書における翻訳の方針は、一貫して、日本語としてなるべく読みやすくすることを試みるというものである。そのため、本書の訳文は、いわゆる逐語訳からは程遠く、訳者の判断で補足を加えながら訳した箇所も多い。また、そうした補足箇所を逐一〔　〕によって明示することは、煩雑さを避けるために最小限にとどめた。これらはすべて、多くの読者に本書を届けたいという訳者および版元の希望によるものである。とはいえ、この希望は私たちの訳し方をそれだけで正当化しきるものではないことも断っておく。幸いなことに、『改造』論文とその附論を収めた全集第二七巻も、フィヒテ講演を収めた第二五巻も、本文は現在無料で公開されている。ドイツ語原文が気になるかたには、これらのテキストをドイツ語で（も）読むことをお願いしたい。なお、フッサールの原文にはギリシア語やラテン語の表現が出てくるが、それらはすべて日本語に訳し、原語は本文に挿入していない。ただし、明確な典拠があるものについては、できるかぎり訳注で指摘し、そこでは原語も記した。

本書では、同じ原語には常に同じ訳語をあてるという方針をとらず、同じ言葉を必要に応じて訳し分けている。訳し分けを行った主要な語については、その初出箇所、あるいはそうした語が最初にキーワードとして使われる箇所に訳注を付して断っている。しかし、最も重要ないくつかの語については、この解説でまとめて、より詳しい説明をしておこう。以下の話はやや煩雑になるので、用語辞典のように必要な箇所だけ読んでいただいてもかまわない。

最初に取り上げたいのはallgemeinとuniversalという語である。ゲルマン語由来の前者もラテン語由来の後者も一般的には「普遍的（に）」と訳せる形容詞（副詞）であり、フッサールはこれらを基本的には相互に交換可能な仕方で用いている。ただし、『改造』論文に登場するこれらの語には、「普遍的」という日本語がもつ「あらゆる時代や場所を超えて共通する」という意味合いが込められているとは限らない。このことは、第一論文の冒頭を見るだけでも分かる。フッサールは、そこで革新をallgemeiner Ruf――直訳するなら「普遍的な呼び声」と描写するが、その音が響く範囲は「現代という苦しみに満ちた私たちの時代」のヨーロッパに限られる（そのため、この箇所ではallgemeinを「広く行き渡った」と訳した）。このように、『改造』論文のフッサールは、特定の時間や場所に行き渡ったものをallgemeinと形容することがある。universalについても事情は同様である。ある限定された範囲にあまねく（普く、遍く）広がるものについても、日本語で「普遍的」と呼ぶことは確かにできるだろう。しかし、「普遍的」という語を「あらゆる時代や場所を超えて共通する」という意味合いで理解することは、現代では広く行き渡った慣習だと思われる。そのため、本書では、今見たような用法のallgemein / universalを、基本的には「全般的」と訳した（そのため、先ほどの「広く行き渡った」は例外的な訳語である）。ただし、ここで注意しておきたいのだが、フッサールはallgemein / universalを「あらゆる時代や場所を超えて共通する」という意味でも用いている（例えば第二論文）。この意味で用いられていると判断された場合には、allgemein / universalには「普遍的」という訳語をあてた。

次に注意したいのはPersonである。本書では、この語を一貫して「人」と訳した（そして、それ以外の語の訳語に「人」という漢字を含めることも可能なかぎり避けた。「その者」といった語が頻出するのは、そのためである。ただし、einzelnについては、フッサールがこの語によって個々の人について語っていることが明らかであるため「個人（の）」と訳した）。カント用語としてのPersonの定訳でもあり、フッサールの著作の既存の翻訳でも採用されている「人格」を避けたのは、この訳語がフッサールの原語の用法にそぐわないからである（本書では、「人格」はもっぱらPersönlichkeitおよびPersonalitätの訳語として用いられる）。フッサールにとってPersonとは、身体をもって世界のなかに存在し、習慣や歴史（履歴）をもつ行為主体のことである。要するに、Personは、いつかどこかに生まれ、特定の境遇で育ち、そうした環境にも影響されながら、やさしいとか怒りっぽいといった性格をそなえ、道を歩いていたりベンチに腰かけて休んでいたりする者のことである。こうした者を、私たちは日本語で「人」と呼ぶ。「朝の電車で一緒の車両によくいる知らない人格を昨日たまたま街で見かけて、思わず挨拶しそうになっちゃったよ」とか「すみません、明日の夜に四人格分の席を予約したいのですが」といった言い方は、流暢な日本語話者の口を突いて出るものではない。なお、『改造』論文では、フッサールは人を指すためにMenschという語も多用している（むしろ、この語の出現のほうが多い）。そのため、同論文に話を限るなら、Menschの訳語である「人間」は「人」に置き換えて読んでも理解に支障はない。

Personという名詞を「人」と訳す方針にともなって、personalという形容詞（副詞）は文脈に応じてさまざまに訳すことになった。この語は、典型的には人にそなわる特徴（例えば、行為主体であること）を言い表すために用いられるときには、「人のような」と訳される。ただし、ここで注意してほしいのは、人は人のようなものだが、人のようなものは人であるとは限らない、ということである。フッサールは、意志の統一をそなえた共同体をときに「人のような（personal）」共同体と呼ぶ（フッサールがこうした共同体を名指すためにより一般的に使う「高次の人格（Personalität höherer Ordnung）」も、この意味での

personalを名詞化しながら編み出された用語だと考えられる)。しかし、フッサールにとっても、共同体は人のようなものであって人ではない。個々の人、つまり個人(Individual / Einzelnes)とは異なって、共同体は往来を歩いたり、ベンチに腰かけて休んだりしない。ここから分かることだが、フッサールの使うpersonalを常にその一般的な語義に従って「個人的」と解すると、大きな誤解をしてしまうことがある(もちろん、「個人的」と訳してもいいようなpersonalの用法もフッサールにはある)。

また、フッサールは、ある主体が人であるかぎりにおいてもつことができる意識作用をpersonalと形容する。例えば約束をすることは、そうしたpersonalな作用の一種とされる。それに対して、例えば何かを見たり聞いたりするという作用はpersonalとは呼ばれない。知覚は、人ではない動物ももつことができる作用であり、ある主体が人であるかぎりにおいてもつものではないからである。このような事情を踏まえ、約束のような作用に付されるpersonalには「人に固有の」や「人として遂行する」といった訳語をあて、必要に応じて「パーソナル」というルビを振った。

なお、ルビによって原語を示唆する際にドイツ語ではなく対応する英語表現の音写を用いたのは、多くの読者によりなじみのあるカタカナ語をなるべく用いるという方針によるものである。とはいえ、この方針はいつでも貫徹されているわけではなく、Volk, Sache, Kraftなど、ドイツ語をそのまま音写したルビを付した箇所もある。

この訳し分けを行った語のうち、とりわけ重要なものとしてMenschheitが挙げられる。この語は、辞書的には「人間性」あるいは「人類」ないし（集合名詞としての）「人間」と訳すことができる（フィヒテ講演における「人間」は、この意味での Menschheit の訳語である。ただし、同講演では、この語を「人類」と訳した箇所もある）。フッサールが後期のテキストで目立って用いる Menschheit には、これまで「人類」という訳語があてられることが多かった（例えば、中公文庫版の『ヨーロッパ諸学の危機と超越論的現象学』）。しかし、少なくとも『改造』論文が問題になるかぎり、この意味での Menschheit に「人類」という訳語をあてることは、ほとんどの場面で適切とは言いがたい。フッサールは、第三論文の冒頭で、倫理学が主題とすべき人間（Menschen）を、個別の人間（Einzelmenschen）と共同体化された人間（vergemeinschaftete Menschheit）に分けている。このことを踏まえて次の箇所を読んでみよう。

> 共同体としての共同体についての倫理学もなければならないのである。そして、とりわけ私たちが〔集合的な意味で〕「人間〔Menschheiten〕」――一つあるいは多数の国家《ネーション》を包摂する人間の全体――と呼ぶ、あの全般的な共同体についての学問が存在しなければならない。ここに属するのは、例えば「ヨーロッパの」あるいは「西洋の」人間集団〔Menschheit〕である。（五二頁。ここでは原語を適宜〔　〕で補った）

ここでフッサールは、最初に複数形の Menschheiten という表現を用いている。これらのMenschheitenは、結合して一つの共同体をなすことがあるかもしれないが、さしあたりは複数で並存するものとみなされている。したがって、この文脈でMenschheitを「人類」と訳すわけにはいかない。この語が指すのは、むしろ、人類と個人という両極のあいだにある、やや大きめのサイズの集団である。そうした例としては、フッサールが引用文中で語っているヨーロッパの人間集団や西洋の人間集団が挙げられる。こうした点を分かりやすくするために、本書では『改造』論文五篇で集合名詞として用いられるMenschheitの大部分を「人間集団」と訳した。同論文でこの語を「人類」と訳したのは二箇所しかない（一二五、一五四頁）。なお、「人類」はMenschentumの訳語としても用いられているが、本書に訳出されたテキストでは、Menschentumは「人類」と訳すことができる一般的な意味で用いられており、特別な用語ではない。

ただし、フッサールはMenschheitを人間であるという特徴を指す抽象名詞としても用いており、その際には「人間性」という訳語を採用した。ここで話をややこしくしているのは、フッサールが同じく「人間性」と訳せるHumanitätをMenschheitとは異なる意味で用いているという点である。というのも、フッサールは、自分が高い価値を認める特定の人間集団を「人間的な人間集団（humane Menschheit）」と呼ぶからである。こうした事情を踏まえ、humanおよびその名詞形のHumanitätを訳す際に限って、これらのドイツ語表現にそれぞれ対応する英語表現の音写「ヒューマン」および「ヒューマニティ」というルビを補った。

文献

Keaveney, Christopher T. 2013, *The Cultural Evolution of Postwar Japan: The Intellectual Contributions of Kaizō's Yamamoto Sanehiko*, New York: Palgrave Macmillan.

Tilitzki, Christian 2002, *Die deutsche Universitätsphilosophie in der Weimarer Republik und im Dritten Reich*, 2 Bde., Berlin: Akademie Verlag.

ハイデガー、マルティン＋カール・レーヴィット 二〇一九『ハイデガー＝レーヴィット往復書簡 1919-1973』後藤嘉也・小松恵一訳、法政大学出版局（叢書・ウニベルシタス）。

ハイデッガー 一九八八『時間概念への歴史への叙説』、『ハイデッガー全集』第二〇巻、常俊宗三郎＋嶺秀樹＋レオ・デュムペルマン訳、創文社。

フッサール、エドムント＋ロマン・インガルデン 一九八二『フッサール書簡集 1915-1938——フッサールからインガルデンへ』桑野耕三・佐藤真理人訳、せりか書房。

ホルステン、トーン 二〇二三『フッサールの遺稿——ナチから現象学を守った神父』赤坂桃子訳、左右社。

下村寅太郎 一九七八「西田幾多郎宛て雪門老師、フッサール、リッケルトの書簡各一通、その他——附、藤岡作太郎宛書簡二通」、『思想』第六四七号（一九七八年五月）、九九一一〇六頁。

田島節夫 一九九六『フッサール』講談社（講談社学術文庫）。
細井雄介 二〇一九「フッセル筆「フランツ・ブレンターノの想出」」、『聖心女子大学論叢』第一三三集（二〇一九年六月）、五—二六頁。

注

（1） 以下を記すにあたっては、カール・シューマンによる『フッサール年代記（*Husserl Chronik*）』（Hua Dok I）を参照した。同書を典拠とした日本語のより詳しいフッサールの伝記として、田島 一九九六が挙げられる。

（2） ヴァン・ブレダおよびフッサールの遺稿の救出劇については、ホルステン 二〇一三がさまざまな興味深いエピソードを交えて印象的に描いている。

（3） なお、改造社と山本実彦に関する最もよくまとまった情報源は Keaveney 2013 であり、以下の記述も同書に多くを負う。

（4） ここで取り上げているマーンケ宛書簡には、次のようなことも書かれている。「民族共同体〔Volksgemeinschaft〕は、家族共同体のように双方向的なものです。私が他のドイツ人にとって、もはやまったくドイツ人ではないのなら、私はもはやドイツ人ではないでしょう」（Hua Dok III/3, S. 433）。

訳者あとがき

フッサールの『改造』論文を翻訳するという作業に訳者たちが取り組み始めてから、こうして本訳書を世に送り出すまで、およそ五年の月日を要した。訳者たちが二〇二〇年四月から始めた『改造』論文に関する研究プロジェクトの一環として、この論文を訳しながら注解するという定例研究会を始めたのがきっかけだった（鈴木崇志はこのプロジェクトに二〇二一年四月から加わった）。特に出版するあてもないまま始めたこの作業は、つてをたどって講談社に企画書と中間成果物を持ち込む（といっても、メールに添付して送る）ことによって、明確なゴールをもち責任がともなう仕事に生まれ変わることになる。二〇二二年初頭のことだった。ここを起点にしても三年余りが経つ。短い期間で終わった仕事だったとは言えないだろう。だが、傍目にどう映っていたのかはさておき、翻訳作業に停滞はほとんどなかったはずである。地道に修正を重ねるうちに膨大な時間を費やしていた、というのが訳者たちの実感に近い。

本訳書は、文字どおりの「共訳」によるものである。最初の段階では訳者のそれぞれが割り当てられた箇所を個人で翻訳したとはいえ、できあがった下訳はすべて、原文と照らしながら一文ずつ全員で検討している。こうした推敲を全体にわたって三周行ったため、「この箇所の翻訳は誰それが担当した」と考えることがあまり意味をなさなくなっている。訳者解説や訳注についても、訳者全員が合意できることが書かれているものとして受け取っていただきたい。本訳書の刊行に五年もかかった一因は、フッサールのテキストの翻訳と注解が訳者たちにとってあまりにも面白く楽しい共同作業だったため、それにかける時間がコストで(も)あると認識しづらかったことにあるかもしれない。

本訳書の完成にあたり、多くのかたがたのご協力をいただいた。竹島あゆみさん(岡山大学)には、共同研究プロジェクトにおける唯一のフッサールの非専門家メンバーとして、翻訳や訳注への助言を多数行っていただいた。本訳書の文章がフッサール研究者以外にも読めるようになっているとすれば、まずもって竹島さんのおかげである。クリストファー・キヴァニー(Christopher Keaveney)さん(立教大学)と林正子さん(岐阜大学名誉教授)には、日本の総合雑誌を舞台とした日本と西洋文化の交流について幅広い知見をご教授いただいた。ルーヴァン大学(KU Leuven)のフッサール文庫所長ユリア・ヤンセン(Julia Jansen)さん、そして同文庫のエマヌエーレ・カミナーダ(Emanuele Caminada)さんとトーマス・フォンゲーア(Thomas Vongehr)さんには、フッサールのドイツ語原文や『改造』論文をめぐる事実関係などについて、訳者たちの問い合わせに答えていただいた。田口茂さん(北海道大学)には、訳者たちを講談社学術文庫の互盛央さんに紹介していただいた。そして互さんには、フッサールの『改造』論文をフィヒテ講演と合わせて翻訳するという企画の意義をお認めいただき、出版に向けた作業を細やかにサポートしていただいた。

二〇二五年二月

訳者一同

＊付記　本訳書は、訳者たちが二〇二〇年度から二〇二三年度に日本学術振興会の科学研究費補助金（課題番号20H01177）の助成を受けて行った研究および岡山大学文明動態学研究所二〇二四年度共同研究の成果である。

ラ 行

利己主義（的）(Egoismus) 260, 262, 263, 269, 271-273, 281, 319

理性（Vernunft / Ratio）（→合理的） 12, 17, 19-21, 23-25, 42, 44, 51, 52, 54, 60, 66, 68-77, 81, 83-87, 113, 117-124, 147, 149, 150, 152-154, 171, 172, 175-182, 184, 185, 187, 204, 210, 225, 226, 228, 229, 231-233, 236, 237, 239-242, 247, 249, 254-256, 259, 260, 262-267, 269-271, 273, 294-297, 302, 305, 306, 310

理想（Ideal） 13, 43, 72-76, 78-82, 109, 113, 118, 119, 123, 138, 151, 153, 168, 170, 171, 178, 180, 184, 187, 198, 209, 216-219, 221, 232, 240-242, 261, 263, 273, 287, 288, 291, 304, 306, 307, 309, 312-314, 317, 321, 325-327

――主義（Idealismus）（→観念論） 198, 263, 303

理念視（Ideenschau） 35, 211

良心（Gewissen） 66, 70-72, 75, 78, 80, 82, 100, 104, 281, 323

隣人愛（Nächstenliebe） 51, 62

倫理（的）、倫理学（Ethik） 13, 15, 26, 45, 51, 52, 54, 55, 60, 65, 66, 70, 72, 73, 75, 77-85, 88, 101, 103-106, 108-114, 116, 120, 122, 123, 125, 173, 177, 178, 184, 204, 219, 220, 265, 266, 268, 269, 272, 273

個人――（individuelle Ethik） 45, 51, 52, 54, 81, 83, 84, 88, 111, 178

社会――（soziale Ethik） 26, 52, 54, 111, 178

類型（Typus） 42, 44, 60, 61, 76, 77, 80, 84, 101, 104, 107, 133, 136, 139, 142, 144, 152, 155, 180, 211, 255, 267, 301, 303, 312, 318, 321

118-120, 125, 175, 181

ハ　行

発達（Entwicklung）　76-79, 81, 87, 111, 116, 210, 211
発展（Entwicklung）　26, 65, 68, 87, 110-112, 114, 116-119, 121, 123, 124, 133-139, 141, 142, 145-147, 150-152, 155, 159, 165, 168, 171, 172, 175, 177, 181, 182, 185, 210, 211, 219, 221, 232, 240, 242, 254, 261, 265-268, 273, 290, 298, 307, 328
非合理的（irrational）　63, 142-144, 232, 236, 260
批判（Kritik）　57, 59, 64, 67, 68, 73, 74, 80, 84, 139-142, 162, 165, 167-169, 184, 185, 187, 197, 219, 220, 233, 236, 237, 240, 256, 259, 281, 307, 309, 316
プロテスタンティズム（Protestantismus）　226
文化（Kultur）（→修練）　11-15, 21-23, 26, 42, 52-54, 84, 85, 99, 100, 105-107, 111, 115-117, 121, 123-125, 133-139, 141, 142, 145-148, 150-155, 159, 161, 164, 171, 172, 178, 180-184, 187, 198-201, 207, 210, 220, 225, 228, 231-233, 239-242, 244-249, 254, 255, 259, 262, 264-268, 270, 271, 273, 282, 285, 286
文明（Zivilisation）　16, 244, 246, 248, 280
本質（Wesen）　14, 16-26, 35, 37-42, 44, 45, 51, 53-58, 60, 64, 65, 68, 73, 74, 76, 79-84, 86, 87, 99, 100, 109, 119, 121-123, 140, 143, 148, 152, 154, 156, 168-170, 176, 184, 210, 226, 231, 246, 248, 269, 291, 296, 298, 300, 314, 319, 323, 327
——直観（Wesensschauung）　37, 44
——法則（Wesensgesetz）　18, 20, 25, 37, 40, 41, 82, 122

マ　行

見渡し（Überschau）　38, 56, 59, 61, 67, 69, 74, 101, 117, 212, 250, 257
民族（Volk）（→人民、民）　12, 23, 24, 109, 141, 142, 151, 153, 165, 219, 229, 246, 247, 269, 286, 287, 327, 328
無価値化（Entwertung）　59, 67-69, 269, 272
無神論（Atheismus）　184, 309
目的理念（Zweckidee）　79, 81, 110, 112, 116, 117, 124, 137, 138, 146, 151, 153, 172, 179, 181, 182, 204, 207, 209, 240, 242, 265, 267, 302
目的論（的）（Teleologie）　225, 227, 250, 298-303, 307, 310

ヤ　行

ユダヤ（Jude）　139, 145, 180, 217, 218, 229
ヨーロッパ（Europe）　11, 12, 14, 52, 147, 150, 152, 154, 155, 172, 179, 181, 182, 198, 200, 231, 239, 240, 242, 254, 263, 265, 270, 280, 281

17, 23, 35-44, 72, 115, 116, 185-187, 199, 254, 255, 258, 261
正常（性）（Normalität） 121, 137, 142, 179, 273
精神（的）（Geist） 11, 16-21, 23-25, 42, 52, 53, 64, 77, 85, 114, 116, 117, 120-122, 142, 147, 148, 151-153, 156, 173, 174, 180-184, 198, 229, 231, 239, 244, 245, 247-250, 256-258, 260, 261, 267, 270-273, 282, 285-287, 289-291, 293, 296, 301, 305, 307, 312, 325, 327
生の形式（Lebensform） 51, 53, 55, 60, 61, 64-66, 71, 73, 75, 77, 82-84, 101, 109, 182, 203, 204, 265
西洋（Abendland） 12, 13, 52, 151, 280
戦争（Krieg） 11, 197, 198, 287, 288, 327, 328

タ 行

民（Nation）（→ギリシア人、国内、国民、国家） 141
民（Volk）（→人民、民族） 143, 161
中世（Mittelalter） 147, 150-153, 180-183, 185, 226-228, 240
罪（Sünde） 79, 80, 100, 142, 263, 268, 271
定言命法（kategorischer Imperativ） 100, 101, 107, 110, 111, 155, 177, 179, 242, 263-268, 270, 271, 295, 296, 320
哲学者（Philosoph） 14, 64, 116, 117, 147, 166, 174, 176, 177, 180, 181, 240, 283, 288, 289, 300, 327
伝統（的）、伝統主義（Tradition） 15, 52, 61, 116, 124, 134, 137, 142-144, 146, 150, 152, 159, 161, 180, 182, 185, 197, 203, 217, 225-228, 232, 236, 244, 245, 248, 270
ドイツ（Deutschland） 197, 285-288, 291, 303, 309, 327, 328
—— 観念論（deutscher Idealismus） 285-288, 303
統制（Reglung） 51, 60, 61, 63-66, 70, 71, 83, 123, 138, 141, 146, 149, 203, 204
道徳（的）（Moral） 11, 51, 113, 289, 295, 296, 298, 301, 302, 305-311, 313, 316-319, 321-325
努力（Streben） 22, 25, 53, 58-60, 67, 72-74, 77-79, 138, 156, 157, 160, 173, 186, 200, 207, 209, 211, 218, 232, 233, 242, 256, 259, 314, 317, 324, 327

ナ 行

日本（Japan） 12, 200
人間愛（Menschenliebe） 102, 281, 324, 325
人間集団（Menschheit）（→人類） 11-13, 22, 23, 26, 52-54, 100, 103, 112-114, 118, 119, 121-124, 133, 134, 136-138, 145, 151, 152, 154, 155, 172, 178, 179, 181-183, 219, 224, 232, 233, 236, 237, 244, 262-265, 267-271, 273
人間性、人間的（Humanität） 17, 22, 44, 54, 65, 71, 80, 99, 100, 112,

200, 262, 270-273, 287, 327
古代（Altertum）116, 135, 147, 153, 155, 181, 182, 184-186, 227, 231, 240, 241, 259
国家（Nation）（→ギリシア人、国内、国民、民） 13, 23, 24, 51, 52, 109, 123-125, 135, 145, 151, 178, 229, 262, 273, 320, 321
国家（Staat） 13, 23, 24, 109, 123-125, 135, 145, 151, 178, 229, 262, 320, 321

サ　行

作品（Werk） 77, 85, 86, 106, 172, 180, 205, 207, 244, 246, 247, 267, 320, 323, 324
自然主義（Naturalismus） 18, 19, 256, 257, 280-282, 288
使命（Beruf） 64, 100, 112, 113, 117, 143, 145, 146, 148, 151, 155, 164, 172, 218, 228, 260, 262
使命（Bestimmung） 291, 305, 309, 310, 312, 322, 325, 327
社会（的）（sozial / gesellschaftlich） 16, 19, 42, 53, 87, 103, 106, 109-111, 119, 133, 135, 138, 145, 146, 151, 178, 181, 183, 233, 245, 255, 281, 282, 300, 305, 321, 325, 327
邪神（Abgott） 263
自由（Freiheit） 12, 14, 20, 24, 35-37, 39, 43, 55-57, 59-61, 66, 68, 69, 74, 77, 80, 81, 84, 87, 101, 104, 105, 108, 116, 122, 123, 135, 137, 139-142, 144-148, 150, 153, 154, 156, 167, 172, 173, 177, 180-186, 197, 204, 208-210, 213, 221, 224, 226, 229, 231, 240, 242, 244, 246, 256, 260, 264, 265, 269, 281, 294-296, 301, 302, 305-308, 313, 314, 316, 317, 319, 322, 323, 327
宗教（Religion） 23, 116, 133-139, 141-153, 159, 161, 165, 166, 180, 183, 184, 198, 204, 207, 216-218, 220, 221, 224, 232, 281, 287-289, 296, 307, 308, 310-313, 318, 324-326
修練（Kultur）（→文化） 80, 81, 85
浄福（Seligkeit） 64, 74, 85, 86, 143, 144, 149, 150, 216, 217, 244, 251, 258
召命（Berufung） 63, 64, 309
職業（Beruf）（→使命） 61, 63, 65, 66, 70, 83, 84, 197, 203, 204, 322
神学（的）（Theologie） 136, 147, 148, 150, 151, 153, 159, 180, 182-184, 220, 226, 228, 229
真正（性）（echt） 11, 13, 22-24, 26, 36, 40, 43, 54, 60, 62-66, 68, 70-72, 74, 78, 81, 82, 85, 87, 99, 103, 107, 111, 112, 117-120, 123, 134, 142, 154, 159, 160, 163, 164, 167-169, 171, 172, 177, 179-181, 185, 198, 219, 221, 224, 231, 242, 244, 246, 248, 249, 262, 264, 280-282, 288, 290, 300, 303, 304, 306, 307, 314, 316, 321, 325, 327
神秘主義、神秘的（Mystizismus） 135, 152, 182, 228, 229, 309, 311, 312
人民（Volk）（→民、民族） 309
人類（Menschheit） 124, 154
神話（Mythos） 143, 159, 221, 224
数学（Mathematik/Mathesis） 16,

217, 218, 220, 227-229, 251, 262, 280, 289, 294, 295, 302, 303, 306-316, 318-328
——の国（civitas dei / Gotteswelt） 135, 138, 146, 151, 181, 183, 228, 229, 262, 325
環境世界（Umwelt） 22, 56, 66, 67, 73, 74, 83, 85, 87, 102, 103, 105, 106, 108, 109, 117, 138, 148, 154, 161, 210, 211, 232, 233, 259, 262, 281
観念論（Idealismus） 256, 292-294, 296, 299, 304
規範（的）、規範化（Norm / Normung） 17, 20-23, 25, 26, 39, 51, 52, 54, 60, 65, 66, 79, 80, 83-88, 100, 101, 107, 109, 111, 112, 118-122, 133-136, 138-143, 145-150, 152, 155, 160, 161, 163, 165, 169-171, 175-181, 183, 184, 218, 220, 221, 225, 227, 228, 240-242, 259, 294, 302
義務（Pflicht） 25, 87, 138, 167, 185, 242, 295, 296, 301, 305, 306, 310, 316-319
教会（Kirche） 109, 135, 145, 146, 150-153, 182, 183, 185, 224, 226, 228, 229, 270, 281
共同体（Gemeinschaft） 13-16, 19, 21-24, 51-54, 63, 87, 99, 100, 102-121, 123, 124, 136-139, 141, 142, 149, 151-153, 158, 159, 173, 174, 178, 180, 181, 183, 203, 204, 207, 208, 224, 225, 227
——意識（Gemeinschaftsbewußtsein） 52, 151, 252, 267
——の生（Gemeinschaftsleben） 13, 15, 54, 99, 102, 105, 106, 111-113, 118, 135, 137, 142, 149, 151, 152, 180, 181, 204, 208, 231, 241, 247, 264
ギリシア（Grieche） 138, 147, 149, 150, 155, 161, 164, 166, 170-172, 179-182, 225, 231, 240, 241, 261
——人（griechische Nation） 147, 154, 171
キリスト教（Christentum） 147-149, 151, 180, 184, 224, 227-229, 307
近代（Neuzeit） 16, 21, 153, 170, 172, 181, 183, 185-187, 231, 239-241, 244, 248, 249, 254, 257, 292
啓蒙（Aufklärung） 172, 229, 231, 233, 241, 262, 270
原罪（Erbsünde） 100
現象学（Phänomenologie） 43, 45, 78, 198-200, 220, 260, 282
高次の人格（Personalität höherer Ordnung） 53
幸福（Glückseligkeit） 59, 67, 87, 174, 209, 258, 304, 306
公僕（Funktionär） 54, 115, 116
合理的、合理性（vernünftig / rational）（→理性） 14, 16-21, 25, 26, 40, 72, 76, 124, 142, 146-149, 172, 186, 218, 219, 231, 232, 236, 237, 241, 242, 249, 258, 261
国内（Nation）（→国民、国家、民、ギリシア人） 14, 15
国民（的）（Nation）（→ギリシア人、国内、国家、民） 11, 124, 161, 198,

項目索引

・以下、訳文中に登場する項目を見出しとして掲げた。訳注や解説に現れる項目は対象としなかったことをお断りしておく。
・同じ原語に対して異なる訳語をあてたものについては、訳語ごとに見出しを掲げ、それぞれ原語を併記するとともに、別の訳語を「→」で示した。

ア 行

愛（Liebe）53, 63, 64, 72, 173, 174, 216, 218, 219, 232, 247, 250, 268, 269, 271, 291, 310, 314-319, 321-325
エンテレキー（Entelechie） 137, 145, 152, 187, 224, 242, 267, 268, 270

カ 行

改革（Reform） 14, 15, 21, 22, 199, 288, 309
宗教 ——（Reformation） 153, 184, 226, 285
懐疑（論）・懐疑的（Skeptizismus / Skeptik） 15, 167, 176, 187, 255, 261, 263, 271, 280
階級（Stand） 116, 117, 122, 135, 136, 139, 141, 146, 151, 229
科学（的）（Wissenschaft）
自然 ——（Naturwissenschaft） 15-17, 41, 42, 122, 150, 186, 187, 227, 241, 255-259, 290, 292, 294
精神 ——（Geisteswissenschaft） 16, 17, 25, 120, 122, 255-258
革新（Erneuerung） 11, 14, 15, 18, 21, 25, 26, 45, 51, 54, 55, 66, 71, 86, 87, 99, 183, 198-200, 224, 261, 264, 281, 282, 287
学問（的）（Wissenschaft） →科学（的）
仮言命法（hypothetischer Imperativ） 85
価値（Wert） 11-14, 21, 42, 45, 55, 56, 58-69, 71, 74-76, 81-83, 85, 86, 99-103, 105-107, 110-114, 116-122, 124, 136, 138, 140, 142-145, 158, 162, 173-175, 177, 205, 210, 213, 219, 236, 244, 245, 249, 257, 259, 265-273, 285, 301-306, 317-319, 321, 323, 324
—— 論（Axiologie） 66, 72, 83, 154, 239
カトリシズム（Katholizismus） 183
神（的）（Gott） 72, 73, 134-136, 138, 141-145, 148, 149, 151, 158, 161, 204,

ラ 行

人名索引

・以下、訳文中に登場する人名を見出しとして掲げた。注や解説に現れる人名は対象としなかったことをお断りしておく。

ア 行

カ 行

サ 行

タ 行

ナ 行

ハ 行

KODANSHA

*本書は、講談社学術文庫のための新訳です。

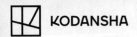

エトムント・フッサール
1859-1938年。ドイツの哲学者。現象学の創始者。代表作は『論理学研究』など。

植村玄輝（うえむら　げんき）
1980年生。岡山大学准教授。

鈴木崇志（すずき　たかし）
1988年生。立命館大学准教授。

八重樫徹（やえがし　とおる）
1982年生。宮崎公立大学准教授。

吉川　孝（よしかわ　たかし）
1974年生。甲南大学教授。

講談社学術文庫

定価はカバーに表示してあります。

『改造《かいぞう》』論文集成《ろんぶんしゅうせい》
革新《かくしん》の現象学《げんしょうがく》と倫理学《りんりがく》

エトムント・フッサール

植村玄輝《うえむらげんき》・鈴木崇志《すずきたかし》・八重樫徹《やえがしとおる》・吉川孝《よしかわたかし》 訳

2025年 5 月13日　第 1 刷発行

発行者　篠木和久
発行所　株式会社講談社
東京都文京区音羽 2-12-21 〒112-8001
電話　編集（03）5395-3512
販売（03）5395-5817
業務（03）5395-3615
装　幀　蟹江征治
印　刷　株式会社新藤慶昌堂
製　本　株式会社国宝社

ISBN978-4-06-539814-2

「講談社学術文庫」の刊行に当たって

これは、学術をポケットに入れることをモットーとして生まれた文庫である。学術は少年の心を養い、成年の心を満たす。その学術がポケットにはいる形で、万人のものになることは、生涯教育をうたう現代の理想である。

こうした考え方は、学術を巨大な城のように見る世間の常識に反するかもしれない。また、一部の人たちからは、学術の権威をおとすものと非難されるかもしれない。しかし、それはいずれも学術の新しい在り方を解しないものといわざるをえない。

学術は、まず魔術への挑戦から始まった。やがて、いわゆる常識をつぎつぎに改めていった。学術の権威は、幾百年、幾千年にわたる、苦しい戦いの成果である。こうしてきずきあげられた城が、一見して近づきがたいものにうつるのは、そのためである。しかし、学術の権威を、その形の上だけで判断してはならない。その生成のあとをかえりみれば、その根は常に人々の生活の中にあった。学術が大きな力たりうるのはそのためであって、生活をはなれた学術は、どこにもない。

開かれた社会といわれる現代にとって、これはまったく自明である。生活と学術との間に、もし距離があるとすれば、何をおいてもこれを埋めねばならない。もしこの距離が形の上の迷信からきているとすれば、その迷信をうち破らねばならぬ。

学術文庫は、内外の迷信を打破し、学術のために新しい天地をひらく意図をもって生まれた。文庫という小さい形と、学術という壮大な城とが、完全に両立するためには、なおいくらかの時を必要とするであろう。しかし、学術をポケットにした社会が、人間の生活にとってより豊かな社会であることは、たしかである。そうした社会の実現のために、文庫の世界に新しいジャンルを加えることができれば幸いである。

一九七六年六月　　　　野間省一

西洋の古典

2700
方法叙説
ルネ・デカルト著／小泉義之訳

われわれは、この新訳を待っていた――デカルトから出発した孤高の研究者が満を持してみずからの原点に再び挑む。『方法序説』という従来の邦題を再検討に付すなど、細部に至るまで行き届いた最良の訳が誕生！ 電P

2701
永遠の平和のために
イマヌエル・カント著／丘沢静也訳

哲学者は、現実離れした理想を語るのではなく、目の前の事実から出発していかに「永遠の平和」を実現できるのかを考え、そのための設計図を描いた――従来の邦訳が与えるイメージを一新した問答無用の決定版新訳。 電P

2702
国民とは何か
エルネスト・ルナン著／長谷川一年訳

「国民の存在は日々の人民投票である」という言葉で知られる古典を、初めての文庫版で新訳する。逆説的にもグローバリズムの中で存在感を増している国民国家の本質とは？ 世界の行く末を考える上で必携の書！ 電P

2703
個性という幻想
ハリー・スタック・サリヴァン著／阿部大樹編訳

対人関係が精神疾患を生み出すメカニズムを解明し、いま注目の精神医学の古典。人種差別、徴兵と戦争、プロパガンダ、国際政治などを論じ、社会科学の中に精神医学を位置づける。本邦初訳の論考を中心に新編集。 電P

2704
人間の条件
ハンナ・アレント著／牧野雅彦訳

「労働」「仕事」「行為」の三分類で知られ、その絡み合いの中で「世界からの疎外」がもたらされるさまを描き出した古典。はてしない科学と技術の進歩の中、人間はいかにして「人間」でありうるのか――待望の新訳！ P

2749
宗教哲学講義
G・W・F・ヘーゲル著／山﨑　純訳

ドイツ観念論の代表的哲学者ヘーゲル。彼の講義は人気を博し、後世まで語り継がれた。西洋から東洋までの宗教を体系的に講じた一八二七年の講義に、一八三一年の講義の要約を付す。ヘーゲル最晩年の到達点！

西洋の古典

2750
ゴルギアス
プラトン著／三嶋輝夫訳

練達の訳者が初期対話篇の代表作をついに新訳。代表的なソフィストであるゴルギアスとの弁論術をめぐる対話が展開される中で、「正義」とは何か、「徳」とは何かが問われる。その果てに姿を現す理想の政治家像とは？　電P

2751
ツァラトゥストラはこう言った
フリードリヒ・ニーチェ著／森　一郎訳

ニーチェ畢生の書にして、ドイツ屈指の文学作品である本書は、永遠回帰、力への意志、そして超人思想に至る過程を克明に描き出す唯一無二の物語。「声に出して読める日本語」で第一人者が完成させた渾身の新訳！　電P

2752・2753
変身物語（上）（下）
オウィディウス著／大西英文訳

ウェルギリウス『アエネイス』と並ぶ古代ローマ黄金時代の頂点をなす不滅の金字塔。あらゆる領域で後世に決定的な影響を与え、今も素材として参照され続けている大著、最良の訳者による待望久しい文庫版新訳！　電P

2754
音楽教程
ボエティウス著／伊藤友計訳

音楽はいかに多大な影響を人間に与えるのか。音程と旋律、オクターヴ、協和と不協和など、音を数比の問題として捉えて分析・体系化した西洋音楽の理論的基盤。六世紀ローマで誕生した必須古典、ついに本邦初訳！　電P

2755
知性改善論
バールーフ・デ・スピノザ著／秋保　亘訳

本書をもって、青年は「哲学者」になった。デカルトやベーコンなど先人の思想と格闘し、独自の思想を提示した本書は、主著『エチカ』を予告している。気鋭の研究者が最新の研究成果を盛り込みつつ新訳を完成した。　電P

2777
天球回転論　付　レティクス『第一解説』
ニコラウス・コペルニクス著／高橋憲一訳

一四〇〇年続いた知を覆した地動説。ガリレオ、ニュートンに至る科学革命はここに始まる――。地動説を初めて世に知らしめた弟子レティクスの『第一解説』の本邦初訳を収録。文字通り世界を動かした書物の核心。　電P